JN279074

シリーズ◎言語対照
〈外から見る日本語〉
9

韓日使役構文の機能的類型論研究

動詞基盤の文法から名詞基盤の文法へ

［著］鄭聖汝

くろしお出版

「シリーズ言語対照」の刊行に寄せて

　近年の日本語研究において大きな進展を見せているのは，母語としての日本語（現代日本語）の構造の研究である。日本語母語話者が自然に獲得する言語にどのような構造が見出されるのかという問題意識が，現代言語学の発展や日本語教育の展開のもとで多くの研究者に共有されるところとなった。日本の言語研究において現代日本語の構造の研究が重要な位置を占めるようになったのである。

　それでは，現代日本語の構造の研究が言語研究としてさらなる発展を遂げるには何をなすべきであろうか。一つの有力な方途は，現代日本語の構造の研究で得られた知見を世界の諸言語と対照するというアプローチである。本シリーズではこれを「言語対照」と称する。言語対照のアプローチは，日本語の研究成果を相対化することを可能にし，言語の一般的性質の解明にも寄与することが期待される。言語研究における認知言語学や言語類型論の発展，また心理学における文化心理学の展開は言語対照を遂行するにふさわしい時代的環境を形作っている。

　日本語と諸言語との対照はさらに，日本語の個別性と諸言語との共通性を明るみに出すことによって，日本語教育などの言語教育にも貢献できる道を開くことが期待される。本シリーズが言語に関する基礎的研究と応用的研究のあいだの健全な関係を維持するための一助となることを願っている。

　本シリーズの特色として，次の三つを挙げることができる。第1は，論文集と個人研究書を二つの柱に立てていることである。論文集では特定のテーマについて日本語と諸言語を幅広く対照することを目指し，個人研究書では日本語と一つ（ないしは二つ）の言語を特定のテーマに関して詳しく対照することを目指す。

　第2は，本シリーズ全11巻のテーマとして自動詞・他動詞，主題，テンス・アスペクトといったよく取り上げられるものだけでなく，音声文法，類別詞，属性叙述といった新たな課題をも掲げていることである。本シリーズでは，対象となるテーマの広がりにも重きを置いている。

──「シリーズ言語対照」の刊行に寄せて──

　第3は，言語対照の方法について様々な可能性を探っていることである。言語対照に唯一絶対の方法があるわけではない。考え得る多様な方法を試みるなかから優れた方法が発掘されるものと考えている。
　本シリーズが今後の日本語研究と言語研究の発展に資することを切に願うものである。

シリーズ編者
中川正之・西光義弘・益岡隆志

はしがき

　研究者ならば誰もが，研究の原点となったいくつかの根本的な疑問を抱いているであろう。筆者にとってそれは，なぜ韓国語は他言語と異なって使役構文と受身構文が同じ形式で表されるのか，なぜ韓国語は日本語や英語より遥かに語彙的使役の生産性が高いのか，あるいはこの状況はいったい何を意味するのか，というようなものであった。この疑問に思い切って挑戦したのが，筆者が1999年に神戸大学に提出した博士論文であった。しかしながら，そこでは十分満足できる答えは得られず，そのことが今回，使役構文に焦点を絞った形で本書を執筆することに繋がった。本書は，筆者の博士論文以降，日本学術振興会外国人特別研究員として二年間大阪大学で研究をスタートして以来の研究内容が実質的な土台となっている。

　本書は3部・7章の構成となっている。序章は総論として，これまでの「動詞基盤の文法」に対して本書で提案する「名詞基盤の文法」の青写真を描き，全体の概観を述べている。第1部は，類型論と理論言語学のはざまで揺れ動く能格性の捉え方を通して，それぞれの捉え方がどのように異なっているかを浮き彫りにしようとしたものである。第2部は，非規範的使役構文の分析を通して，言語理論の定式化がいかに不規則性を排除した形で行われていたかを明らかにしようとしたものである。第3部は，言語事実に基づく新たなパラダイムを求め，動詞基盤の文法を超えて，名詞基盤の文法を提案するものである。

　第1章と第3章では，能格性と使役の解説に重点をおいたが，本書の重要な提案もその中に含まれている。内容上は，この二つの章が序論に当たる。そして，第2章と第4章，第5章は内容上の本論に当たり，第6章は結論に当たる。各章はそれぞれ内容的に完結しているので，必ずしも章を追って読まなくても十分理解できるはずである。そのような配慮のために重複することを厭わなかった。

　第2章と第4章は，鄭(2004a, 2005a)が基になっており，鄭(2005b, c)も第2章と第4章の一部に含まれている。全体を一貫したものにするために，用語を含む一部の内容が若干修正されている。しかし，それは本来の主張を変えるようなものではない。

はしがき

　本書を書くに当たって多くの方々に大変お世話になった。ここに記して感謝の意を表したい。まず，ライス大学の柴谷方良先生，神戸大学の西光義弘先生には，言語学の知識だけでなく，学問に対する真摯な態度と精神を学び，また言語について示唆に富む考え方を教えていただいた。それは筆者が大学院生だった頃から現在まで変わらずに続いている点である。特に，柴谷方良先生には本書の序論といくつかの章を読んでいただき，細かいことから理論的な問題に至るまで丁寧なコメントをいただいた。

　本書の執筆を奨めてくださった神戸市外国語大学の益岡隆志先生には，全章を読んでいただき，内容および構成に関する有益な助言を何度もいただいた。大阪大学の金水敏先生は，筆者が大学院生の頃の副指導教官であったが，その後日本学術振興会外国人特別研究員の受入れも快く承諾していただき，本書を書くための足がかりを作ってくださった。また，土曜ことばの会，ゼミ合宿などを通して発表の場も提供していただき，そのつど本書の発展に繋がる貴重なコメントをいただいた。神戸女子大学の河上誓作先生には，序論と第5章，第6章を読んでいただき，認知言語学の観点から示唆に富む有益なご指摘とコメントをいただいた。また，さまざまな議論に何度も付き合っていただいた。神戸大学の松本曜先生には，草稿の段階で全体に目を通していただき，参考になるご指摘をいただいた。金沢大学の中村芳久先生には，第2章と第5章を読んでいただき，貴重な助言をいただいた。

　本書の内容の一部は，以下のところで発表する機会を得て，その時参加された大学院生や研究員，先生方から，有益な意見や質問をいただいた。京都大学の田窪行則先生からは「韓国語会話クラブ」で，筑波大学の鷲尾龍一先生からは「筑波大学言語学バトルワークショップ」で，ソウル大学校の李廷玟先生からはソウル大学校言語教育院で，それぞれ話をする機会を提供していただいた。

　また，関西学院大学の影山太郎先生が主宰する KLP(Kansai Lexicon Project)では，筆者が院生の頃お世話になった。それが本書に影響を与えたことは疑う余地がない。南イリノイ大学カーボンダイル校の Kim, Alan Hyun Oak 先生，美作大学の桐生和幸氏，神戸大学の大学院生の當野能之氏，順心会医療大学の真野美穂氏，札幌医科大学の山口和彦氏，神戸大学のプラシャント・パルデシ氏にも，筆者が気づかなかった議論の不備や矛盾をご指摘いただき，また温かい励ましをいただいた。河上誓作先生が主宰する「蛍池認

知言語学研究会」のメンバーにも有益な助言をいただいた。

　大阪大学留学生センター豊中分室の富野香宝里氏，文学研究科研究推進室の西田有利子氏には，日本語のインフォーマントとしてご協力いただいた。理学研究科の菊池和徳先生は，インフォーマントとして，また言語学と離れた議論を通して，本書の内容をより豊かなものにしてくださった。大学院生の黒川尚彦氏には，本書の日本語のチェックを快くお引き受けいただき，色々な意見をいただいた。最後に，大阪大学文学研究科には，研究の場を提供していただいたことに対し，この場を借りて厚く御礼を申し上げる。

　このような方々のご厚意にもかかわらず，本書に不備な点や矛盾が残っているとすれば，それらはすべて筆者の責任であることは言うまでもない。不完全・不十分なところに関しては，忌憚のないご批判・ご指摘をお寄せいただければ幸いである。もし本書が冒頭に述べた根本的な疑問の解決に少しでも近づく内容のものとなっていれば，筆者としてそれ以上の喜びはない。

　本書の刊行に当たっては，くろしお出版編集部の市川麻里子氏にお世話になった。編集・校正でご尽力いただいたことに，この場でお礼を申し上げたい。

　1994年9月28日，本国で長年勤めていた教職を投げ打って神戸大学を訪れてから12年の歳月が流れた。その間，経済的に支援しまた精神的な支えになってくれた家族には，感謝の言葉が見つからない。このささやかな成果を感謝の印として捧げたい。

2006年9月
六甲にて　鄭 聖汝

目 次
CONTENTS

「シリーズ言語対照」の刊行に寄せて i
はしがき iii

▶序　章 1
 1.　動詞基盤の文法　対　名詞基盤の文法 1
 2.　全体の概観 11

|第一部| **対格言語と能格性** —言語類型論と理論言語学のはざま— 17

▶第1章　能格性とは何か 19
 1.1　はじめに 19
 1.2　能格言語と能格性の現れ 19
  1.2.1　格標示システムに基づく言語類型 20
  1.2.2　形態的能格性と統語的能格性 22
  1.2.3　分裂能格性 25
  1.2.4　主語同定に関する問題 27
  1.2.5　分裂主語システムと能格性 27
 1.3　対格言語における能格性の捉え方 33
  1.3.1　格標示に基づく能格性の捉え方 33
  1.3.2　語形成・名詞句編入に基づく能格性の捉え方 37
  1.3.3　使役交替に基づく能格性の捉え方 41
  1.3.4　提案 42
 1.4　おわりに 44

▶第2章　分裂自動詞性の本性について 47
 —言語類型論の観点から見た非対格仮説とその問題点—
 2.1　はじめに 47
  2.1.1　問題提起 47
  2.1.2　用語上の問題および定義 49
 2.2　非対格仮説の形式化と経験的基盤 53
 2.3　自動詞ベースの受身 59
 2.4　使役交替 61
 2.5　分裂主語システム 73

 2.6 パラメータの提案 ……………………………………………………………… 78
 2.7 韓国語の自動詞システムに見られる現象 ……………………………………… 85
 2.8 おわりに ………………………………………………………………………… 95

▶第二部　使役構文の機能論的アプローチ —規則性と不規則性のはざま—　97

▶第3章　使役・使役形式・使役構文・使役意味　99

 3.1 はじめに ………………………………………………………………………… 99
 3.2 使役とは何か …………………………………………………………………… 99
  3.2.1 使役構文とその定義 …………………………………………………… 99
  3.2.2 使役形式・生産性・両言語の対応関係 …………………………… 104
  3.2.3 結合価変化と被使役者の文法的コード化 ………………………… 107
 3.3 普遍的傾向に矛盾する統語現象 ……………………………………………… 110
  3.3.1 非規範的使役構文 …………………………………………………… 110
  3.3.2 被使役者の文法的コード化に見られる非階層性と結合価ミスマッチ … 112
  3.3.3 介在構文と脱焦点化された被使役者の文法的コード化 ………… 117
 3.4 使役形式と使役意味の対応関係 ……………………………………………… 122
  3.4.1 研究史概略 …………………………………………………………… 122
  3.4.2 使役意味はどこから解釈されるか？ ……………………………… 123
  3.4.3 機能主義の考え方 …………………………………………………… 128
  3.4.4 残された問題 ………………………………………………………… 133
 3.5 おわりに ………………………………………………………………………… 135

▶第4章　規範的使役構文と非規範的使役構文　137

 4.1 はじめに ………………………………………………………………………… 137
  4.1.1 本章の目的 …………………………………………………………… 137
  4.1.2 従来の見方 …………………………………………………………… 138
 4.2 韓国語における非規範的使役構文 …………………………………………… 142
  4.2.1 意味的他動性と使役形態素の機能 ………………………………… 142
  4.2.2 状態変化の他動詞 …………………………………………………… 149
  4.2.3 発話行為動詞 ………………………………………………………… 158
 4.3 日本語における非規範的使役構文 …………………………………………… 161
  4.3.1 定延(1998, 2000)の事態解釈 ……………………………………… 161
  4.3.2 使役者は動作主？ …………………………………………………… 163
  4.3.3 被使役者の本来の性質・現在の状態と間接性 …………………… 167
 4.4 形式と意味の対応関係 ………………………………………………………… 172
  4.4.1 統語構造 ……………………………………………………………… 172
  4.4.2 事象構造 ……………………………………………………………… 173
 4.5 おわりに ………………………………………………………………………… 181

第三部　動詞基盤の文法から名詞基盤の文法へ
　　　　　―新たなパラダイムを求めて― 183

▶第5章　日本語における自他交替とサセ 185
　　　　　―カテゴリーの拡張と語彙的欠如の動機づけについて―
- 5.1　はじめに 185
- 5.2　従来の捉え方 186
- 5.3　宮川(1989)の問題点 188
- 5.4　考察 191
- 5.5　分析 193
  - 5.5.1　サセのカテゴリー化と潜在能力 193
  - 5.5.2　事象への関与の仕方と間接性 198
  - 5.5.3　カテゴリーのさらなる拡張の可能性と動機づけ 202
  - 5.5.4　文脈の補充によって認可される潜在能力 208
  - 5.5.5　自他交替と語彙的欠如の問題 211
- 5.6　おわりに 215

▶第6章　社会・文化モデルと統語構造 ―個体と関係役割語としての名詞句― 217
- 6.1　はじめに 217
- 6.2　個体と関係役割語としての名詞句 218
  - 6.2.1　語彙的使役の多義性と理想認知モデル 218
  - 6.2.2　集合体モデルと慣習化された目的 221
  - 6.2.3　参加者のタイプと意味的透明性 223
  - 6.2.4　デフォルト知識と関係役割語 225
- 6.3　F-モデルの導入：個体モデルと社会モデル 228
  - 6.3.1　名詞句の表示レベルと機能レベル 228
  - 6.3.2　F-モデルと使役形式・使役構文・使役意味の対応関係 233
  - 6.3.3　随伴使役と社会モデル 239
  - 6.3.4　語彙的使役の生産性と社会モデル 243
  - 6.3.5　鏡像的関係の個体モデルと社会モデル 248
- 6.4　F-モデルと統語現象 253
  - 6.4.1　社会モデルと統語構造 253
  - 6.4.2　統語構造の短縮 261
  - 6.4.3　歴史的変化：韓国語の場合 265
- 6.5　おわりに 269
- 6.6　今後の展望 270

略号一覧 274
参考文献 275
索　引 292

序　章

1.　動詞基盤の文法　対　名詞基盤の文法

　本書の目的は，韓日使役構文の機能的類型論研究を通して，現代の動詞（述語）中心の統語理論の限界を指摘し，その代案として「動詞基盤の文法」（動詞が名詞句を支配する文法）から「名詞基盤の文法」（名詞句と動詞の組み合わせにおいて名詞句が動詞の優位に立つ文法）へのパラダイムシフトを提案することである。

　本書でいう「名詞基盤の文法」は，上記でいう「動詞基盤の文法」では排除されてきた語用論（の一部）を文法論の中に導入するための実験的な研究である。したがって，動詞が文を作るということそのものを否定するのではなく，動詞中心の文法のあり方を，名詞句の方から見たときに，文法は果たしてどのように違って見えてくるのか，ということを実験的に示すことが本書に与えられた課題である。

　伝統文法，そして少なくとも生成文法の標準理論までは，文構造の捉え方は S → NP + VP であり，文は主部と述部の（平等な）組み合わせからなるものであった（第6章の注1も参照）。このように足し算的な平等主義から動詞優位主義へとその流れを変えたのは，おそらく Fillmore(1968) の格文法の影響であろう。すなわち Fillmore(1968) を起点に，名詞句の捉え方は動詞の支配下に置かれる項としてその文法的地位が下がり，S → V NPn（S は n 個の項をとる動詞によって構成される。McCawley 1973b：138) のように，文構造の捉え方が変わったのである。このスタンスは現代の統語論研究では理論的相違を問わず，大前提となっているように見える。

　すなわち，理論言語学に限らず，認知言語学のアプローチにおいても「動詞基盤の文法」を基盤とした統語理論の構築の姿勢が見られる。とりわけ Langacker(1991)，Croft(1991)，Talmy(1985) などで提案された使役連鎖を表すビリヤードボールモデル，Fillmore(1982) のフレーム意味論（Fillmore 1968 の格フレームを認知意味論の観点から発展させたものであろう），

Goldberg(1995)の構文文法なども基本的には動詞基盤の理論にのっとっている。というのは，名詞句の意味機能により使役連鎖が変わる，事態フレームが変わる，文構造が変わる，というような発想はそもそもないように見受けられるからである(名詞句の意味機能により，使役連鎖，フレーム，文構造が変わることについては，第6章を参照)。認知言語学のアプローチの中で唯一名詞の意味モデルを提案したのはLakoff(1987)であり，理想認知モデル，プロトタイプ理論，基本レベルカテゴリーなどがそれである。しかし，Lakoffはその後メタファーの研究の方に進み，残念ながらこのモデルを構文論研究にまで発展させることはなかった[1]。

　一方，動詞(の意味分類)だけでは統語構造の作り方を十分に記述できない，ということにいち早く気づいたのは，認知言語学者たちではなく，むしろ生成文法の中の語彙意味論者たちであった。引き金となったのは，Pustejovsky(1995)の『生成辞書』の研究であろう。とりわけ彼の「クオリア構造」(qualia structure)の考え方は，本書の立場からいうと，立派な名詞基盤の文法であるといえる(第6章の注8を参照)。それは，論理哲学などではそれ以上分析できない，よって論理的には追究できないとされるクオリア(qualia)[2]を見事に規則の世界へと導き出し，光を当てたものとして高く評価できる。すなわち上記の「クオリア構造」の考え方の意義は，「百科事典的知識が書き込まれた名詞句」を介してのみクオリアに足を踏み入れることができるだろうという見通しと，統語構造は何らかの形でそのような名詞句から影響を受けている，という展望を見事に示してくれたことであろう。さらに何よりも，語の創造的使用の解明には「百科事典的知識が書き込まれた名詞句」に光を当て，名詞句の意味機能と統語構造(構文)の関係を捉えられ

---

[1] ほとんどすべてといっていいほど認知言語学の解説書には理想認知モデル，フレーム，スキーマ，スクリプトなどを類似の概念として紹介している(辻2002：221も参照)。しかし，理想認知モデルは「百科事典的知識が書き込まれた名詞」の意味モデルであるという点で，他の概念と決定的に異なる。前者が主として時間的な発展を因果的に記述する線的な知識構造であるとすれば，後者は時空間から離れた点的な知識構造であるという違いがある(6.2.1節-6.2.2節を参照)。

[2]「感覚質」と訳されることもある。

るような規則の発見が重要であることを実践的に示しているように思われる。Jackendoff(1997, 2002)や影山(1999, 2002)，小野(2005)などが彼らの研究に「クオリア構造」の考え方を積極的に取り入れているのも，その証であろう（米山 2005：143-148 の解説も参照）。

　本書で提案する「名詞基盤の文法」は，第6章で具体的に見ていくが，機能主義認知言語学の統語理論として「名詞基盤の文法」を提案するものである。ここで用いる道具立てとして，一つは，いうまでもなく，百科事典的知識が書き込まれた名詞の意味モデルである理想認知モデル（の集合体モデルあるいは命題モデル）である。これは「動詞基盤の文法」の下請け程度にしか利用価値を認めない「クオリア構造」の考え方とは，その性質が大きく異なる。

　もう一つは，第5章で具体的な分析を見ていくが，言語形式に関する研究を（言語的ないし文法的）カテゴリー化の研究として捉えなおすための，カテゴリー化理論とプロトタイプの考え方である。これについて，本書の基本的な立場を Taylor(1989[1995]：第1章)の一節を借りて表現してみよう。「言語学は方法論的にも研究内容から言ってもカテゴリー化と深く関わっている。この点についてラボフが次のように触れている。『もし言語学について何か述べる事ができるとするならば，それはカテゴリーの研究であるという事である。すなわち，言語は現実を不連続な単位とその単位の集合にカテゴリー化することによって，どのように意味を音に翻訳するのか，ということに関する研究である』(Labov 1973：342(辻 1996：1-2 の翻訳))。

　こう考えると，本書の『韓日使役構文の機能的類型論研究』とは，意味をどのように言語形式に対応させているか，に関する研究に他ならない。方法論的には両言語の共通の意味基盤をプロトタイプの考え方に求めると，カテゴリーの拡張のさいに見られる言語間の相違は，類型論研究に繋がるものとなる。すなわち，形式と対応する意味の間にどれほど相違点が見られるか（言語形式が担うサイズの問題），どのような意味にどのような形式が与えられているか（動機づけに関する問題），さらに，そこには認知的基盤に言及できるような有意義な差が見られるかどうか（概念化の問題），などを追究するのが，本研究の主な関心事となる。

　さて，「名詞基盤の文法」の必要性を主張するためには，とりあえず生成

序章

文法においてS→V NPnの文構造の捉え方に立ち戻り，その功罪を明らかにする必要があろう。生成文法の文構造の捉え方がわかりやすく反映されているのは，語彙概念構造(LCS)や語彙機能文法(LFG)における(大まかに)「語彙＝動詞→統語構造」のような捉え方であろう。ここには，統語構造の形成には動詞(述語)のみがかかわり，基本的に名詞句の意味機能はかかわらないという前提がある。このように標準理論以降の生成文法は，「動詞基盤の文法」を手に入れたことによって，理論として飛躍的な発展を成し遂げたといってよい。とりあえず意味に深入りせずに，統語構造を簡明に記述でき(そうな夢をつかみ)，そして，名詞句から喚起される状況依存的・百科事典的意味は語用論の方に追放することに成功し，何よりも自律的統語論を標榜する理論に相応しい，機械的計算主義を極める方向へともっぱら進化し続けることができたのである。

ここで，「動詞基盤の文法」において名詞句が置かれている状況を比喩的に捉えれば，名詞句は産みの親の動詞(これは上下の位置関係を示す。Kuroda 1988などの「VP内主語仮説」参照)からそのDNA(意味素性や意味役割など)を受け継いでいるはずである，という発想が生まれるであろう。この比喩的発想は，取りも直さずChomsky(1986)の選択制限(selectional restriction)，意味選択(semantic selection)，範疇選択(categorial selection)，厳密下位範疇化(strict subcategorization)などに反映されている。たとえば，*The window slept.が不適格なのは，動詞sleepがその主語として有生物(animate)名詞句を要求するからである，という選択制限のためであるとされる(原口・中村1992)。つまり，項構造も意味役割(あるいは意味素性)も，そして統語的位置関係も，すべて動詞(句)が名詞句を支配しているという，一種の親子関係の比喩によって理論的装置が出来上がっていて，実際いかにもそのように見える。したがって，名詞句が動詞の優位に立つ，という逆の発想は，(論理的可能性としてありうるにもかかわらず)そもそも想像もできないようにしてしまったのである(親子関係の比喩は，遺伝的基盤にその根拠をおいているため，図地反転(名詞句が動詞の優位に立つという反転)は，絶対に起こらないものとして信じ込ませる力がある。なかなか強力な呪文である)。

すなわち，動詞が名詞句の意味役割，意味素性，項構造，統語的位置を決定する，というこの緊密関係は，親子関係を連想させることにより自然に出てくるように仕掛けられている。またこれは，動詞がとる名詞句(以下「動詞と共起する名詞句」とする)の意味役割の階層も，動作主(agent)か被動者(patient)かのように，二者択一的なものとして捉えられるような状況を作ってしまった，という弊害ももたらした(たとえば動詞 *sleep* と共起する唯一の名詞句は動作主項をとり，被動者項はとらない，というように二者択一的に捉えられるようになる)。これは取りも直さず，Perlmutter(1978)の非対格仮説を言語普遍性の仮説として受け入れられるような準備が，理論の内部からもすでに着々と進行していたことを意味する。関係文法の枠組みからの Perlmutter & Postal(1984:97)の普遍的一配列仮説(universal alignment hypothesis)[3]，および生成文法の枠組みからの Baker(1988:46)の意味役割付与一様性仮説(uniformity of theta assignment hypothesis)[4] はまさにそうである。つまり，関係文法や生成文法の枠組みにおいて非対格仮説の信奉は，「動詞基盤の文法」の考え方によって精緻に組み立てられた理論的装置からおのずと出てくるものであって，第2章で詳細に検討するように，経験的に十分な観察に基づいた結果，帰結したものではない，ということである。

　実際我々が日常的に出会う言語データは，決して二者択一的な「閉じられたシステム」ではない。むしろ「開かれたシステム」である。すなわち，動詞が一方的に名詞句の意味役割を決定するような状況，そして名詞句の意味役割の階層が動詞によって二分されるような状況，あるいは，名詞句が動詞の意味素性(DNA)を受け継いで具現されていると思わせるような状況は，ほとんど見当たらないといってよい。

　次の例を見られたいが，韓国語の *cata* '寝る' と日本語の「飛ぶ」は，有生物か無生物か，あるいは動作主か被動者か，というような二分法的なカテゴリーを見せることはなく，むしろ連続的である。

---

[3] 任意の節に関して，その節の意味から各々の名詞句が担う最初文法関係(initial relation)を予測する普遍文法の原則が存在する，という仮説。

[4] 同一の意味役割を担う項は，基底構造において同一の統語構造をもつ，という仮説。

(1) 　　aki ／ palam ／ *chima-ka　ca-n-ta.
　　　　赤ん坊／風／＊スカート-　主格 寝る - 現在 - 断定
　　　　'赤ん坊が寝る／風が凪ぐ／＊スカートが静まる。'
(2) 　　鳥／飛行機／埃／スカート／＊卓袱台が飛ぶ。

　すなわち，このような連続性を「動詞」の視点から見れば，これらの動詞は有生物を典型的な主語名詞句として選択し，そこから無生物も主語名詞句の中に受け入れる方向へと拡張している。(ここで図地反転が起こるが)「名詞」の視点から見れば，名詞句を，人は「寝るもの」，鳥は「飛ぶもの」という属性のカテゴリーの成員として考えれば，次のように考えられなくもない。すなわち，動詞と共起できる名詞句の適格性の判断は，名詞句に本来的に備わっている属性のリスト(集合体モデルあるいは命題モデル：人は歩く(という属性をもつ)ものである，風は吹くものである，埃は飛ぶものであるなど)の中から動詞と一致する属性があるかどうかをチェックすることによって行われ，合致しているものがあれば，文は正しく成立する。言い換えれば，名詞句は世界に対する我々の共有知識のリストを提供し，一方動詞は世界(時空間)を限定する役割を担い，実際その動作が行われることを表す，ということであろう(第6章の表8参照)。ここで，属性のカテゴリーの成員には典型例と非典型例があることを認めると(Lakoff 1987)，非典型例の場合は言語ごとにそこに参与する成員が異なってくる可能性も予想されることとなる。上記の例をみると，韓国語の「寝るもの」の属性のカテゴリーのリストには「風」が成員として含まれるが，日本語には含まれないのである。

　すると，典型例と非典型例の(研究方法論上の)扱い方について，次のような提案ができる。すなわち，典型例は言語のサンプルを増やしていくことによって，言語共通の意味基盤であることが認められれば，普遍性の探求に繋がるものとなる。一方，非典型例は言語ごとに受け入れられる範囲が異なる可能性も高くなるので，機能的類型論の研究に繋がるものとなる。すなわち，言語によって担われるサイズの大きさも，生産性も異なりうる，また，拡張のさいには言語によって異なる論理・異なる見方(解釈(construal)の相違)があることも排除せず，可能性として認めることができる(第2章の「解釈パラメータ」参照)。このように「名詞基盤の文法」の考え方をすれば，普遍

性の研究と類型論の研究は同時に成し遂げられるものである(これに基づく分析は,第2章を参照)。

さらに「名詞基盤の文法」の考え方に基づけば,当該の動詞と共起できる名詞句のカテゴリーの拡張はどのように行われるかを予測することもできる。この点は第5章で徹底的に分析しているが,とりあえず次の例を見られたい。水は本来「流れるもの」という属性の典型的な成員であるといえるが,ボールはそうでない。しかしながら,ボールもある一定の文脈(ここでは「川」。すなわち,ボールが川の上に浮いている状況)さえ補えば,(3b)のように「流れるもの」のカテゴリーの中に入ることができ,拡張が行われる。この場合(3b)の成立には「川の上に浮くものは流れる」という理想認知モデル(の命題モデル)が属性の付与に関与しているように思われる。

(3) a.　水／＊ボールが流れる。
　　 b.　ボールが川を流れている。

文脈の補充によるさらなる拡張には,我々の主観的な捉え方が目立つだろうということも予想される。次の(4a)と(4b)の相違を見られたい。

(4) a.　鳥／飛行機／埃／スカート／＊卓袱台が飛ぶ。(＝2)
　　 b.　鳥／飛行機／??埃／スカート／卓袱台が飛んできた。

(4a)のように,「飛ぶもの」という属性のカテゴリーの成員には,自力で飛ぶものから,埃のように自力であるかどうかあいまいなものが含まれ,さらにスカートのように明らかに自力で飛べないものまで含まれている。すなわち,名詞句によって動詞の意味が微妙に変化していくことに注目されたい。またこの場合,後者の非典型的な成員は「風が吹く」という文脈(状況)が与えられた場合でしか,成立しないものであることがわかる。これに対して,卓袱台は風が吹いても簡単に(普通の状況では)飛べない,という知識を我々は経験的にもっている。しかし(4b)を見られたい。「飛んでいく・くるもの」という属性のカテゴリーの成員には,卓袱台も入ることができる。「卓袱台がくる」は不可能なので,「くる」が卓袱台を許すわけでもないのである。

つまり,「飛んでいく・くるもの」の属性のカテゴリーの成員には,自力で飛んでいくものから,風が吹くと飛んでいくもの,さらに,誰かが物を投げるとそのものが飛んでくる(これはかなり文化依存的コンテクストであろ

う),のように文脈の条件もさまざまである。この場合,風が吹くと(そのために)飛んでいくものは受身的状況かどうかあいまいであるが(鄭 2004b,および本書の 2.7 節参照),卓袱台は明らかに行為を被る被動者であり,状況的には完全に受身の状況である。にもかかわらず,動詞と共起する名詞句のカテゴリー化の観点から見ると,鳥と同じカテゴリーの成員である。

「走る」のような動詞でさえ,意味的に一様なカテゴリーの成員によってのみ,構成されることはない。「人が走る」「車が走る」「この電線を通って電気が走る」「この道は東京から神戸まで走っている」のように,「走る」と共起できる名詞句のカテゴリーはドンドン拡張していく。最後の例は主体的移動(subjective motion)とよばれているものであるが(Langacker 1987, Matsumoto 1996),これも実は「道は(誰かがその上を乗り物にのって)走るものである」という属性の付与により,そしてそのような属性の付与が当該の言語において慣習化されていれば(すなわち,命題モデルに基づく知識構造を当該の言語話者がもっていれば),適格に受け入れられると考えられる。この場合道は,誰かが走ることによって影響を受ける被動者ともいえ,その点において,上記の卓袱台と同様,主観的な捉え方が目立つものである。つまり,これらの文は,現実に存在しうる動作主が脱焦点化(agent defocusing)されている(Shibatani 1985)。しかし,言語表現では受身でなく能動動詞であり,しかも自動詞が用いられている,という注目すべき特徴が見られるのである。

また次の枯葉は,雨にぬれたものかそうでないものか,によって属性の与え方が異なってくる。

(5) a. *枯葉を燃やしたけど,燃えなかった。
　　 b. 雨にぬれた枯葉を燃やしたけど,燃えなかった。

枯葉は普通「よく燃えるもの」であるが,雨にぬれた枯葉は普通「燃えにくいもの」であるという認識があろう。このような日常的な経験的知識に支えられてこそ,正しい文がいえる。すなわち,文の適格性の判断は,動詞の意味からでなく,そして,統語構造からでもなく,名詞句の意味属性によって決定されることは明らかである(第 3 章の注 2 および Lakoff 1971 も参照)。この場合,名詞句の意味属性は,客観的なものでなく,我々の経験的知識を通して構築さ

れる普通の状況を基盤にして付与されるものであることがわかる。

最後に,「名詞基盤の文法」でなければ説明できない統語現象や意味現象があることは決定的な証拠である(詳細は第6章を見られたい)。

(6) a. 花子が車を止めた。(個体モデル：直接操作)
    b. 花子がタクシーを止めた。(社会モデル：社会的指示)
(7) a. ある男が子供を殺した。(個体モデル：直接操作)
    b. ヒトラーが何百万人ものユダヤ人を殺した。

(社会モデル：社会的指示)

(8) a. 警察がその女を自分の家に監禁した。(個体モデル：直接操作)
    b. 警察がその女を自分の家に監禁させた。

(社会モデル：社会的指示)

(6)(7)のbには,aと異なり,現実世界では運転手や兵士という被使役者が介在するわけである。しかし,言語表現では,(6)(7)のaと同じ動詞(語彙的使役)を用いている。すなわち,統語表示のさいに使役連鎖の中間段階に当たる被使役者の行為をすべて短縮し,脱焦点化することによって,(6)(7)のaと同一形式を用いることができる。(8b)も(8a)と異なり,警察当局がその女を自宅監禁した状況を表すことができ,その場合は,警察当局の指示通りに行動する脱焦点化された被使役者が存在することになる(詳細は4.2.2節と6.4.2節参照)。しかし,(8b)は(6)(7)のbと決定的に異なる点がある。それは,言語表現(ここでは動詞の形態)の観点からみると,(8b)の場合は被使役者を統語構造に表示しなければならないはずである。しかし,ここでは被使役者がまったく言い表されなくても情報の欠如感はない。すなわち,結合価増加を伴わない非規範的使役構文が成立するのである。

このように意味(現実の状況)と統語構造(言語表現)の関係がずれていることに関しては,「動詞基盤の文法」を基盤とする言語理論では(おそらくそれがいかなるものであれ)もはや捉えきれないものとなるであろう。しかし,「名詞基盤の文法」では,このような現象まで自然に説明できるものとなっている。たとえば,個人の花子であれば,普通自分で直接車を止めたと理解される。が,乗客の花子であれば,タクシーを止めるという行動パターンに関して,我々の一般的な知識構造に基づいて予測される。すなわち,乗客が

運転手に指示して(それによって運転手が)車を止めた，と理解されるのである。警察当局の行動パターンに関しても，我々は一般的な知識構造を基に理解する。

つまり，上記の構文に関して「名詞基盤の文法」では次のように説明される。(ⅰ)使役連鎖の中間段階をすべて短縮し，現実の被使役者を脱焦点化することができるのは，「社会モデル」においてのみ起こる現象である。(ⅱ)短縮された意味情報は，名詞句の中に書き込まれ，仕舞い込んでいる(これを「くりこみ理論(Nesting theory)」とよぶ。6.3.5節)。(ⅲ)意味情報の呼び出しは，名詞句の機能(たとえば(6b)であれば，タクシーとタクシーによって喚起される二つの参加者の運転手と乗客。6.3.4節)を通して，適切な理想認知モデル(集合体モデル・命題モデル)が喚起されることによって行われる。(ⅳ)概念化は一元化された同一空間でのみ行われるのでなく，物理的空間(個体モデルが対応)と社会的空間(社会モデルが対応)という二つの概念空間がある。

これは図1のように示すことができる。たとえば，(7b)のように，現実世界の事態参加者が三つあった場合，これを個体モデルで概念化を行えば，「ヒトラーが兵士に何百万人のユダヤ人を殺させた。」という構文が出てくる。一方，社会モデルで概念化を行えば，(7b)の「ヒトラーが何百万人のユダヤ人を殺した」の構文が出てくる。したがって，構文Aは事態参加者と項の数が対応し，文字通りの意味を表すが，構文Bは文字通りの意味を表さない。なお，この二つの典型的な構文パターンの間には，客観的には同一事態を表すことができる，さまざまな表現が(被使役者の文法的コード化を入れ替えながら)連続的に分布している。また，それぞれの構文の形式は名詞句によって喚起される解釈モデルの相違によって決まる(詳細は第6章)。図1の最上位にある二方向の矢印は，客観的状況に対する解釈(construal)の相違を表す。

```
          客観的状況
         ↙      ↘
   個体モデル    社会モデル   ← 概念化レベル
      ↓            ↓
    構文A ········ 構文B
```

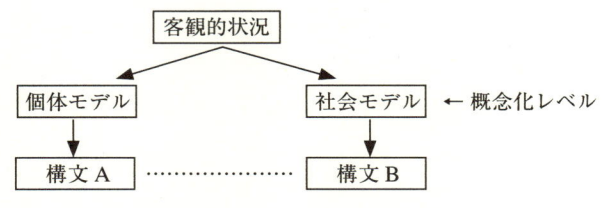

図1 「名詞基盤の文法」における文の産出モデル

本書の「社会モデル」の考え方によれば，Talmy(2000:263)で観察された「阻止された項」(blocked complement)の存在も同じ原理で説明できる可能性がある(第6章の注9参照)。
　さらに，(ⅰ)「社会モデル」を語彙的使役が全面的に担う言語型(韓国語)，語彙的使役と生産的使役が両方とも担う混合型言語(日本語)，そして生産的使役が全面的に担う第三言語型(現実に存在するかどうかとは別に，論理的可能性として存在する)，というように，機能的類型論の観点にたつ研究ができる。すると(ⅱ)語彙的使役の生産性は「社会モデル」によって動機づけられている，という見方を得ることができ，言語形式の生産性あるいは拡張の動機づけを追究できる道も開かれる。
　以上のように，「名詞基盤の文法」の真の意義は，社会文化モデルと統語構造の関係を明らかにすることにある[5]。そして，統語構造(構文)の作り方が言語によって異なりうることも受容でき，それに基づく新たな機能的類型論の研究が可能となる。本書の「名詞基盤の文法」が成功すれば，昨日のプラグマティックス(語用論)は今日のシンタクス(統語論)という標語が現実化することになるであろう。

2. 全体の概観

　本研究の経緯から全体の概観を述べたほうがよいように思われる。本書の出発点となった現象は語彙的使役の生産性の程度の問題である。それは，韓国語の使役接辞 -i，-hi，-li，-ki(-wu，-kwu，-chwu)(語彙的使役形)は，その生産性が非常に高く，日本語の語彙的使役の状況から見ると，この(異常とも言えるべき)生産性の高さには何らかの形で説明を与えなければならなかったからである。つまりこの接辞は，たとえば日本語の「上げる」「乾かす」「沸かす」のような他動詞(語彙的使役)から「歩かせる」「笑わせる」「遊ばせる」のような使役(生産的使役)にまで，実に幅広く対応できる(念のため

---

[5] Silverstein(1976)は「名詞句階層」がいかに格標示のコード化とかかわっているかを，能格言語の名詞句分裂(NP-Split，第1章参照)の現象などを通して，明らかに示している。しかしこの階層は一元的に連続的なものであり，本書の「個体モデル」と「社会モデル」の区別のように，立体的な関係としては捉えられていない。

に述べておくが，-key hata という生産的使役形は別途にある。第3章参照）。日本語は他動詞と使役の境界が動詞の意味からも（比較的わかりやすく）予測できるようなシステムになっているのに対して（実は日本語も第5章でみるように拡張がある），韓国語はなぜ，これらをすべて一つにまとめ上げているのだろうか。この問題は直ちに，現代理論言語学において最も信じられている仮説の一つである「非対格仮説」と真正面からぶつかる。日本語は比較的この仮説に協力的な言語であるのに対して，韓国語はそうでない。両言語の対照的なふるまいは，この仮説が本当に言語の普遍性を捉えたものかどうか，それを疑わしくするのに十分である。そこで，この仮説の用語のよりどころである能格言語の状況を調べることとなる。つまり，「能格性」とは何か，この用語法に対する本来の定義を追究せざるを得なかったのである。

第1部は，対格言語における能格性の捉え方の諸相を浮き彫りにするために設けられた。第1章では，能格言語の格標示システムを基盤に与えられた「能格性」の用語が，どのように対格言語に適用されていき，どのように変容していくのか，を明らかにしている。その過程の中で，類型論者と理論言語学者の間に，能格性の捉え方に関して微妙なずれが生じていることも明らかになる。このずれは，能格性を連続的なものとみるか，二分法的なものとみるか，その相違に尽きる。したがって本章では，能格性の本来の用語法に従い，能格性は連続的なものであると定義する（詳細は1.3.4節参照）。また二分法の発想は，むしろ動格言語（または活格言語）のふるまいが見せる動格性（または活格性）に依拠した概念であることも明らかにする。

引き続き第2章では，分裂自動詞性の本性に迫る。非対格仮説の主張のように，「能格性」が本当に二分法的なものかどうかを検討することが目的である。そのためにPerlmutter(1978)の非対格仮説の経験的基盤となった非人称受身および，分裂自動詞性の最も強力な根拠となった動格言語の格標示のふるまいを検討する。そのほかに，Lyons(1968)やLevin & Rappaport Hovav(1995)などで，統語的関係として「能格性」または非対格性が認められるとされた使役交替も考察する。その結果は，非人称受身においても(Shibatani 1998)，使役交替においても，同一の意味的基盤に基づいて自動詞が二分類されるという状況は見られず，むしろ連続的である，という結

論が得られる。すなわち，連続性に基づく能格性は見られるが，二分法に基づく「能格性」は見られない。注目すべきは，このような連続性はランダムではなく，たとえば使役交替(自他交替)においては，多くの言語が状態変化動詞を共通の意味基盤としており，その上に，日本語は主として移動方向動詞まで(たとえば「赤星は一塁に，金本は二塁にそれぞれ回した。」)，英語は walk, run, jump のように主として移動様態動詞まで，そして韓国語はそれを超えて，「歩く」「笑う」「遊ぶ」のような動作動詞にまで拡張している，という拡張の段階が見えてくるのである。すなわち，ここに至ってやっと，語彙的使役のふるまいにおいて言語間の相違を受け入れることができ(Shibatani & Pardeshi 2002 も参照)，それを生産性の程度の相違として捉えなおすことが可能となる。

　さらに，動格言語の格標示のふるまいを見ると，非対格仮説の意味基準とはまるっきり逆の状況も観察される(Rosen 1984 も参照)。Mithun(1991)が提供するデータによれば，ラコタ語の状況は，概ね非対格仮説の意味規準と合致する。しかし，中央ポモ語では，生理現象が被動者格をとる一方で，状態述語はむしろ動作主格をとる。このような状況を説明するために，我々は，言語における異なる論理・異なる見方があることを認め，「事態生起の由来に関する話者の解釈パラメータ」を提案する。また韓国語の自動詞のふるまいを(漢語動詞も含めて)見ると，中央ポモ語と同様の意味基準が働いていることが認められる。一方，日本語の自動詞(主に漢語動詞)のふるまいは，韓国語と異なることが判明する。日本語は非対格仮説の意味基準と概ね合致する，ラコタ語と同じパラメータをもつと考えられる。すなわち，自動詞のふるまいにおいて，韓国語と日本語は異なるタイプに属する言語であることが判明するのである。以上から，非対格仮説は，客観的には同じ事象でも，異なる論理・異なる見方をもつことができる，またはそのような言語がある，ということを受容できず，したがって，言語普遍性の仮説としては不適格である，という結論に導かれる。

　第1部では，韓国語と日本語において語彙的使役の生産性の相違を捉えることが目的であったが，第2部では，両言語の文構造の作り方においては共通点が見られ，それを捉えることが目的である。つまり，両言語は結合価を

増加しない非規範的使役構文を共にもっており，被使役者の文法的コード化のさいにもかなり類似したふるまいを見せるのである．ただし，結合価変化のない構文の存在が世に知られるようになったのはごく最近のことなので（日本語については定延1991, 1998, 2000, 韓国語については鄭1997, 1999, 2000a, 2004a, 2005bなど），韓日語以外の状況についてはあまり知られていない（Kiryu 2002にネワール語の報告がある）．

　まず第3章では従来の研究に沿って使役構文の定義，使役形式の分類，統語構造の作り方に関する全体的な概観を行う．その中で，Comrie (1985, 1981[1989])が言語の普遍的傾向として提案した結合価の増加，それに伴う使役構文の作り方に関するいくつかの提案，とりわけ被使役者の文法的コード化の階層について徹底的に検証する．そして韓日語のデータから，被使役者の文法的コード化の階層に対して決定的な反例を提示し，使役化によって変化する確率が高いのは，結合価（項の数）でなく，参加者の数であることを明らかにする．

　これを引き継いで第4章では，非規範的使役構文に関する詳細な意味記述を行った後，両言語の非規範的使役構文の作り方が同じ意味的基盤の上に成り立っていることを明らかにする．また，統語構造では表示されない脱焦点化された被使役者が意味解釈では存在することを明らかにし，統語表示と意味表示のミスマッチのメカニズムを捉える「折り紙モデル」を提案する．ただしこれは単なる記述モデルであって，説明モデルではないことに注意されたい．したがって，この現象を引き起こすメカニズムを説明できるような理論的背景が要請されるが，それは第6章で提案される「くりこみ理論」にゆだねられる．

　第3章のもう一つ重要な役割は，使役形式と使役意味の相関関係に関する研究を概観することである．ここでは主としてShibataniの使役研究を概観し，残された問題を浮き彫りにすることが主な目的である．70年代の生成文法の枠組みにおける直接使役と間接使役(Shibatani 1973a, b, c, 1976a, b)，それから約30年後の使役連続性に基づく「随伴使役」(Sociative causation)とよばれる中間領域の発見(Shibatani & Pardeshi 2002, Shibatani & Chung 2002)，その後さらに，Zipf (1935[1965])やHaiman (1983, 1985)に続く，機

能主義の考え方に基づく使役研究を検討する(Shibatani 2004)。そこで四点ほど問題点を指摘し、その解決も第6章の「名詞基盤の文法」に求めることとなる。

　第3部では、動詞基盤の文法から名詞基盤の文法への新たなパラダイムを提案することが目的である。少なくとも次のような問題が解決できるような理論的枠組みが必要である。(ⅰ)語彙的使役の高い生産性を動機づける要因は何か。(ⅱ)非規範的使役構文はどのように作られるか。(ⅲ)統語構造(言語表現)に表示されない脱焦点化された被使役者は、どこにその意味情報が書き込まれていて、我々はどこからいとも簡単にそれを取り出すことができるのか。

　第5章の目的は、まず文法的カテゴリー化はどのように行われるかについて、日本語の自他交替とサセの二つの文法領域を取り上げ、カテゴリー化の本来の姿を示すことである。そこで、従来のように動詞の意味クラスによる分類ではカテゴリーの拡張を果たして正しく説明できるかどうか、を検討し、その限界を明らかにする。というのは、ここで問題視される文法的カテゴリー化は名詞句のカテゴリー化であって、動詞のカテゴリー化ではないからである(第1章の格標示のふるまいも、表2のように自動詞文の主語がいかに不均質ば要素を取り込むことができるかという名詞句の文法的カテゴリー化であることがわかる)。そしてカテゴリーの拡張のさいにも、名詞句の意味性質を基盤にして拡張が起こる。さらに文脈(コンテクスト)の補充によってその意味条件さえ満たされれば、サセの場合は動詞の意味とほとんど無関係に成立することも確認される(定延1991, Kuroda 1993)。つまり、動詞が文の適格性を左右するのでなく、名詞句(の意味性質)が文の適格性を左右するのである。ここで、「動詞基盤の文法」の説明力の貧困さが指摘され、文の適格性を左右する名詞句の文法的重要さが浮き彫りにされることとなる。

　第6章では、「個体と関係役割語としての名詞句」を提案し、それによって社会・文化モデルと統語構造(構文)の関係を明らかにする。個体と関係役割語とは、一つの名詞句が二つの機能――外界の指示物を「個体」として指し示す場合と、社会的役割を担う社会的存在の「関係役割語」として差し出す場合――を担い、それが個体モデルか社会モデルかという概念空間と対応

序　章

するものとなる。そして後者の「関係役割語」は，社会・文化的な知識構造が書き込まれた単位，すなわち，理想認知モデルを喚起させる単位として名詞句を導入するものである。そのような理論的装置の上で，この二つを変項とする「F-モデル」（個体モデルと社会モデル）を導入し，使役構文のさまざまな意味現象や統語現象を説明する。すなわち，個体とみなすか，社会的役割を担う社会的存在とみなすかという，名詞句（が指し示す指示物）の解釈（construal）の相違が，言語化のさい統語構造（構文）の作り方に直接的に関与する，という結論を導く。

　以上，本書に基づけば，韓日語の相違は次のように説明されることとなる。すなわち，自動詞のふるまいにおいて見られる両言語の相違は，当該事態の生起に関して，動作主見方をとるか被動者見方をとるか，という概念化のさいの話者の解釈の相違にその要因があると説明される。一方，語彙的使役の生産性において見られる両言語の相違は，社会モデルの領域をどの形式をもって表現するか，という同一事態に対する両言語の異なる選択に要因があり，その選択には表現の意味を重視するか（語彙的使役の選択），使役状況を重視するか（生産的使役の選択）という要素がかかわっていると説明される。

第一部

対格言語と能格性
―言語類型論と理論言語学のはざま―

第1章

能格性とは何か

1.1 はじめに

　周知の通り，能格性とは，元来能格言語において形態的格標示のふるまいを基盤にして設けられた用語である。それが近年では，Lyons(1968)が *break, open* のような動詞の使役交替(自他交替)のふるまいを説明するさいにも，「能格」または「能格性」という述語を用いて以来，能格言語に限らずに，対格言語にもこの用語が適用され使われるようになった(Dixon 1994, Crystal 1980 も参照)[1]。後者の用語法は，現在ではとくに普遍文法の解明を目指す理論言語学者らによって愛用されているが(Burzio 1986, Baker 1988, Miyagawa 1989, その他)，そこにはさらに，理論的背景として Perlmutter (1978)の「非対格仮説」がある。非対格仮説については，第2章で批判的な検討を行う予定である。

　本章では，元来能格言語の格標示システムを記述するために用いられた能格性という用語が，能格言語を超えて，さらに対格言語へと適用されていく過程に焦点を当てて考察する。次の二点が本章の射程に入る。(ⅰ)能格性とは何か。これについて元来の用語法を概観し，その定義を確認する。(ⅱ)能格性が対格言語に適用されるさいに，その概念がどのように把握され，適用されていくのか。この点について，従来の研究から三つの捉え方を紹介し，類型論者と理論言語学者の間に見られる用語法の適用のずれを確認する。

　このような考察を通じて，最終的には，能格言語と同様に適用できる能格性の定義を提案することを目標とする。

1.2 能格言語と能格性の現れ

　本節は，能格性の定義に対する正しい理解を求めることが目的である。し

---

[1] Dixon(1994:19)によれば，使役の状況に能格という述語を当てて記述したのは Halliday(1967)が最初である。詳細は注18を参照。

たがって，能格言語に対する総括的な把握がその目的ではない。以下では，類型論の観点から対格言語と能格言語を概観した後，能格言語における能格性の現れを比較的簡単に紹介する。

1.2.1　格標示システムに基づく言語類型

ある言語が対格言語または能格言語とよばれる場合，それは次のような格標示パターンを示す言語であることをいう。NOM：主格，ACC：対格，ERG：能格，ABS：絶対格，ϕ：無標格。

格標示のパターンと言語類型			
I　対格言語の格標示システム：S = A （= NOM, ϕ）			
自動詞構文：	ⓢ		V*int*
他動詞構文：	Ⓐ	P-ACC	V*tr*
II　能格言語の格標示システム：S = P　（= ABS, ϕ）			
自動詞構文：		ⓢ	V*int*
他動詞構文：A-ERG		Ⓟ	V*tr*

表1

表1のIのように，自動詞文の主語Sと他動詞文の動作主Aが同じように主格（多くの場合は無標のϕ）をとり，他方の他動詞文の被動者Pが有標の形で対格をとるような格標示パターンを示す言語を対格言語という。言い換えれば，対格言語は格標示のコード化においてSとAが同一に取り扱われ，Pがそこから排除され別扱いを受ける，すなわち，対格型格標示をとる言語である。これに対して，表1のIIのように，自動詞文の主語Sと他動詞文の被動者Pが同じように絶対格（多くの場合は無標のϕ）をとり，他動詞文の動作主Aが有標の形で能格をとるような格標示パターンを示す言語は能格言語という。言い換えれば，能格言語は格標示のコード化においてSとPが同一に取り扱われ，Aがそこから排除され別扱いを受ける，すなわち，能格型格標示をとる言語である（Comrie 1978, Dixon 1979, 1994, 柴谷 1986, 1989, Shibatani 1988, 宮岡 1986, 松本 1986, 角田 1991 など参照）。

それぞれに該当する具体例をあげてみる。次はComrie（1978：331-333）か

ら引用した例である。

(1) 対格型格標示(ラテン語)

    a. Puer   vēnit.
         boy-Nom. Came
         'The boy came.'

    b. Puer   puellam amat.
         boy-Nom. girl-Acc. Loves
         'The boy loves the girl.'

(2) 能格型格標示(バスク語)

    a. Martin   ethorri da
         Martin-Abs. came   Aux.-3Sg.S
         'Martin came.'

    b. Martin-ek   haurra   igorri du.
         Martin-Erg. child-Abs. sent   Aux.-3Sg.A-3Sg.P
         'Martin sent the child.'

(1)は対格型格標示をとるラテン語の例で，(2)は能格型格標示をとるバスク語の例である。すなわち，ラテン語はSとAが一つにグルーピングされて，無標の主格の形をとっている。一方バスク語は，SとPが一つにグルーピングされて，無標の絶対格の形をとっている。これに対して，対格言語のラテン語はPが別扱いにされて，有標の形の対格を受けているが，他方の能格言語のバスク語ではAが別扱いにされて，有標の形の能格を受けている。

日本語や韓国語は，ラテン語と同じように対格言語に分類される。次の(3)(4)に見られるように，両言語とも格標示はすべて有標の形をとるが，自動詞文の主語と他動詞文の主語が同じように主格——日本語は'-が'，韓国語は'-ka'(または異形態の'-i')，——でマークされる。これに対して，他動詞文の目的語は対格——日本語は'-を'，韓国語は'-ul'——でマークされ，別扱いを受けることがわかる。

(3) 日本語

    a. 太郎が走った。

    b. 太郎が花子を殴った。

(4) 韓国語
　　a.　cheli-ka　　　　talli-ess-ta.
　　　　チョリ-主格　走る-過去-断定
　　　　'チョリが走った。'
　　b.　cheli-ka　　　　yengi-lul　　　ttayli-ess-ta.
　　　　チョリ-主格　ヨンイ-対格　殴る-過去-断定
　　　　'チョリがヨンイを殴った。'

　能格型格標示をとる言語についてとくに注意すべき点は，能格言語の格標示システム全体が一貫して能格型であることは意味しない，ということである。格標示において一貫して能格型を示すのは，バスク語やエスキモー語などごく少数に過ぎず，能格言語といわれる多くは能格型と対格型を共存させている形——すなわち，分裂能格性——を示すのが一般的である (Dixon 1979, 1994, 柴谷 1986。例は下記の(9)(10)を参照)。
　ここに能格言語の対格型の傾斜が見られ，対格言語と能格言語には非対称性が存在することがわかる。

1.2.2　形態的能格性と統語的能格性

　能格言語において能格性が現れるレベルとして，一般に形態的能格性と統語的能格性が取りあげられる。本節では，この二つのレベルにおける能格性の起こり方を考察する。
　前節の議論によれば，能格性とは，他動詞文のAに与えられた能格 (ergative case) という格標示の名称からわかるように，元来格標示のレベルにおいてSとPが同一に取り扱われ，他方のAが別扱いにされることを捉えるために用いられた用語である。しかしながら，このように伝統的な意味でうまく定義されたこの用語は，単なる格標示だけにとどまらず，格標示から離れた領域である，一致現象やその他のさまざまな統語現象にも適用されることになる。たとえば，等位構文におけるコントローラーやギャップの生起，関係節化，再帰代名詞の支配，分裂文のフォーカスなどにおいて，SとPが同一に取り扱われ，他方のAを排除する現象をいう場合にも用いられる。すなわち，能格性は，格標示を超越したレベルでの抽象的な概念として成立

することになるのである(柴谷1986, 1989参照)。

このように異なる領域のさまざまなレベルにおいて現れる能格性のうち、格標示との一致(agreement)における能格性の現れは形態的能格性(morphological ergativity)とよばれ、統語法における能格性の現れは統語的能格性(syntactic ergativity)と分類される(Comrie 1978, Dixon 1994, 松本 1986)[2]。

それでは、まず、格標示と異なる領域ではあるが、共に形態的能格性として扱われる一致現象について見てみる[3]。(5)(6)はComrie(1978)および柴谷(1986, 1989：50, 64)から引用または再引用である(若干修正を加えている)。

(5) 対格型一致(英語)

 a. He come<u>s</u>.

 b. He hit<u>s</u> them.

 c. They hit him.

(6) 能格型一致(アバール語)

 a. vas v-eker-ula
   boy-ABS Masc-run-PRES
   'The boy runs.'

 b. jas j-eker-ula
   girl-ABS Fem-run-PRES
   'The girl runs.'

---

[2] 松本(1986)は、さらに談話構造も加えて、形態論、統語論、談話構造の三つのレベルにおける能格性を設けている。談話レベルにおける能格性とは、談話構造を支配するトピックの選択に関して、Pが優先され、SとPがトピックになる形をいう。

[3] 一致と格標示が食い違いを表し、両者が異なるレベルであることを示す例は、Comrie(1978：340-341)を見られたい。そこには格標示に関しては能格型であるが、一致は対格型である例があがっている。

c. ins:u-c:a   jas   j-ec:-ula
father-ERG girl Fem-praise-PRES
'The father praises the girl.'　　　　　　(Anderson, 1976)

　一致現象において対格型を示す英語は，(5)のaとbのように，自動詞文のSと他動詞文のAが一致を引き起こしており，(5c)の他動詞文のP(him)は一致を引き起さない。一方，コーカサス言語のアバール語(Avar)では，(6)で観察されるように，他動詞文のAが能格標示を受け，SとPがともに絶対格で現れるのと同じように，性の一致がAを排除したSとPによって引き起されている。

　次に，統語法において能格性を表す現象の中では，ここでは等位構文におけるギャップの起こり方だけをみることにする。次は等位構文におけるギャップの生起において，対格型統語法を示す英語と能格型統語法を示すジルバル語(Dyirbal)の例である。(7)は柴谷(1989：56)から，(8)はComrie(1978：348)から若干修正して引用した（グロスはDixon 1979：61-64を参考にして筆者が作成した）。

(7)　対格型統語法（英語）
　　a. He$_i$ came and ϕ_i went away. (S = S)
　　b. He$_i$ came and ϕ_i hit Bill. (S = A)
　　c. *He$_i$ came and Bill hit ϕ_i. (S = P)

(8)　能格型統語法（ジルバル語）
　　a. Bayi   yaṛa   bani-n^{y}u, baŋgun d^{y}ugumbi-ṛu balga-n.
　　　 Masc-ABS man-ABS come-Tense, Fem-ERG woman-ERG hit-Tense
　　　 'The man$_i$ came here and the woman hit ϕ_i.' (S = P)
　　b. *Bayi   yaṛa   bani-n^{y}u, balan   d^{y}ugumbil balga-n.
　　　 Masc-ABS man-ABS come-Tense, Fem-ABS woman-ABS hit-Tense
　　　 'The man$_i$ came here and ϕ_i hit the woman.' (S = A)

　上の例に見られるように，等位構文におけるギャップの生起に関して，英語は自動詞文のSと他動詞文のAが対象となり，他動詞文のPが(7c)のように除外されるという対格型の統語法をみせる。これに対して，ジルバル語

は自動詞文のSと他動詞文のPが対象となり，(8b)のように他動詞文のA が除外されるという能格型の統語法をみせる。しかしながら，このような統語現象をみせる能格言語は非常に少ないことを以下で述べる。

1.2.3 分裂能格性

上記のような状況からみると，能格言語は一致や統語法に関してすべて能格型であるかのように思われるかもしれない。しかし実は，前節で述べた格標示の場合と同じように，一致をもっている能格言語であればすべてが一致現象に関して一貫して能格型であり，また統語現象に関しても一貫して能格型を示すものではない。

Dixon(1979)によれば，ジルバル語は統語法に関しては一貫して能格型を示すが，格標示に関しては人称代名詞において対格型に変わる，分裂能格性をみせる。しかし，ジルバル語のように統語法において一貫して能格型を示す言語は非常に少なく，バスク語やエスキモー語のように，形態の面では能格型であるが，統語法に関しては対格型を示す場合がむしろ一般的である (Comrie 1978：346, 柴谷 1986, 宮岡 1986, 角田 1991)。言い換えれば，統語的能格性をもつ言語のすべてはいくらか形態的能格性を同時に備えているが，その逆の，形態的能格性をもつ言語の多くは統語的レベルではもっぱら対格型を示しているのが多い，という状況である。これをDixon(1979)の一般化を借りていえば，形態的能格性と統語的能格性の両方に関して完全な能格型の言語はないということである。

具体的な状況を知るために，例を柴谷(1989：58-60)から再引用して次のようにあげておく。まず，(9)(10)は形態の面において能格型と対格型を共存させているオーストラリアのワルガマイ語(Warrgamay)の状況である。ここでは，名詞句において分裂(NP-split)が見られる。すなわち，(9)のように普通名詞の場合は能格型の格標示を受けるが，一・二人称代名詞の場合は，(10)のように対格型の格標示を受けるのである[4]。

---

[4] 分裂能格性にはNP-split以外に，Hindi語のようにテンス・アスペクトに関して分裂をみせる言語もある。詳細はDeLancey(1981), Comrie(1978：350-355), Dixon(1994)などを見られたい。

第1章
能格性とは何か

(9) 能格型格標示（ワルガマイ語）

a. ŋulmburu gaga-ma.
woman.ABS go-FUT
'The woman will go.'

b. maal-du ŋulmburu ŋunda-lma.
man-ERG woman.ABS see-FUT
'The man will see the woman.'

(10) 対格型格標示（ワルガマイ語）

a. ŋana gaga-ma.
we.NOM go-FUT
'We will go.'

b. yurra ŋana-nya ŋunda-lma.
You.NOM we-ACC see-FUT
'You will see us.' (Dixon, 1980)

次に，ニューギニアのカテ語（Käte）では，(11b)で観察されるように，格標示に関しては能格型をとるが，統語法に関してはSとPを対象とする能格型をみせず，(11a)に見られるように，SとAを対象とする対格型をとることがわかる．これは，(8)のジルバル語の状況の逆である．

(11) 対格型統語法（カテ語）

a. [ϕ$_i$ vale-la][ϕ$_i$ nana ra-la] [be?$_i$ guy fo-ve?]
come-PAST taro eat-PAST pig sleep lie-3SG.PAST
'The pig came, ate taro, and lay down to sleep.' (S = A)

b. *[go-ki (be?) hone-la] [(be?) gesa?ke-ve]
you-ERG pig see-PAST pig run-3SG.PAST
'You saw the pig, and it ran.' (S = P)

(Anderson, 1976)

1.2.4　主語同定に関する問題

このように,形態的な面と統語的な面においてそのふるまい方が一貫していない能格言語において,重要な課題の一つとして浮上したのは,主語同定に関する問題である[5]。これは,主語と同定できる特性が対格言語のように一つのタイプの名詞句に集中しておらず,形態の面と統語の面に分散しているためである[6]。すなわち,統語的な観点からすると,(統語法に関して完全な能格性をみせるジルバル語など少数の言語を除いて)多くの能格言語が,対格言語と同じように,SとAを主語と認定することになる(Anderson 1976)のに対し,形態的な観点からすると,今度はSとPを主語と認めることになるのである(柴谷 1989:49-70)。

このような困難な状況への解決策として,能格言語(の他動詞構文)には主語・目的語という関係は存在せず,能格(ergative)・絶対格(absolutive)という関係のみあるとする立場がある。これに対して,柴谷(1989:77-87)はプロトタイプ主語観の立場から,能格言語にはプロトタイプ的な主語がなく,二つの非プロトタイプ的な主語があると主張した(柴谷 1985, 1986 も参照)。

いずれにせよ,能格言語は主語という文法範疇が確立していない言語だという結論となる(柴谷 1997:8)。

1.2.5　分裂主語システムと能格性

意味的な観点から,主語同定の問題をもう少し考えてみよう。対格言語も能格言語も,自動詞文の唯一の名詞句であるSを主語と認めるのは無理がないように見える。Sには意味的に動作主(agent)の場合と被動者(patient)の場合もあるが,この位置ではそのような意味的対立が中和されてしまい,統語的には同一の取り扱いを受けるといえるからである(柴谷 1989:52)。よって,意味を超越した主語という文法カテゴリーが成立する。このような観点から,今度は他動詞文をみると,Sに備わっていた意味特性が二つの名

---

[5] 詳細な議論は,柴谷(1989:49-128),Dixon(1994:111-142)などを参照。大堀(2002:150-160)の解説も参考になる。

[6] 主語特性に関してはKeenan(1976)を見られたい。コード化上の特性,ふるまいとコントロールの特性,意味的特性という三つの範疇に区別される30数個の主語特性が抽出されている。

詞句，すなわち，AとPに分散されてしまい，どちらを主語と認めるかが問題となる。というのも，能動文の一般的な状況からみて，動作主が主語だということになると，SとAがグルーピングされるが，受身文のように被動者が(派生)主語となることもあるので，SとPを主語とするグルーピングも不可能ではないからである。

　ところが，他動詞文と異なって主語同定において自明であるかのように見えた自動詞文のSも，実は，格標示のシステムにおいて一枚岩でなく二つに分かれる場合がある。それはアメリカ・インディアンのコーカサス言語およびそのほかにもよく見られる(Merlan 1985, Mithun 1991, Dixon 1994など参照)。下に，その中のバツビ語(Batsbi)と東ポモ語(Eastern Pomo)の例を取り上げてみる。(12)はDešeriev(1953)の例を，Comrie(1978：366)とDeLancey(1981：629)から引用したものである。(13)はMcLendon(1978)の例をShibatani(2002b, 2006：228)から引用したものである。とくに(13)では，能格言語の格標示システムの記述用語であるERG/ABSでなく，A(Agentive)/P(Patientive)という用語を使っていることに注目されたい。

(12)　バツビ語

  a.　Tχo　　naizdraχ　　qitra.
   we-ABS　to-the-ground　fell
   'We fell to the ground (unintentionally, not our fault).

  b.　A-tχo　　naizdraχ　　qitra.
   ERG-we　to-the-ground　fell
   'We fell to the ground (intentionally, through our own carelessness).

(13)　東ポモ語

  a.　xa:a-u:　la:　wí　ko:khoya
   rattle　snake　1SG.P　bit
   'The rattle snake bit me.'

  b.　ha:　　mi:pal　sa:k'a
   1SG.A　him　　killed
   'I killed him.'

　　　　c.　ha:　　c'e:xelka (volitional)

　　　　　　1SG.A　slip.

　　　　　　'I am sliding.'

　　　　d.　wí:　　c'e:xelka (spontaneous)

　　　　　　1SG.P　slip.

　　　　　　'I am slipping.'

　(12)のa, bは自動詞文であるが, (12a)のように, Sが他動詞文のPと同じように絶対格をとる場合と, (12b)のように, 他動詞文のAと同じように能格をとる場合の二つがある。この場合後者のSをS_aとし, 前者をS_pと示す[7], S_aには意図的な行為と自分の不注意による行為, つまり引き起こされた行為が自分に責任がある場合のイベントが対応する。これに対して, S_pには自分の不注意から引き起こされたものでない非意図的なイベントが対応することがわかる(詳細は2.5節を参照)。

　このような状況は(13)をみるとより明らかである。(13a, b)と(13c, d)はそれぞれ他動詞文と自動詞文であるが, (13d)の自動詞文のS_pは(13a)の他動詞文のPと同じマーカー 'wí:' を受けており, 一方, (13c)の自動詞文のS_aは(13b)の他動詞文のAと同じマーカー 'ha:' を受けている。この場合二つの自動詞文は意図的な行為(13c)と非意図的な行為(13d)(これは, Shibatani 2006では自発に分類される)のように, 意味的に区別される。すなわち, 格標示の現れと動詞の意味の間に一定の相関関係が見られるわけである[8]。

　分裂主語システムが見せるこのような言語事実は, いうまでもなく非対格性仮説を支持する上では強力な根拠として採用されるわけであるが, そこにはさらなる問題点もあり, 具体的な議論は第2章にゆずる。

　ここで注意されたいのは, このように自動詞文のSがAもしくはPと意味的な対応関係をもちながら, 格標示においてもS_aとS_pの二つに分割され

---

[7] Dixon(1994)ではPの代わりにOを用いてS_a/S_oと区別し, これをsplit-Sシステムとよんでいる。

[8] クリモフ(1999)によれば, 動格言語のS_aには動作動詞との結びつきが強く, S_pには状態動詞との結びつきが強い(Merlan(1985), Mithun(1991)も参照)。2.5節で詳細に取り上げる。

る場合，それは普通動格言語（または活格言語）とよばれ，Sapir (1917) 以来，能格言語と厳密に区別されるのが一般的である（高見・久野 2002：8, 32 も参照）[9]。つまり，能格言語の格標示システムから生まれた能格性という用語の定義は，他動詞文の P が自動詞文の S 全体とグルーピングされることをいい，S_a または S_p のように，その一部分とだけがグルーピングされることを意味しない。もし S の扱いにおいて，ある現象が S_a と S_p を区別し，S_a = A と S_p = P のように別々にグルーピングされることがあれば，それは能格性ではなく，動格性（または活格性 activity, agentivity）であることになる。

さて，動格言語のこのような状況をみると，能格言語および対格言語の状況に対しても示唆する点があるように思われる。すなわち，S_a = A を出発点にして，そこにそれ以外の要素，すなわち，S_p を取り込んで一つにまとめ上げたのが対格型の言語であり，これに対して，S_p = P を出発点にして，そこにそれ以外の要素，すなわち，S_a を取り込んで一つにまとめ上げたのが能格型の言語である，という見方が可能である[10, 11]。つまり，純粋に意味的な格標示システムである S_a = A ／ S_p = P のグルーピングから，意味的に均質でないものも同一に扱うことができる一般化へと拡張したのが，対格型システムおよび能格型システムであると考えることである。

この状況は次の表 2 のように示すことができる。

---

[9] このタイプの言語は，active-stative, active-inactive, active-neuter などの名称でよばれている（Merlan 1985, Harris 1982, Comrie 1978 参照）。DeLancey (1981：627-629) によれば，格標示における分裂には三つのパターンがあり，二つは能格言語に見られる分裂能格性であるが（注 3 を参照），残りの一つは，動格言語に見られる分裂主語システム（分裂自動詞性ともよばれる）である。つまり，分裂の様相から見ても能格性と分裂主語システムは区別される。

[10] 柴谷方良教授のご教示による。

[11] Comrie (1976b) によれば，Klimov (1973) では，形態的能格性は通時的に見るとほとんど例外なく動格性（agentivity）から生じるという。これに対する批判的な議論は，Comrie (1976b) を参照。

自動詞文の主語名詞句(S)と言語類型

I	対格型	$S(S_a/S_p) = A$	/	P
II	能格型	$S(S_p/S_a) = P$	/	A
III	動格型	$S_a = A$	/	$S_p = P$

表2

　このような考え方を支持するものとして，対格言語における受身と能格言語における逆受身(antipassive)の現象がある。受身は，他動詞文のPが自動詞文のSと同じように主格に変換——第二格(対格)から第一格(主格)へ昇格——され，結合価を減少させる操作である。これに対して逆受身は，他動詞文のAが自動詞文のSと同じように絶対格に変換——第二格(能格)から第一格(絶対格)へ昇格——され，結合価を減少させる操作である(Shibatani 1988 参照)。なお，動格言語はこの二つのヴォイス現象両方に関して敏感でないことも指摘しておく。

　次の二つの例を比較されたい。(15)はオーストラリアのワルング語(Warrungu)の例である(Tsunoda 1988：598 から引用。括弧の中の日本語訳は筆者)。

(14)　英語
　　a.　John loves her.(能動文)
　　b.　She is loved by John.(受身文)
(15)　ワルング語
　　a.　pama+ngku　　kamu+ φ　　yangka+n　　(能動文)
　　　　man+ERG　　　water+ABS　drink+P/P
　　　　'A man looked/looks for water.'(水が見つかった状況)
　　b.　pama+ φ　　　kamu+wu　　yangka+*kali*+n　(逆受身文)
　　　　man+ABS　　　water+DAT　drink+ANTI+P/P
　　　　'A man looked/looks for water.'(水を捜し求めている)

(14)は英語の例であるが，(14b)のように受身文になると，他動詞文のPがSの位置に変わり，対格から主格に昇格する。一方他動詞文のAは，付加詞となり斜格を受ける。これに対して，ワルング語の逆受身文(15b)では，他動詞文のA(man)がSの位置に変わり，能格から絶対格に交替されている。一方他動詞文のP(water)は付加詞となり，この場合は与格が付与されている。Tsunoda(1988：629)によると，逆受身文の場合，動作主(能動文のA)は必須項なので表現されなければならないが，被動者(能動文のP)は表さなくてもよい。すなわち，逆受身文ではPが，受身文ではAがそれぞれ付加詞となるのである。

この状況は，次のように形式化できる(Shibatani 1988：6, Tsunoda 1988参照)。OBL：斜格，pass：受身，anti：逆受身。

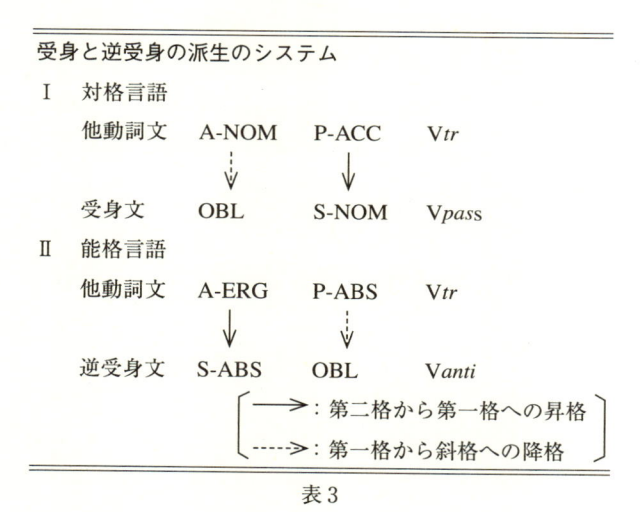

受身と逆受身の派生のシステム

I 対格言語

他動詞文	A-NOM	P-ACC	V*tr*
	↓	↓	
受身文	OBL	S-NOM	V*pass*

II 能格言語

他動詞文	A-ERG	P-ABS	V*tr*
	↓	↓	
逆受身文	S-ABS	OBL	V*anti*

⎡ ――→ ：第二格から第一格への昇格 ⎤
⎣ ----→ ：第一格から斜格への降格 ⎦

表3

ここで受身文のSと逆受身文のSを，両方ともに派生主語という意味で*d*-Sと表記しよう。すると，対格言語と能格言語は，受身か逆受身かという統語的な方略こそ異なるが，Sの中に(二次的に)派生主語*d*-Sを参加させる方略を持っている点では同じであることがわかる。つまり，統語的側面においては，両者は同じである[12]。ところが，Sの範疇に二次的に加わる*d*-Sの

---

[12] 能格言語の多くが一つの言語内に能格型と対格型を共存させていることや，ペルシア語

意味特性は何か，という内容面に関しては，両者はまったく異なっている。対格言語は他動詞文の目的語P(後にS_pとなる)がSの中に新たに受け入れられるシステムであるが，能格言語は他動詞文の動作主A(後にS_aとなる)がSの中に新たに受け入れられるシステムである。このような状況からみると，表2のような考え方は説得力がある。

　結論をいうと，能格性は，分裂主語システムと異なり，自動詞文の主語名詞句が意味的に均質な要素によって二つに分裂されることを意味しない，となる。

1.3　対格言語における能格性の捉え方

　能格言語に限らず，対格言語にも能格性は現れうる，という観点は能格性をより普遍的な概念として見なすことにより可能となる。このような立場から，能格性の対格言語への適用は次の三つの領域において行われた。(ⅰ)格標示のコード化における能格性，(ⅱ)語形成や名詞句編入などにおける能格性，(ⅲ)使役交替における能格性である。ここで注目を引くのは，類型論者と理論言語学者の間に見られる能格性の捉え方の相違である。

　以下，この順に取り上げるが，ここでは前節で検討した能格性の定義に基づいて批判的な検討を行う。最終的には，対格言語にも能格言語と同様に適用できる，能格性の定義を提案する。

1.3.1　格標示に基づく能格性の捉え方

　1.2節で言及したように，能格言語の多くは対格言語の形態的・統語的特性を併せ持つ。このような状況から考えると，その逆の状況，すなわち，対格言語にも能格言語の形態的・統語的特徴を見せる場合があるのではないか，という考えも自然な発想として生まれてくる。柴谷(1979)は，このような発想から，格の分布状況を根拠に対格言語にも能格性を見せる場合があると主張し，次のような与格主語構文をその例としてあげたのである。

のように一つの言語が対格型＞能格型＞対格型と変化する状況からみて，実は能格言語と対格言語の相違は表面的なものであって，深いレベルのものではない，という見方もある(Comrie 1978, 柴谷 1986, Dixon 1994)。

(16) 日本語
    a. 僕に(は)お金が必要だ。
       'I need money.'
    b. 僕に(は)英語がわかる。
       'I understand English.'

(17) 韓国語
    a. Kim-ssi-eykey   ton-i   iss-ta.
       金 - 氏 - 与格   お金 - 主格   ある - 断定
       'Mr. Kim has money.'
    b. Kim-ssi-eykey   ton-i   philyoha-ta.
       金 - 氏 - 与格   お金 - 主格   必要だ。
       'Mr. Kim needs money.'

すなわち柴谷(1979)は，(16)(17)のような与格主語構文を能格構文(能格言語の他動詞構文)と同様であると見なしたわけであるが，そこには次の三つの前提があったのである。第一に，(英語の対訳語からわかるように)与格主語構文は他動詞構文である。第二に，文頭にくる与格名詞句は再帰代名詞化規則，尊敬語化などの統語現象において主語特性を表すので，名実共に主語である。これは，能格構文において能格名詞句が統語的ふるまいにおいて主語であることと同じである。第三に，与格名詞句の次にくる主格名詞句は主語でない。これは，能格構文の絶対格名詞句と同じように目的語である。

これを要約すれば，表4のように示すことができる。

Ⅰ 対格言語				
	自動詞構文	:	S- 主格(主語)	述語
	与格主語構文	: A- 与格(主語)	P- 主格(目的語)	述語
Ⅱ 能格言語				
	自動詞構文	:	S- 絶対格(主語)	述語
	能格構文	: A- 能格(主語)	P- 絶対格(目的語)	述語

表4

しかし，格標示を基盤にしたこのような能格性の捉え方は，柴谷のその後の研究を見渡すと，次のように修正されることが判明する。

1.3 対格言語における能格性の捉え方

　まずこの捉え方には，能格言語の主語同定に関する問題が絡んでいる。これについて柴谷(1989)は，柴谷(1979)で支持していたAnderson (1976)の統語論優先(または形態論軽視)の主語同定のやり方を批判する。そして，形態・統語・意味を同じような重さで量れるような方法論として，プロトタイプ主語論を展開することとなる(柴谷 1985, Shibatani 1988 も参照)。

　このプロトタイプ主語論によれば，さし当たって表4のⅡは次のように分析される。能格構文は，表4のⅡに見られるように，統語上のグルーピングと形態上のグルーピングの間に齟齬が生じている(1.2.4節参照)。具体的には，能格言語のほとんどが統語的なふるまいにおいては対格型を見せることからわかるように，統語的な側面を重視すれば，S = A が主語であるとされる。一方，形態的な側面を重視すれば，主語はむしろ絶対格を受ける S = P であるとされる。つまり，能格構文では主語特性が分散されているので，A と P のどちらが主語であるか，決められない。ということで，能格言語には非プロトタイプ的主語が二つある言語として特徴づけられるのである(柴谷 1989 : 77-87)。

　さらに，表4のⅠのような見方もプロトタイプ主語観によれば，受け入れられないこととなる。すなわち，80年代に行われた柴谷のプロトタイプ主語観による研究成果は，その後 Shibatani(1999)と Shibatani(2001)の与格主語構文の分析へと広がり，70年代の統語論優先の分析――すなわち，他動詞文としての与格主語構文の分析――を取り下げる形となるのである[13]。具体的には，与格主語構文が自動詞構文として分析され，いわゆる大主語・小主語のような(ここでは説明の煩雑さを避けるためにこのようによんでおく)二つの非プロトタイプ的主語をもつ構文として見直される。つまり，与格主語構文の主格名詞句は目的語でなく，小主語であるとされるのである。

　ここまでを要約すれば，与格主語構文を格標示システムに基づく能格性の

---

[13] 与格主語構文を他動詞文と見る分析には，代表的なものとして久野(1973)，柴谷(1978)があり，最近では Kishimoto(2004)と岸本(2005：第5章)がある。この構文が自動詞文か他動詞文か，あるいは自発構文かに関しては最近でもさらなる議論を巻き起こしている。詳細は，岸本(2005)，Shibatani(1999, 2001, 2006)，Pardeshi(2004)を見られたい。

現れであるとする捉え方[14]，すなわち，与格主語構文は他動詞文であり，対格言語における能格構文である，とする上記の表4に基づく主張は，完全に取り下げられたものと見てよい。

一方，意味的な観点から二つの構文を比較すると，能格構文と与格主語構文には明らかな相違がある。能格構文には典型的な他動詞——たとえば，殴る，殺すなど——が関与するのに対して，与格主語構文には心理述語をはじめ，能力，可能などの状態性を帯びる動詞，すなわち，他動性の低い動詞が関与するのである（久野1973, 柴谷1978, 真野2004など参照）[15]。

以上を柴谷の研究に沿ってまとめると，次のようである（この二つの構文の関係については，Yeon 1999 : 167, 169も参照されたい）。

	能格構文	与格主語構文
格標示	ERG-ABS	DAT-NOM
主語認定	主語範疇が決まらない 二つの非プロトタイプ的主語がある	大主語と小主語がある 二つの非プロトタイプ的主語がある
他動性	高い	低い
構文	他動詞構文	自動詞構文

表5

表5に基づけば，能格構文と与格主語構文は一方は他動詞文，他方は自動詞文ということで異なる。しかしながら，両構文とも項が二つあることと，そして二つの非プロトタイプ的な主語があるという点においては，類似性が認められるという結論となる。

一方，生成文法の枠組みの中では（二重主格構文を含め）与格主語構文を

---

[14] この捉え方には次のような問題点もある。すなわち，形態論上多少とも能格型を見せればその言語を能格言語と認定する，という分類基準から見ると，対格言語といわれる多くの言語に与格主語構文があり，それが形態論上から見ても能格構文であるとすれば，世界の言語の大多数が能格言語という結論に導かれてしまうのである。

[15] クリモフ（1999 : 26）によれば，動格言語（活格構造言語）のスー語やトリンギット語では，「歩く」「走る」等の運動の動詞はすべて他動詞と同じ活用をし，「必要である」「疲れている」「思う」等の状態動詞はすべて自動詞型の活用をする。2.5節も参照。

非対格仮説に基づく「能格性」と関連づけて取り上げ，それを「能格構文」とよぶ場合がある。しかしそれも一律でなく，たとえば Miyagawa(1989：CH.3)では非対格仮説に基づいて「能格構文」とよぶ。すると，ここでは与格構文を自動詞構文として認めることとなる(Kim 1990 も参照)。これに対して，Kishimoto(2004：58)と岸本(2005：270, 291)では，柴谷(1979)と同じ意味で，状態述語が統語的に他動詞構文を作り，形態的格標示においては能格タイプ(ergative-type)の格パターンをとる，と見なしているのである(すると，注 14 で指摘した問題点が残る)。

1.3.2 語形成・名詞句編入に基づく能格性の捉え方

　能格言語の形態論上の特徴を出発点として与えられた能格性という用語は，それだけにとどまることなく，格標示のレベルから離れ，一致現象など多様な統語現象にも適用されたことはすでに述べたとおりである(1.2.2 節参照)。今度は，対格言語も含め，さらに一般化への可能性を潜めた領域として，語形成や名詞句編入などにおける能格性を取り上げる。

　さて，語形成・名詞句編入において能格性の現れを述べた研究には，二つの異なる立場があり，面白い対比が見られる。前節の表 2 を用いて簡略にいうと，一方は，語形成においても A が排除され，$S(S_p/S_a) = P$ のように，S 全体と P が対象になる場合——表 2 の能格型——を能格性と認める立場である。もう一方は，$S_p = P / S_a = A$ のように，自動詞が二つに分割される場合——表 2 の動格型——を能格性または非対格性であるとする立場である。前者は，能格言語の研究をその背景にもつ類型論的立場からであるが(Comrie 1978，柴谷 1986，Dixon 1994 など)，後者は，非対格仮説を背景にもつ理論的立場において見られる(Miyagawa 1989，影山 1993，その他)。

　ではまず，Comrie(1978：336-337, 388-392)は能格性をどのように捉えており，またそれをどのように対格言語に適用していくか，について以下の例を通して見ていきたい。

(18) a.　The birds chirp.
　　 b.　The wolf hunts the fox.
　　 c.　I want the birds to chirp.

d.　I want the wolf to hunt the fox.
　　　e.　*I want the fox the wolf to hunt.

　上記の X wants Y to Z 構文は，Zの部分が(18d)のように他動詞であろうが，(18c)のように自動詞であろうが，YはZの主語（SとA）であると解釈され，目的語（P）であるとは解釈されない。すなわち，(18c)のYは自動詞文(18a)の主語であり，(18d)のYは他動詞文(18b)の主語である。そして(18e)が意図するように，(18b)の目的語 the fox がYの位置にくると，不適切な文となり成立しない。

　このように英語は，統語現象においてPを排除し，SとAを対象とする対格型を見せることがわかる（(7)も参照）。ところが，Comrieによれば，このような英語でさえ周辺的なところでは若干能格型を見せる場合がある。次のようなN-V-ing型複合語の場合である（Comrie 1978: 337，上の傍点は筆者）。

　　(19) a.　bird-chirping ("The birds chirp." の意味)
　　　　b.　fox-hunting ("Someone hunts the fox." の意味)

　(19a)のN(bird)は自動詞文の主語に当たり，(19b)のN(fox)は他動詞文の目的語に当たる。決して *The fox hunts something.* の意味としての主語ではない。Comrieは，このように名詞句が動詞に編入されるN-V-ing型複合語の形成において，他動詞文の主語(A)が排除され，自動詞文の主語(S)と他動詞文の目的語(P)がグルーピングされる可能性がある場合を，語形成における能格性の現れとして認めたのである。

　ここで注目すべきは，Sの取り扱いである。Comrieは，PとSのグルーピングが実現するプロセスを次のように説明する。これによればN-V-ing型複合語の名詞句編入において，最も受け入れやすいのはPであり，その次にSであり，最も受け入れにくいのがAである。注意すべきは，この場合のSはS全体であり，決してS_pだけを指定するものではない，という点である。このことは上記の *bird-chirping* のようにS_aが関与する例をあげていることからもわかるが，次の例も同様である。例は，Comrie (1978: 390) および柴谷 (1986) から引用したものである（S_aとS_pの分類は筆者による。柴谷 (1986) ではS, Pと表示されている）。

(20) a.　perishable(S_p)
　　b.　commendable(P), readable(P), washable(P)
(21) a.　Escapee(S_a), standee(S_a)
　　b.　employee(P), addressee(P)
(22) a.　雨降り(S_a-v)[16]
　　b.　魚釣り(P-v)
　　c.　＊子供釣り(A-v)

すなわち，ここでもわかるように，S_pだけが対象とされるのではない。S_aを含めたS全体がPとともに語形成の対象となり，しかも(22c)のように他動詞の主語だけが排除される場合を，語形成における能格性の現れとして扱っているのである。

これに対してMiyagawa(1989:96)や影山(1993)などでは，先ほども述べたように，語形成においてむしろ自動詞が二つにきれいに分かれる——S_aとS_pに分裂する——場合を能格性または非対格性とよぶのである。

影山(1993)によれば，日本語のN-V複合語の形成は(23)に見られるように，S_p = Pだけがグルーピングされ，S_a = Aはそこから排除される。一方，V-V型複合動詞の形成は，(24a)のようにAとS_aの組み合わせは可能だが，(24b)や(24c)のように，AとS_p，S_aとS_pの組み合わせは許されず，S_p(またPも)がこの語形成から排除される[17]。(23)(24)の例および分類は影山(1993)に基づく。

(23)　N-V複合語
　　a.　非対格自動詞の主語(S_p)

---

[16] '雨降り'のように気候を表す動詞は，動的(active)か状態(stative, inactive)かを基準にすればS_aに属する。ところが意志的(volitional)な存在かそうでないかを基準にすれば，S_pに属するともいえる(高見・久野2002)。しかしながら，「雨雨降れ降れ！」のように命令形(意味的には願望)が可能であることや，さらに受身(ラレル)が許され，伝統的にも能動詞として分類されることを鑑みれば，とりあえずS_aに属すると考えるのが妥当であろう(三上1953[1972]，影山1993, 1996参照)。

[17] 影山(1993:117)はV-V型複合動詞におけるこのような状況を他動性調和の原則とよんでいる。ところが実際は，「噴き出す」「抜け出す」のようにS_p = Aのような組み合わせもある。影山の他動性調和の仮説に対する反論として，松本(1998)の主語一致の仮説がある。

雨漏り，息切れ，地鳴り，肩こり，気落ち，胸騒ぎ，波立つ，色あせる，息詰まる，値上がり，草枯れ，化粧崩れ...

  b. 他動詞の直接目的語（P）
     人殺し，人探し，子育て，凧あげ，店じまい，水まき，餅つき，芝刈り，靴磨き，皿洗い，格上げ，色直し，水やり...

(24) V-V型複合動詞

  a. 他動詞＋非能格／非能格＋他動詞（A ＝ S_a）
     探し回る，買い回る，荒し回る，持ち回る，しゃべり回る，嘆き暮らす，待ち暮らす，眺め暮らす，敵を待ち構える／泣き落とす，競り落とす，目を泣きはらす，微笑み返す，伏し拝む，笑い飛ばす，乗り換える，住み替える

  b. 他動詞＋非対格／非対格＋他動詞（A ＝ S_p）
     ＊洗い落ちる，＊ぬぐい落ちる，＊切り落ちる／＊売れ飛ばす（cf. 売り飛ばす），＊揺れ起こす（cf. 揺り起こす），＊あきれ返す（cf. あきれ返る）

  c. 非能格＋非対格／非対格＋非能格（S_a ＝ S_p）
     ＊（スキーで）滑べり落ちる，＊走り落ちる，＊跳び落ちる，＊目が泣きはれる，＊走りころぶ／＊明け暮らす，＊倒れ暮らす，＊痛み暮らす，＊ころび降りる，＊崩れ降りる，＊あふれ降りる

つまり，類型論者たちは語形成に関しても，Aが排除されS（S_p/S_a）全体がPと同一に取り扱われる場合を能格性とよぶのに対して（Dixon 1994：22），理論言語学側ではSが意味的に均一な要素により二つに分裂する現象，すなわち，S_a ＝ A／S_p ＝ Pのようにグルーピングされる場合を「能格性」または非対格性とよんでいるのである。

　能格性の捉え方においてこのような相違は，多分にその背後にある（序章で述べたように動詞中心の文法による）理論的要請からくるものであろうが，もし，後者の主張どおりに自動詞が意味的に均一な要素によって二つに分裂されるのであれば，語形成に関して日本語はむしろ動格型システム，すなわち動格性を見せる言語だと言わなければならない。

1.3.3 使役交替に基づく能格性の捉え方

能格という述語が使役交替を許す動詞の統語的関係を表すために用いられたのは、Lyons の *An Introduction to Theoretical Linguistics*（『理論言語学』）である（Dixon 1994）[18]。その箇所を引用してみる（Lyons 1968：352）。

(25) The term[19] that is generally employed by linguistics for the syntactic relationship that holds between (1) The *stone moved* and (3) *John moved the stone* is 'ergative': the subject of an intransitive verb 'becomes' the object of a corresponding transitive verb, and a new *ergative* subject is introduced as 'agent'(or'cause') of the action referred to. This suggests that a transitive sentence, like (3), may be derived syntactically from an intransitive sentence, like (1), by means of an ergative, or *causative*, transformation.

すなわち、Lyons は英語の *move, open, break* のように、自動詞文の主語(S)が他動詞文の目的語(P)と対応するさいに見られる統語的関係をさすために、能格という述語を用いたのである[20]。このような用法は、その後 Burzio(1986)、Baker(1988)、Miyagawa(1989)などの生成文法学者らによ

---

[18] Dixon(1994：19)によれば、Halliday(1967：46)にも Lyons と類似した使い方が見られる（注1）。筆者の調査によれば、Halliday は機能的観点から ergative、nominative、accusative の三つの主語タイプを設けている。その中で ergative subject は Lyons のいう使役の主語に該当する。しかしながら Halliday は、単なる記述上のラベルとしてこれらの用語を採用すると述べている。また、Crystal(1980)の辞書にも Lyons の用語法が採用され、能格・能格性の項目に *John broke the window.* と *The window broke.* の例があがっている。

[19] Dixon(1994)は、Lyons のいうように、当時の言語学者が(1)と(3)のような意味的関係を表すために一般に用いられた述語が能格である、ということは真実でないと指摘する。

[20] とくに韓国語学における能格性の用語の受け入れは、Lyons の『理論言語学』と生成文法の影響が最も大きいように思われる。しかし、その適用には混乱が生じているのも事実である（高1986、高2001、崔1989を見られたい）。すなわち、使役の主語を導入して使役構文を作る場合の統語的な側面をさして能格性とよぶ場合がある一方で（金1980）、動詞の形態的な側面をより重視して、英語の *move, break* と同じように自他両用動詞を能格動詞とよぶ場合もある（李1972、高1986 など）。さらにもう一方では、自他両用動詞を中間動詞あるいは中立動詞(neutral verbs)などとよぶこともあり（禹1996、Yeon 1991）、用語上にも混乱が生じている。ちなみに、中間動詞ないし中立動詞(middle, neuter verbs)は、ア

り再び採用され，さらに洗練されることになるが，そこには非対格性仮説も絡んでいるため，これについては第2章で改めて取り上げる。

さて，能格という用語がLyonsのように使われたことに対して，類型論者の反応は極めて否定的である。Dixon(1994:18-22)は，それは不法の使用であり我慢できないほどの混同(unbearably confusing)であると非難する。Comrie(1978:391)も，英語とバスク語のような形態論上の相違((5)と(2)を参照)，および英語とジルバル語に見られるような統語論上の相違((7)と(8)を参照)をぼやかすような用語法である，と批判する[21]。

しかしながらComrieは，もし次のような意味で能格性という用語を使用すれば，多少は意義があるだろうと述べている。すなわち，Lyonsがいう統語的な関係ではなく，意味役割の観点から自動詞のSと他動詞のPを同一のものと見なすならば，これは「語彙的能格性」(lexical ergativity)という名前でよぶことができようと提案する。一方 John ate a pie. と John ate. のペアは，意味役割の観点からすれば，自動詞文のSと他動詞文のAが同一視できるので，「語彙的対格型システム」(lexical nominative-accusative system)という名前でよぶことができようと提案する。しかしながら，世界のすべての言語は巨大な「語彙的能格性」を提供するだろうから(おそらく自他交替を見せない言語はないだろうから)類型論的にはあまり価値はないだろうと述べている(1978:391-392)。

1.3.4　提案

上記のComrieの提案は，意味を基盤にすれば，語彙の領域にも能格性という用語を拡張して使うことができる，という可能性が示唆された点で意義深い。というのは，これまで見てきたように，能格性は能格言語の形態論と統語論の二つの領域——形態的能格性と統語的能格性——を基盤にして(名詞

メリカ記述言語学の分野で活動動詞(active verbs)と対立する，「ひもじい」「年を老いている」などのような状態動詞(stative verbs)に当てた用語である(クリモフ 1999:69 参照)。

[21] 一致現象からみれば，英語は自動詞の主語と他動詞の目的語が統語的に同じようにふるまうとは言えない。たとえば，*Mary loves them.* と *They love Mary.* に見られるように，主語の *Mary* だけが三人称・単数の一致を支配でき，目的語の *Mary* は支配できない((5)も参照)。

句の文法的カテゴリー化として)認められた用語法である。すると、類型的に異なる言語に適用する際には、当然ながら能格言語のように形式的な側面を基準にすることはできない。それを超越して対格言語にも適用できるようにするためには、形式的な側面から解放され、より抽象的なレベルの意味(機能)に求めるしかない。すなわち、形式的な側面を根拠に定義された能格性の概念を、それが担う機能に還元すれば、類型的に異なる言語にも適用できる道が開かれるのである。ということで、語彙の領域、とりわけ使役交替のような現象も、意味を基盤にした能格性の概念によって取り扱うことができるようになるであろう。

ただし、ここでは Comrie の「語彙的能格性」という用語法に関しては再考の余地があるように思われる。なぜならば、この用語法からは S = P のグルーピングではなく、(英語の動詞リストから)S_p = P の関係だけが想像されやすく、また語彙的対格型システムという用語にも S = A のグルーピングではなく、S_a = A だけが射程の中に入るというような印象を与えかねないからである。つまり、表 2 で提示したように、対格型・能格型はある現象に関して、主語名詞句 S が S_a と S_p のように分裂されることを指すものではないので、これらを能格性もしくは対格型システムという名称でよぶには、問題があるように思われるからである。

ここでこのような不都合を取り除き、とくに使役交替(自他交替)における自動詞のふるまいを能格性あるいは対格型システムという用語で捉えるためには、意味的に定義された用語法の方がより望ましいと判断される。ここに、特定言語の語彙カテゴリーを直接指し示すような印象を与える Comrie の「語彙的能格性」や「語彙的対格型システム」の代わりに、「意味的能格性」と「意味的対格型システム」を提案する意義がある。前者を次のように定義する。

 (26) 意味的能格型システム(または、意味的能格性)
    ある現象において自動詞のふるまいが、S_p = P を共通の意味基盤とし、S_a もその中に取り込むことができる場合、これを意味的能格型システムとよぶ。

すなわち、意味的な観点から、S_a が S_p とともに P と対応できるような状

況が自動詞のふるまいにおいて見られた場合，それを「意味的能格型システム」(semantic ergative-absolutive system)または「意味的能格性」(semantic ergativity)とよぶことができる，という提案である。そして，「意味的対格型システム」(semantic nominative-accusative system)または「意味的対格性」(semantic accusativity)は次のように定義する。

(27) 意味的対格型システム（または，意味的対格性）
　　　ある現象において自動詞のふるまいが，$S_a = A$ を共通の意味基盤とし，S_p もその中に取り込むことができる場合，これを意味的対格型システムとよぶ。

したがって上記の定義は，両方とも S（自動詞の主語名詞句）には意味的に不均質(heterogeneous)な要素が含まれなければならない，という主張である（もしそうでなければ能格性，または対格性でなくなり，動格性になる！）。しかし，どれほど不均質な要素が取り込まれるかに関しては，言語による程度の差があると考える。これについては第2章を見られたい。

1.4　おわりに

本章では，能格性とは何か，という定義の問題から出発して，対格言語への適用はどのように行われてきたか，ということに焦点を合わせて議論した。最終的には，次のような提案を行った。この提案によれば，次の三つの異なる領域は統一的に捉えることができる。

(28)　I　格標示システムにおいて
　　　　　形態的能格性：$S(S_p/S_a) = P / A$
　　　　　形態的対格性：$S(S_a/S_p) = A / P$
　　　II　統語法において
　　　　　統語的能格性：$S(S_p/S_a) = P / A$
　　　　　統語的対格性：$S(S_a/S_p) = A / P$
　　　III　自動詞システムにおいて
　　　　　意味的能格性：$S(S_p/S_a) = P / A$
　　　　　意味的対格性：$S(S_a/S_p) = A / P$

最後に，(28) Ⅲ の定義に基づけば，韓国語の使役接辞 -i,-hi,-li,-ki(-wu,-kwu,-chwu) および日本語の語彙的使役形は能格型システムの接辞であり，一方日本語の -sase や -rare は対格型システムの接辞である，という提案ができる．また，使役形式の生産性も，能格性あるいは対格性のサイズがどれほど大きいか，または小さいか，という問題として捉えなおされ，言語間の相違はこれを基準に計ることができる．つまり (26)(27) を受け入れれば，言語の普遍性は共通の意味基盤に基づき，言語の類型や個別性は拡張と拡張によるサイズの大きさに基づき，それぞれ示すことができる．

このような観点から，韓国語の使役接辞 -i,-hi,-li,-ki(-wu,-kwu,-chwu) と日本語の -rare については，第 2 章で非対格仮説の議論と絡めて検討する．日本語の語彙的使役と -sase に関しては，第 5 章で取り上げる．その前に，分裂自動詞性に関して本書と異なる立場をとる，非対格仮説を検討するのが先である．

第2章

分裂自動詞性の本性について
──言語類型論の観点から見た非対格仮説とその問題点──

2.1 はじめに
2.1.1 問題提起

　格標示システムに基づく言語類型には，第1章で述べたように，対格言語と能格言語に大別される二つのタイプがある（Comrie 1978, Dixon 1979, 1994, 柴谷 1989, 角田 1991）。そこに，Sapir（1917）以来，動格言語タイプが認められると，三つのタイプがあることが広く知られるようになった（DeLancey 1981, 1985, Harris 1982, Merlan 1985, Mithun 1991, クリモフ 1999 など。高見・久野 2002 も参照）。つまり，格標示の現れ方を広く見渡すと，言語のふるまいは一律でなく，少なくとも三つのパターンがありうることが認められたのである。

　一方，Perlmutter（1978）の非対格仮説によれば，自動詞のふるまいにおいては世界のすべての言語は一律であり，この仮説と異なるタイプは存在しない。すなわち，すべての言語において自動詞は非能格・非対格とよばれる二種類があり，そしてそれは言語すべてに通用する同一の意味基準によって区別でき，意味的にも均質（homogeneous）である，とされる普遍的一配列仮説（universal alignment hypothesis）が主張されている（序章の注3参照）。しかも，非能格・非対格の区別が表す内容とは，すべての言語の自動詞システムは，実は動格言語の格標示システムと同じように活性・不活性（active-inactive）である，と主張していることとほぼ等しい。

　この二つの状況──格標示の現れ方に基づく言語の類型と自動詞のふるまいに基づく言語の普遍性──を照らし合わせてみると，次のような疑問が浮かび上がる。

　　（i）　自動詞のふるまいにおいては，なぜ，動格型システムのように，均質的に分裂することのみが言語唯一の普遍性である，と主張できるか。

第2章 分裂自動詞性の本性について

(ⅱ) 自動詞のふるまいにおいては、なぜ、不均質性を含むようなことは起こりえない、と主張できるか。

すなわち、(ⅰ)を主張するためには、(ⅱ)の不均質性の状況はない、という裏づけが必要であろうが、非対格仮説はこのことが十分検討された結果得られた結論なのかどうか、ということには問題があるように思われる[1]。つまり、自動詞のふるまいにおいては動格型以外の可能性はありえないということが、本当に証明されたものなのかどうか、ということについて疑問が残るわけであり、したがって、十分な経験的事実に基づいた仮説かどうかについては、まだ検討の余地があるように思われるのである。

というのは、非対格仮説を主張する上で、この仮説の経験的基盤として強い根拠となった動格言語の格標示システムさえも、非対格仮説に協力的な言語があるという報告がある一方で(たとえば、Harris 1982)、実は言語には多様な意味基盤があり、決して一律でない、という報告もある(たとえば、Mithun 1991。Merlan 1985、クリモフ 1999：71 も参照)。また、同じように非対格仮説の経験的基盤として、Perlmutter(1978)によって直接取り上げられた自動詞ベースの非人称受身の現象も、言語による、決してランダムではない、異なる意味基盤があることが指摘されている(Shibatani 1998)。また、最近は使役に関しても言語によってサイズが異なることや、連続性があることなどが指摘されている(Shibatani & Pardeshi 2002)。

本章の目的は、このように言語によって一律でない状況はいったい何を表しているものなのかを追究することである。別の言い方をすると、非対格仮説が十分な経験的事実に基づいて構築された仮説かどうか、ということをその根本から問いただし、分裂自動詞性の本来の姿を追究することである。そのためには、Perlmutter(1978)が非対格仮説を主張するさいに経験的基盤として提供した言語現象である、自動詞ベースの受身や分裂主語システム、それに使役交替も加えて考察を行い、それにより、非対格仮説が果たして妥当な主張であったのかどうかを検討する必要がある。

---

[1] 普遍的一配列仮説の問題点については、すでに Rosen(1984)なども論じている。Rosen は普遍的一配列がないから、非対格性は統語的なものと結論しているが、この立場に問題がないわけではない。本章では、統語の問題より意味の問題により深く立ち入る。

結論としては，分裂自動詞性は，動格型システムが表す活性・不活性のように，意味的に均質な要素のみにより構成されるという普遍的一配列ではなく，不均質性も受け入れており，かつ言語による線引きも異なり，したがって，サイズも異なる，ということが言語の自然な姿であることを提示する。さらに，動格言語の格標示システムからは，少なくとも二つの有意義な意味基準があることを提案する。また，その意味基準の一つが韓国語の自動詞システムにも見られることを報告し，一方日本語は韓国語と異なるパラメータをもつことを主張する。これにより，非対格仮説の普遍的一配列仮説は，普遍的でないことを検証する。

2.1.2　用語上の問題および定義

問題の焦点を明確にするために，第1章で取り上げた能格性の定義および用語上の問題点を本章の観点から整理しなおす必要があるように思われる。なお便宜上，前章の表1〜表3も再び掲載することにする。

前章でも述べたように，対格言語の格標示システムとは，表1のように，格標示のコード化において自動詞文の主語Sと他動詞文の動作主Aが同一に取り扱われ，Pが別扱いを受けることをいう。この場合Pは有標の対格をとる。一方，能格言語の格標示システムとは，自動詞文の主語Sと他動詞文の被動者Pが同一に取り扱われ，Aが別扱いを受けることをいう。この場合はAが有標の能格をとる(詳細は1.2.1節を参照)。要するに，能格と対格は，二つの言語タイプの他動詞構文を特徴づけるものであることがわかる。

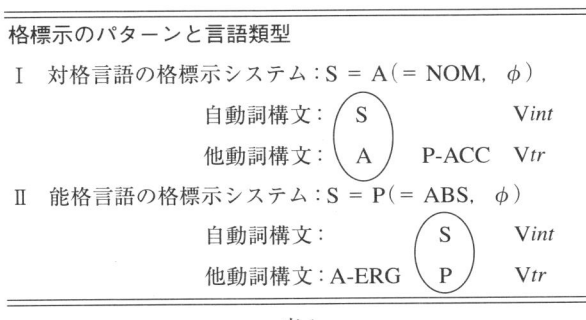

格標示のパターンと言語類型

 I　対格言語の格標示システム：S = A(= NOM, ϕ)

   自動詞構文：(S)　　　　　　V*int*

   他動詞構文：(A)　P-ACC　V*tr*

 II　能格言語の格標示システム：S = P(= ABS, ϕ)

   自動詞構文：　　(S)　　　　V*int*

   他動詞構文：A-ERG　(P)　　V*tr*

表1

第2章 分裂自動詞性の本性について

　ところが，自動詞システムを記述するさいにも，上記のような格標示システムの記述用語が（そのとおりではないが）導入され，周知の通り，非対格仮説では非能格動詞・非対格動詞という述語が誕生する[2]。さらに，生成文法の枠組みでは非対格性と同等の意味で「能格性」という用語が当てられた（Burzio 1986, Baker 1988, Miyagawa 1989 など）[3]。これらが言語類型論の記述用語である能格・対格などに依拠した用語法であることは疑う余地がない。しかしながら，その実質的な内容を見ると，微妙なずれが生じており，決して同等の概念でないこともわかる。具体的にいうと，非対格・非能格という区別は，一見類型論でいう能格型・対格型のシステムを基盤にしているかのように見えるが，実は動格型システムの内容である活性・不活性の概念である。にもかかわらず，用語上は活性・不活性でなく，非能格・非対格と名づけられた。しかも，とくに生成文法の枠組みで用いられる「能格性」は，能格言語の格標示システムを基盤に厳密に定義された能格性と大変紛らわしい。そのため，用語間の関係を正しく理解するには相当な困難が生じていることも事実のようである（1.3.3 節および Dixon 1994, 高見・久野 2002 を参照）。

　このような状況を理解するために，1.2.5 節の表2で示した格標示システムに基づく言語類型の三つのパターンを再び示してみよう。S_a：自動詞文の

---

[2] Pullum (1988: 582) によれば，非対格・非能格という用語は Pullum 自身が提案し，当該の自動詞の（表層上の）主語が他動詞の目的語でないという意味で非対格 (unaccusative) が，他動詞の主語でないという意味で非能格 (unergative) がそれぞれ与えられたようである。つまり，それぞれ他動詞文を基準にして与えられた用語法であることがわかる。

[3] *open*, *break* のような動詞に「能格」という用語を当てたのは，Lyons (1968) が先であろう（1.3.3 節および Crystal 1980 を参照）。この場合は，他動詞の目的語と自動詞の主語の統語的な対応，すなわち，使役交替の関係を捉えるものとして採用された（一方，深層格とよばれる意味役割の観点からこれらの動詞の目的語と自動詞の主語が同定されるのは Fillmore 1968 である）。しかし，1.3.3 節でも述べたように Comrie (1978), Dixon (1979, 1994) には，Lyons のこのような用語法に対する辛辣な批判がある。ただし，生成文法学者の中には，*break* のように自他両用動詞（意味的には状態変化を表す）のみを能格動詞とよび，それを除き，意味的に出現・発生・存在を表す自動詞は非対格とよぶ場合もある（影山 1994, 1996: 140）。いずれにしろ，「能格」という用語がまずは英語に適用され，それからさらには普遍文法の解明という大前提のもとに，対格言語全体，すなわち言語一般に適用されたことになる。

動作主主語(agentive subject)，S_p：自動詞文の被動者主語(patientive subject)。

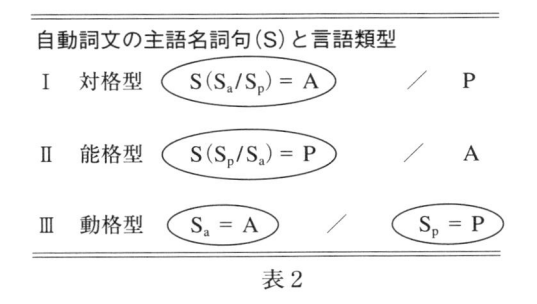

自動詞文の主語名詞句(S)と言語類型

I	対格型	$S(S_a/S_p) = A$	/	P
II	能格型	$S(S_p/S_a) = P$	/	A
III	動格型	$S_a = A$	/	$S_p = P$

表2

　この表を見ると，非対格仮説における非能格・非対格の区別は，IIIのように意味的に均質な要素のみによって分裂される(と仮定される)，動格型システムを指すものであって，決してIとIIのような対格型や能格型のシステムを指すものでないことは明らかである。一方，能格性とは本来はIIのように，むしろ意味的に不均質な要素によって構成されたSが，Pと同一に取り扱われ，Aだけが別扱いを受けることをいう。つまり，能格性の本来の定義は関係文法でいう非対格性や生成文法の枠組みでいう「能格性」とは異なるものである。

　本章で用いられる方法論は，格標示システムとパラレルな関係が自動詞のふるまいにおいても見られるかどうか，を調べることである。具体的にいうと，自動詞システムにおいては，能格型や対格型のように，意味的に不均質なS全体とPが同一に取り扱われるような状況は存在しないのか，ということを積極的に調べることに焦点が当てられる。そして，もしそのような状況が存在しなければ(つまり，否定的証拠が見つからなければ)，そのときは，非対格仮説を正しく受け入れることができるかもしれない。

　以上のような立場から，格標示システムとパラレルな関係が自動詞のふるまいにおいて見られた場合，それぞれを「意味的対格型システム」と「意味的能格型システム」(これは1.3.4節で導入した)，そして「意味的動格型システム」(semantic active-inactive system)とよび，下記のように設けることにする。なお，これらの用語は，能格言語において能格性が現れる二つのレ

ベル——形態的能格性と統語的能格性——も考慮に入れたものである[4]。

それぞれの定義は次の通りである((1)(2)は1.3.4節と重複する)。

(1) 意味的対格型システム(または，「意味的対格性」)
ある現象において自動詞のふるまいが，$S_a = A$ を共通の意味基盤とし，S_p もその中に取り込むことができる場合，これを意味的対格型システムとよぶ。

(2) 意味的能格型システム(または，「意味的能格性」)
ある現象において自動詞のふるまいが，$S_p = P$ を共通の意味基盤とし，S_a もその中に取り込むことができる場合，これを意味的能格型システムとよぶ。

(3) 意味的動格型システム(または，「意味的動格性」)
ある現象において自動詞のふるまいが，$S_a = A$ と $S_p = P$ のグルーピングを見せ，均質の意味要素のみにより分裂する場合，これを意味的動格型システムとよぶ。

(1)(2)の定義によると，S(自動詞の主語名詞句)には意味的に不均質な(heterogeneous)要素が含まれなければならない。もしそうでなければ，対格型や能格型ではなくなり，動格型になることを意味する。そして，対格型は $S_a = A$ を基盤に S_p を受け入れる方向へと一般化したものであり，能格型は $S_p = P$ を基盤に S_a を受け入れる方向へと一般化したものであることが仮定されているが，どちらの型も動格型をベースにおいた考え方である。

実際，このような考え方を支持するものとして，対格言語における受身と能格言語における逆受身(antipassive)の現象がある(詳細は1.2.5節参照)。簡単にまとめると，表3のようである(Shibatani 1988 : 6, Tsunoda 1988 参照)。ただしOBL；斜格，pass；受身，anti；逆受身。

---

[4] 能格性が現れるレベルに関しては，この二つのレベル以外にも，たとえば，松本(1986)では，形態論，統語論，談話構造の三つのレベルに区別できるとする(第1章の注2を参照)。これに，本章の提案を受け入れれば，形態・統語・意味・談話の四つのレベルにおける能格性ということもできよう。

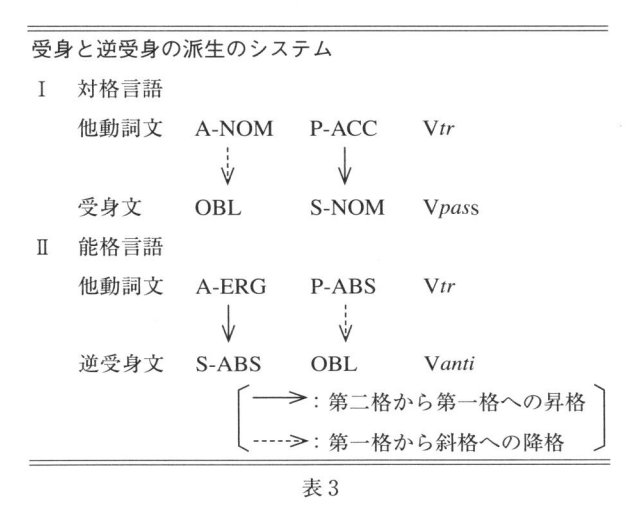

2.2 非対格仮説の形式化と経験的基盤

```
受身と逆受身の派生のシステム
 I  対格言語
    他動詞文   A-NOM    P-ACC    Vtr
                ⇣        ↓
    受身文     OBL      S-NOM    Vpass
 II 能格言語
    他動詞文   A-ERG    P-ABS    Vtr
                ↓        ⇣
    逆受身文   S-ABS    OBL      Vanti
              ⎡ ───→ : 第二格から第一格への昇格 ⎤
              ⎣ ----→: 第一格から斜格への降格  ⎦
```

表3

受身文のSと逆受身のSを,両方ともに派生主語という意味で*d*-Sと表記しよう。すると,対格言語と能格言語は,両方ともSの中に(二次的に)派生主語*d*-Sを参加させる方略を持っていることがわかる(動格言語はこの二つのヴォイス現象両方に関して敏感でないことも指摘しておく)。ところが,Sの範疇に二次的に加わる*d*-Sの意味特性は何か,という内容の面に関して,両者はまったく異なっている。能格言語は他動詞の動作主(後にS_aとなる)がSの中に新たに受け入れられるシステムであるが,対格言語は他動詞の目的語(後にS_pとなる)がSの中に新たに受け入れられるシステムである。このような状況から見ると,上記のような考え方は説得力がある。

2.2 非対格仮説の形式化と経験的基盤

2.1.1節では,Perlmutterの非対格仮説の問題点について大まかなことを述べた。ここでは,いかなる経験的基盤をもとに,どのように形式化されていくか,というその過程を見ていくことにする。2.1.1節でも述べたように,Perlmutter(1978)は関係文法の枠組みの中で次の二点を柱とする,分裂自動詞性に関する非対格仮説を提出した。第一に,世界のすべての言語において自動詞は一枚岩でなく,非能格動詞(unergative verbs)と非対格動詞(unaccusative verbs)とよばれる二種類がある。第二に,この二種類の自動

詞は動詞の意味クラスだけによる単なる区別ではなく，統語構造に基づいた動機づけがある。非対格動詞の主語は，基底構造では他動詞の直接目的語と同じ位置のものだが，非能格動詞の主語はそうでない(Levin & Rappaport Hovav 1995，影山1993も参照)。

ここで仮定される基底構造を，便宜上，生成文法の枠組みでの形式化にしたがって表示すると，次のようである(Burzio 1986)。

(4) a. 非能格動詞：[s NP [vp   ]]
　　b. 非対格動詞：[s ＿＿ [vp   NP]]

非能格動詞の唯一のNPは，基底構造でも主語(生成文法の枠組みでは，外項)であるため，非能格は目的語(生成文法の枠組みでは，内項)をもたない動詞であるとされる。これに対して，非対格動詞の唯一のNPは，基底構造では目的語(内項)であり，したがって，非対格は主語(外項)をもたない動詞であるとされる。

ここで，基底構造と表層構造(関係文法の枠組みでは，最初文法関係と最終文法関係)の間を関係づける必要が生じ，派生の概念が導入されることになる。すると，非対格の主語は基底構造の目的語から昇格した派生主語である，という位置づけがなされる(Perlmutter & Postal 1984)。

この前提(非対格の主語が派生主語であること)を受け入れると，非能格動詞と非対格動詞の主語は，表面上は同じように見えるが，実際(基底構造)は異質のものとなり，よって，意味だけでなく，統語的にも質の異なる二種類の自動詞がある，という主張が可能となるのである。

ここで注目されたいのは，この仮説の背景にある経験的基盤である。実際に，Perlmutter(1978)が経験的証拠として取り上げたのは，オランダ語(Dutch)やトルコ語(Turkish)が見せる非人称受身の状況と Boas & Deloria (1939)がactive-neutralと説明したダコタ語(Dakota)の分裂主語システムの状況であった[5]。分裂主語システムの詳細な状況については，2.5節で取り

---

[5] Active-neutralの区別は，Sapir(1917)のactive-inactive，クリモフ(1999)のactive-stative，Dixon(1979)の分裂主語システム(split-S system)と大体一致するものである(Merlan 1985：326，Mithun 1991：511)。

上げることにして，ここでは Perlmutter(1978) が提示したオランダ語の非人称受身の例を紹介する。

(5) オランダ語
    a. Ze werken hier veel.（自動詞文）
        'They work a lot here.'
    b. Hier wordt (er) veel gewerkt.（非人称受身文）
        'It is worked here a lot.'

(6) a. In dit weeshuis groein de kinderen erg snel.（自動詞文）
        'In this orphanage the children grow very fast.'
    b. *In dit weeshuis wordt er door de kinderen erg snel gegroeid.
                                                  （非人称受身文）
        'In this orphanage, it is grown fast by the children.'

Perlmutter(1978) によれば，オランダ語における自動詞の非人称受身は，(5)の werken 'work' のような動詞では成立するが，(6)の weeshuis 'grow' のような動詞では成立しない。他にも，英語の dance, cry, swim のような自動詞は非人称受身を許すが，rot, burn, drown のような自動詞は許容しない。また，トルコ語の自動詞の非人称受身もオランダ語と大体同じ結果が得られるということから，次のような強い主張がなされた[6]。

(7)   いかなる言語においても非対格動詞を基盤に受身文（非人称受身）を作ることはできない。   （Perlmutter & Postal 1984：107）

そして，(7)は偶然ではなく，動詞の意味と統語現象が一定の関係をもつことによって現れたと考えると，統語構造に動機づけられた(4)の形式化は妥当である，という主張が成り立つのである。

言い方を変えると，(4)の形式化には理論的前提がある。それは，非対格動詞だけが非人称受身を成立させない理由を説明するために，非対格の主語を受身文の主語と同じように基底構造の目的語であると仮定することであった。すなわち，この前提から出発すると，表層構造では受身文と同じように

---

[6] 影山(1993, 1996)も，日本語に関して同様の主張をしている。すなわち，影山によれば受身を成立させるのは非対格ではなく非能格のみである。

派生主語であるとされる[7]。すると，非対格は(すでに派生構造なので)，さらなる派生を繰り返すこと(目的語から一度昇格したものが繰り返し昇格すること)はできない(もしそうなると非文法的な文を作ってしまう)とされ，だから，受身は派生できない，という結論を(循環論的に)導いている。つまり，非対格が非人称受身を作らない言語事実をもとに(次節でその真偽を検討するが)，この二つの構造を同じと仮定し，この仮定により，非対格は非能格と構造的に異なると主張したのである。

　上記の内容を，今度は生成文法の枠組みからごく大雑把に説明してみよう。非能格の主語と他動詞の主語は，意味役割の上で動作主(agent)であると同定できる。また，非対格の(表層の)主語と他動詞の目的語も，意味役割の上では被動者(patient)であると同定できる。このことから，非対格の主語を基底構造の目的語であると仮定すれば(すなわち，意味役割を統語上の位置関係に置き換えて解釈すれば，ということ！)，意味役割と文法関係が一定の普遍的な対応を見せるということが言える(さらに，動格言語をみると，この関係が格標示システムによって明示的に表示されるので，確かなる証拠もあるとされる)。したがって，(4)の形式化は妥当である，とされるのである。

　実際，GB理論の枠組みで提案されたBaker(1988)の意味役割付与一様性仮説(uniformity of theta assignment hypothesis)は，同じ意味役割を担う名詞句は基底構造において同じ位置に表出される，ということを保障する仮説である(序章の注4)。これにより，非対格自動詞の唯一の名詞句は他動詞の目的語と同様に基底構造では目的語(内項)の位置にくることとなる。そして，Burzio(1986)の一般化とChomsky(1981)の格フィルターにより，(4)の形式化に対する理論的精緻が極まる。非対格動詞は内項しかもたず，したがって基底構造では目的語の位置に生起するが，そのままでは格をもらうことができない。なぜならば，外項をとる動詞だけが対格を付与できるからである

---

[7] この関係を影山(1996：29)は次のように示してみせた。
　　(i)　受身文の派生：＿＿was broken the glass to pieces.
　　　　　　　　　　　　↑＿＿＿＿＿＿＿＿｜
　　　　非対格動詞の派生：＿＿broke the glass to pieces.
　　　　　　　　　　　　　↑＿＿＿＿＿＿｜

(Burzio の一般化)。そこで,格を持たない NP は不適格文とされる(Chomsky の格フィルターに違反する)ので,格をもらって適格な文を作るためには目的語の位置から主語(外項)の位置に移動せざるを得ない,というのが GB 理論の枠組みにおける(4)の形式化に対する理論上の理屈(theoretical logic)である。(Baker 1988, 影山 1993：43-48 参照)。

以上,オランダ語とトルコ語の非人称受身のふるまいから(7)のような強力な主張がなされ,それが(4)の形式化の基盤となったことを述べた。さらに,そこから理論的な精緻が極まると,(4)は言語普遍性の仮説としてその妥当性が支持されていくことを見た。

しかし,非対格が受身と同様に,他動詞構造を基盤にして導き出されたとされるこの仮説には(Levin & Rappaport Hovav 1995, 影山 1996 など),次のようなごく素朴な疑問がある。多くの言語において,非対格は受身(有標)と異なり,形態的には単純な形(無標)をとる場合が多い。すなわち,英語以外の多くの言語において形態派生の方向性を考えた場合,他動詞構造を基盤に非対格が派生されるという仮定は何だか不自然である。たとえば,日本語の'開く'と'開ける','乾く'と'乾かす'は,形態派生の方向性から見ると,自動詞から他動詞への派生である[8]。しかし,(4)に基づく構造派生の観点からは,その逆の他動詞構造から自動詞構造への派生が仮定される。すると,なぜ形態的に派生形である他動詞が構造的にはより基本であり,また,形態的には基本形である非対格動詞が構造的には派生であるとされるか,納得しかねる[9]。しかしながら,このような素朴な疑問さえ検証のしようがない。なぜならば,非対格性の仮説は上記の(4)を理論的前提とするため,それ以上は追究できない,というジレンマがあるからである。

すると,(4)の形式化の妥当性を検証するためには,十分な事実に基づいた仮説かどうかを調べるしかないように思われる。すなわち,(7)の一般化を導き出した経験的基盤そのものを点検することである。次の三点を調べれば十分であるように思われる。

---

[8] 桐生和幸氏との個人談話によると,ネワール語の自他交替は自動詞から他動詞への派生が主流で,その逆の方向はあまり見られない,という。

[9] 當野能之氏のご指摘(個人談話)による。

(ⅰ) どの言語においても，非人称受身に参与する自動詞の範囲は意味的に均質なメンバーのみにより構成され，かつ非対格動詞は参与できないのだろうか。

(ⅱ) どの言語においても，使役交替に参与する自動詞の範囲は意味的に均質なメンバーのみにより構成され，かつ非能格動詞は参与できないのだろうか。

(ⅲ) 動格言語の分裂主語システムの状況は，どの言語においても意味的に同じ基準のみにより自動詞の分裂が引き起こり，かつ S_p = P と S_a = A のような基準のみ許すのだろうか。

この三点を調べると，自動詞の意味と文法関係の間の自然な対応がその姿を表出するであろう[10]。

その前に，上記のような統語基盤の理論的背景のもとに，意味的基準として Perlmutter(1978: 162-163)が提示した自動詞の二分類，すなわち，非能格動詞と非対格動詞のリストをあげておく。Perlmutter によれば，例示は英語であっても，他言語にも同じように通用できる(以下，前節で用いた用語法を導入し，非能格は S_a と共起する動詞，非対格は S_p と共起する動詞と記し，併用する)。

(8) 非能格自動詞(S_a と共起する動詞)
    a. 意志的な行為を表す動詞
        work, play, speak, talk, smile, grin, frown, think, skate, ski, swim, hunt, jog, walk, laugh, cry, dance, walk, daydream, etc. 発話様態動詞：whisper, shout, mumble, grumble, growl, etc. 動物の鳴き声：bark, neigh, meow, roar, quack, chirp, whinny, oink, etc.
    b. 無意識の生理的現象
        cough, sneeze, hiccough, sleep, cry, weep, belch, burp, vomit, defecate, urinate, etc.

---

[10] 英語の *There* 構文，*Way* 構文，結果構文，同族目的語構文，擬似受身文など，非対格性の統語的な証拠として取り上げられた構文をほぼすべて検討し，非対格と非能格のような二項対立としては説明できないことを主張したものとして，高見・久野(2002)がある。

(9) 非対格動詞（S_p と共起する動詞）
   a. 形容詞ないしそれに相当する状態動詞：サイズ，姿，色，重さ，匂い，心的状態などを表す述語。
   b. 対象物を主語に取る動詞
      burn, fall, drop, sink, float, slide, glide, soar, flow, roll, hang, dry, boil, freeze, melt, die, open, close, break, split, fill, grow, increase, decrease, tremble, sit (involuntary), etc.
   c. 存在と出現を表す動詞
      exist, happen, occur, appear, disappear, arise, ensue, result, show up, end up, turn up
   d. 五感に作用する非意図的な現象
      shine, sparkle, glitter, smell, stink, jingle, etc.
   e. アスペクト動詞
      begin, start, stop, cease, continue, end, etc.
   f. 継続
      last, remain, stay, survive, etc.

2.3 自動詞ベースの受身

　日本語の迷惑受身を除くと，世界の多くの言語に見られる自動詞ベースの受身はほとんどが非人称受身である。この非人称受身の状況，とりわけオランダ語とトルコ語をもとに，Perlmutter(1978) と Perlmutter & Postal(1984) は(7)のように，非人称受身に関与する自動詞は非能格だけであり，いかなる言語においても非対格を基盤に受身文（非人称受身）を作ることはできない，という強力な主張をした。つまり，非人称受身が非対格仮説の妥当性を支持する経験的証拠として提示されたわけである。

　しかしながら，このような主張は Shibatani(1998) が提示する自動詞ベース受身のパラメータによると，十分な事実に基づいたものでないことは明らかである。

(10) Parameters for intransitive-based passives

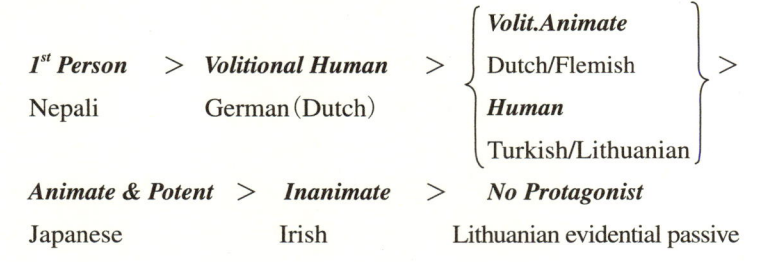

1st Person >	***Volitional Human*** >	⎧ ***Volit.Animate*** ⎫ ⎪ Dutch/Flemish ⎪ ⎨ ***Human*** ⎬ ⎩ Turkish/Lithuanian ⎭	>
Nepali	German(Dutch)		
Animate & Potent >	***Inanimate*** >	***No Protagonist***	
Japanese	Irish	Lithuanian evidential passive	

　Shibatani(1998)によれば，ドイツ語やオランダ語の非人称受身は，意志性の概念が重要である。したがって，*skate* のように意志的な動詞は許されるが，*grow, drown* のように無意志的な動詞は許されない。一方，トルコ語やリトアニア語では，意志性よりも人間かどうかがより重要な概念である。それで，「子供が育つ」のような文はドイツ語やオランダ語では許されないが，トルコ語やリトアニア語では受身文が作れる。しかし，「ウサギが早く育つ」や「草が早く育つ」のように動物や無生物が主語である場合は，トルコ語やリトアニア語でも受身を許容しない。これに対して，アイルランド語は「草が早く育つ」のような無生物までも受身文を作ることができる。トルコ語やリトアニア語においてとくに注目される点は，意志的な動詞でも動物が主語である場合は受身を成立させない，ということである。したがって，「ウサギが逃げる」や「狼が吠える」のような文は，トルコ語やリトアニア語では受身文を作ることができない(詳細は Shibatani 1998：96-101 を参照)。

　一方，日本語の迷惑受身は有生性と潜在能力(animate & potent)の概念が重要である。(11)に見られるように，まずは意志性の概念をもとにして人間と動物が受け入れられ，次に潜在能力という概念により意志性のない人間や自然現象までもその中に取り込み，さらには，無生物でも潜在能力をもつものと見なされれば許される[11](例は，Shibatani 1998：100 から引用)。

---

[11] 影山(1993：59-60，1996：31)の分析によると，非対格動詞は迷惑受身を許容しない。しかし，高見・久野(2002：235-244)によれば，「夜中に子供に熱を出されて，救急車をよびました。」や，「卒論の仕上げの大事な時期に，パソコンに壊れられて困ってしまった。」のように，影山では非対格と判断される動詞が迷惑受身文を可能にする例が取り上げられている。

(11) a. 太郎は，急に花子に走られた。(花子が走る)
　　 b. 太郎は，犬に一晩中吠えられた。(犬が吠える)
　　 c. 太郎は，花子に死なれた。(花子が死ぬ)
　　 d. 太郎は，雨に降られた。(雨が降る)
　　 e. 太郎は，夏草に生い茂られた。(夏草が生い茂る)
　　 f. *太郎は，急に戸に開かれた。(戸が開く)

このようにより広範囲のデータを考慮に入れると，(7)の主張は少ない事実に基づいた過剰一般化であることが明らかである。

ここで，(10)のパラメータに基づき，自動詞ベース受身の拡張の一般化および制約をまとめてみよう。受身が，典型的には他動詞を基盤に起こる文法現象であることを考えると，(12a)が妥当であろう。また，(7)の主張も(12b)のように捉えなおす必要があろう(柴谷 2000：154 も参照)。

(12) 拡張の一般化と制約(Ⅰ)：受身の場合
　　 a. 受身(非人称受身・迷惑受身も含め)は，S_a = A と共起する動詞(非能格と他動詞)を共通の意味基盤とし，そこに S_p と共起する動詞(非対格)を受け入れる方向へと一般化の拡張をみせる。
　　 b. ほとんどすべての言語において，S_a と共起する動詞(非能格)を排除した上で，S_p と共起する動詞(非対格)を基盤に受身文を作ることはできないか，非常に困難である。

日本語の迷惑受身が見せる一般化のパターンは，(12a)を非常によく反映していることがわかる((11)を参照)。これを 2.1.2 節の(3)の定義に基づき，「意味的対格型システム」のパラダイムであるとすると，受身接辞 -rare は(「意味的動格型システム」ではなく)「意味的対格型システム」の接辞であると考えることができよう。

2.4　使役交替

Haspelmath(1993)は，世界の 21 の言語の中から 31 個の動詞を選び出し，それらの使役(- 起動)交替(彼の用語では inchoative-causative alternation)の状況を調査して，次のような一般化を導き出した。

(13) A verb meaning that refers to a change of state or a going-on may appear in an inchoative/causative alternation unless the verb contains agent-oriented meaning components or other highly specific meaning components that make the spontaneous occurrence of the event extremely unlikely. (p.94)

すなわち，*break*, *open* のように状態変化を表す動詞や *roll*, *spin* のように継続運動を表す動詞は使役交替(自他交替)に参与できるが，*run*, *play*, *hit*, *kick* のように行為を表す動詞は使役交替を表さない。これを支持する例として，意味的なミニマルペアの *wash*, *execute*, *tie* と *clean*, *kill*, *untie* を取り上げ，両者はほぼ同じ意味を表すが，前者は行為起源の動詞なので使役交替を許さない，しかし，後者は許される，と説明した。

本居春庭(1828)は日本語だけの観察を通して，意味的に異なる二つのグループ，すなわち，ミズカラシカスル(S_a と共起する動詞に相当)とオノズカラシカル(S_p と共起する動詞に相当)と名づけた二種類の自動詞があることに気づいた(島田 1979 参照)[12]。Sapir(1917)よりほぼ一世紀の前に，Perlmutter(1978)よりは一世紀半も前に，彼らの active-inactive，そして，非能格と非対格の区別に相当する自動詞の二分類を行っていたのである(Shibatani 2000)。春庭の優れた点は，意味を基準にした分類であったにもかかわらず，使役交替(自他交替)だけでなく，サセ使役および受身の成否も同時に予測するものだったことである。このような春庭の考え方は，Shibatani (2000) と Shibatani & Pardeshi(2002)に，次の表4のようにまとめられている(日本語の自他交替とサセに関しては，第5章で詳細に述べる)。

	他動詞	使役	受身
オノズカラシカル動詞	○	×	×
ミズカラシカスル動詞	×	○	○
他動詞		○	○

表4

---

[12] 春庭の自動詞の二分類は，三上(1953[1972])の能動詞・所動詞の区別とも大体対応する。

Haspelmathと春庭の共通点は，使役交替と動詞の意味の間に強い結びつきがあることを発見したことと，状態変化動詞は使役交替（自他交替）を許し，動作動詞は許さない，という一般化を示したことである[13]。

　しかし，このような一般化をあたかも厳格な意味基準であるかのように受け止めて，これを基準に強い主張をしたところに問題が生じているように思われる。

　この点について，動作動詞が使役交替を許している英語の例から見てみよう。次の例はLevin & Rappaport Hovav (1995：80, 111)と鷲尾 (1997：67, 85)から引用した。

(14) a.　The general *marched* the soldiers to the tents.
　　 b.　The rider *jumped* the horse over the fence.
　　 c.　We *ran* the mouse through the maze.
　　 d.　He *walked* the children across the road.
　　 e.　He *swam* his horse across the river.
　　 f.　The firemen *stood* us to one side to let the ambulance through.
(15) a.　*The comedian *laughed* the crowd.
　　　　(cf. The comedian *made* the crowd laugh.)
　　 b.　*The teacher *played* the children.
　　　　(cf. The teacher *made* the children play.)

　Levin & Rappaport Hovav (1995)によると，英語は(14)のように動作動詞も使役交替を許すことができる。*March*, *jump*, *run*, *walk*, *swim* のように移動様態を表す動詞および，*stand* のように「特定の位置への移動」(move to a position)を表す動詞は[14]，他動詞用法が可能である。しかし，動作動詞すべてが使役交替を許すのではなく，(14)と(15)の相違からわかるように，明らかな線引きができる。つまり，英語は *laugh*, *play* のような動作動詞は他動詞

---

[13] もちろん春庭はこのことを表だって主張してはいない。しかし，春庭が提示した活用表を読むとこのことがわかる。このような観点から見ると，早津(1989)の有対他動詞・無対他動詞の区別も，実は春庭の自他区別ですでに明らかにされていたことであることがわかる。これについては，第5章を参照。

[14] *stand* の分析は，鷲尾(1997：87)を参照した。

第2章
分裂自動詞性の本性について

用法を許さず，生産的使役の *make* を用いて表現するしかないのである。

ここで問題となるのは，この分布をどのように解釈するかである。今二つの見方が提示できる。一つは，非対格仮説に基づく（いわゆる動格型のactive-inactive の）見方である。もう一つは，本書で提案した「意味的能格性」の定義に基づく見方である。前者の見方をとると，移動様態動詞は動作動詞ではあるが，非対格であると見なさなければならない。そうでなければ理論上不都合が生じる。一方，後者の見方をとると，使役交替において英語の自動詞のふるまいは，$S_p = P$ を共通の意味基盤とし，移動様態を表す動作動詞（S_a 動詞）までをその中に取り込む方向へと一般化の拡張が起こっている，という自然な説明が用意される。

以下では，英語だけでなく韓国語も考慮に入れると，「意味的能格性」の定義に基づく後者の見方のほうがより説明力があることを見ていく。

Levin & Rappaport Hovav（1995：110-112, 187-188）は，英語の移動様態動詞に関して，非対格仮説に基づき，次のような分析を提示した。(16a)のように，方向句を伴わない移動様態動詞は非能格である。しかし，(16b)のように，移動方向を表す解釈のもとでは非対格である。したがって，(14)の文は非対格である(16b)のような動詞の他動詞用法である，とされる。

(16) a. The soldiers *marched*.（非能格）
    b. The soldiers *marched* to the tents.（非対格）

なお，この主張の裏づけとして，方向句を伴わない他動詞文は次のように不適格になることを取り上げている。すなわち，(14)は(16a)のような自動詞文の他動詞用法ではないと分析される。

(17) a. ??The general *marched* the soldiers.
    b. ?The rider *jumped* the horse.
    c. *We ran the mouse.

この分析は，これだけをみると一応辻褄が合うように見える。しかし，これはGoldberg（1995：16）と高見・久野（2002：76, 88）が的確に指摘するように，彼女ら自身が提示する *Way* 構文の分析とは矛盾する結果となる（例は，高見・久野 2002：76, 88 から）。

2.4 使役交替

(18) a. Mary *danced* her way through the park.（非能格）
　　b. The kid *jumped* his way to the sandbox.（非能格）

つまり，彼女らが提示した Way 構文の分析によると，Way 構文は意図的な事象であり，したがって，この構文に現れる動詞は非能格である。すると，(18)は非能格であると判断される。ところが，先ほどの移動様態動詞の使役交替に関する基準を適用してみると，今度は，Way 構文が移動の経路を表す方向句を伴っているため，(18)の dance, jump は非対格である，と判断されてしまう。

つまり，意図性の意味基準からすれば，移動様態動詞は非能格である。しかしそうなると，非能格も使役交替が可能であると言わなければならない。そこで，方向句を義務的に付加するものだけが他動詞用法をもつとすれば，有界性の事象は非対格だとすることで説明ができるから（そして，状態変化・位置変化も終着点をもつ有界性の事象だから，その点で両者が同じカテゴリーだということも言えるから），説明の妥当性は一応維持できる。すなわち，イベントの完了アスペクト（着点ないし経路を明示的に示すことにより行為の完結性を示すこと。経路はそこを通過すれば行為は一応完結する）が非対格性の意味基準として導入されたわけである（影山 1996：177, 影山 2000：46-7 参照）[15]。しかし，その結果，今度は Way 構文が説明できなくなる，という混迷の状態に陥ってしまったと言わざるを得ない（影山 2000, 丸田 2000 によると，実は方向句がなくても他動詞用法を許す例もある（下記の(33)を参照））。よって，完了アスペクトでも英語の使役交替を完全には説明できない。

参考に，Way 構文と(14)の文は，一定の移動の距離や経路が解釈されることで共通点をもつことを指摘しておきたい。高見・久野(2002)によれ

---

[15] 岸本(2000)は，日本語に関して意志性のほかに完結性（有界性）を非対格性の意味基準として取り上げている(cf. Van Valin 1990, Kishimoto 1996)。これも，高見・久野(2002)が指摘するように，状態述語が問題となる。意図性から見ると，状態述語は非対格であるが，有界性がないことから見ると，非能格になる。これに関して興味深い事実が動格言語に見られる。状態述語が，非対格として取り扱われる言語と非能格として取り扱われる言語の両方がある(Mithun 1991)。詳細は次節を見られたい。なお，NP を含んだ動詞句のアスペクトの議論は，Tenny(1994), 三原(2002)を参照されたい。

ば，*Way* 構文は一定の移動の距離や経路が解釈されるかどうかが重要なので，*The kid jumped his way into the sandbox.* は方向句が付加されているにもかかわらず，不適格とされる。その理由は，この文は一回のジャンプで砂浜に着いた，と理解され，砂浜に辿り着くまでの一定の距離や経路が読み取れないからである。その上，(14)の文は使役者(他動詞の主語)と被使役者(目的語)が共にある目標点に向かって移動する，という随伴使役の状況も必要である(鷲尾1997, 影山2000, 丸田2000。随伴使役の包括的な記述についてはShibatani & Pardeshi 2002参照)。たとえば，(14b)ならば騎手が馬に乗って共に垣根を乗り越えるという状況がある。

　このことから見ると，一定の移動の距離や経路が解釈されるかどうかという意味要素は，動作動詞が他動詞用法を持つための必要条件である(しかし，十分条件ではない)と考えることができる。この点は，日本語においても「母親が子供たちを二階に上げた。」という例が適格であることや，「*子供を挨拶に回した。」(青木1977)は不適格であるが，「赤星をファーストに，金本はセカンドにそれぞれ回した。」というローテーションの解釈が出る文脈にすれば適格となることを見ると(この場合，被使役者は動作主として解釈される)，移動(方向)動詞まで可能なので，日本語も同様であると考えられる(詳細は5.5.5節を参照)。

　以上から，英語の動詞システムは次のように理解できる。使役交替の範囲，すなわち，自動詞の主語が他動詞の目的語と対応する動詞の範疇は，状態変化動詞から出発して，動作動詞まで拡張する。しかし，動作動詞すべてが許されるわけではなく，その中の移動(様態)動詞だけが他動詞文(語彙的使役文)を許容し，*laugh, play, cry* のような動作動詞は許容できない。このような分布を非対格か非能格か，という二項対立的な考え方から捉えることには無理がある。

　しかし，非対格性の概念から離れて連続的な見方をとれば，次に示される韓国語のシステムも無理なく捉えることができる(Shibatani & Pardeshi 2002)。韓国語は，英語では受け入れられなかった *laugh, play, cry* のような動作動詞までも受け入れることができるからである。つまり，英語の延長線上に位置づけることができるのである。ただし，韓国語は英語と異なり，語

彙的(または，形態的)使役形式として知られている接辞 -i, -hi, -li, -ki(および，-wu, -kwu, -chwu)が付加される。

韓国語	基本形	派生形(他動詞・使役)
(19) 状態変化動詞(S_pと共起する動詞)		
a.	nokta(溶ける)	nok-i-ta(溶かす)
b.	maluta(乾く)	mal-li-ta(乾かす)
c.	kkulta(沸く)	kkul-i-ta(沸かす)
d.	cwukta(死ぬ)	cwuk-i-ta(殺す)
e.	tolta(回る)	tol-li-ta(回す)
(20) 動作動詞(S_aと共起する動詞)		
a.	ketta(歩く)	kel-li-ta(歩かせる)
b.	seta(止まる，立つ)	se-ywu-ta(止める，立たせる)
c.	wusta(笑う)	wus-ki-ta(笑わせる)
d.	wulta(泣く)	wul-li-ta(泣かせる)
e.	nolta(遊ぶ)	nol-li-ta(遊ばせる)
(21) 他動詞		
a.	yelta(開ける)	*yel-li-ta(開けさせる)
b.	chata(蹴る)	*cha-i-ta(蹴らせる)
c.	palpta(踏む)	*palp-hi-ta(踏ませる)
d.	kkayta(割る)	*kkay-i-ta(割らせる)
e.	chita(打つ)	*chi-i-ta(打たせる)

表5

上記のデータを見ると，接辞 -i, -hi, -li, -ki は(19)の状態変化動詞から(20)の動作動詞までを同一に取り扱っており，(21)のような他動詞には制約がある[16]。この接辞を S_p / S_a 両用接辞とよぼう。すると，この接辞は2.1.2節の

---

[16] ipta : iphita '着る:着せる', pesta : peskita '脱ぐ:脱がせる', sinta : sinkita '履く:履かせる' など，いわゆる再帰動詞を中心とした一部の他動詞にはこの接辞が用いられる。詳細は鄭(1999)および4.2.1節を見られたい。Shibatani(2002a)によれば，形態的使役(語彙的使役)は，一般的に他動詞には働きにくいことが指摘されている。

(2)の定義に従い，「意味的能格型システム」の接辞と考えることができよう。つまり，この接辞は状態変化動詞を基盤にして，そこに動作動詞を部分的に受け入れることはできるが，その逆の，動作動詞全体を基盤にして，そこに状態変化動詞を部分的に受け入れる，という「意味的対格型システム」の接辞ではないことがわかる。

すると，英語と韓国語の共通点および相違点は表6のように示すことができる[17]。

	状態変化	移動様態	動作
使役交替	*melt*	*walk*	*laugh*, *play*
英語	自他両用動詞		
韓国語	接辞 -*i*, -*hi*, -*li*, -*ki* (S_p/S_a両用接辞)		

表6

ここで，次の二点を確認しておきたい。一つは，(20)の派生形動詞は(19)と同じ接辞を用いるという形態的な共通点だけでなく，文構造の作り方も同じように他動詞構造である，という点である。

(22)と(23)を見られたいが，(23c)の *ai-tul*'子供たち'も(22c)の *soy*'鉄'と同じように，目的語を与格に入れ替えることはできない。少なくとも(23c)

---

[17] 英語のように韓国語にも自他両用動詞（labile verbs）がないわけではない。ただし，韓国語の場合は英語のように状態変化動詞がその中心にあるのではない。むしろ *kwy-ka / lu mekta.*(lit. 耳が/を聞こえない)，*tali-ka / lul tachita*(lit. 足が/を怪我する)，*pay-ka / lul kolhta*(ひもじい)のように，身の上に起こったある不本意な事態またはその状態を表す場合や，*mom-i / ul wumcikita.*(体が動く，体を動かす)，*nwun-i / ul kkamppakke-lita*(眼が/をぱちぱちする)のように，身体部位（または，身体の上に付着した「スカート」や「スカーフ」のようなもの）の動的様態を表す場合が多い。また，後者はオノマトペ動詞が多い。したがって，形態的な面を重視して，英語のように自他両用動詞だけを使役交替と認めると，韓国語の自他両用動詞は英語と意味的にずれてしまうので不都合が生じる（第1章の注20も参照）。また，韓国語のように接辞を用いる派生動詞のみ自他交替と認めると，英語は *rise* と *raise* のようにごく少数の動詞しか当てはまらない。つまり，形式の選択は言語によって異なりうるが，意味は共有できる。したがって，対照研究には形式を基準にするよりは意味を基準にしたほうがより有益である。ということで，自他交替を引き起こす動詞の（典型的な）意味を基準にすると，英語は自他両用動詞がそれを担い，韓国語は接辞を用いた派生動詞がそれを担う，ということである。

2.4 使役交替

は(23b)と比べると，不自然であることは確かである(この点は日本語と異なるので注意されたい。日本語は面白い話をして「子供たちを笑わせた」も，命令して「子供たちに笑わせた」も OK)。つまり，もし被使役者の子供たちが文構造からも動作主として認められているならば，与格交替が許されないはずはないと考えられる。しかし，(23c)は不可能であるが，(24)のように生産的使役形式 -key hata に入れ替えると，与格も完全に受け入れることができる。このことから(20)の派生形動詞では，他動詞構造が用いられ，したがって，被使役者を与格に標示することには制約がかかる，と考えることができるのである。

(22) a. soy-ka　　　nok-ass-ta.
　　　　鉄 - 主格　溶ける - 過去 - 断定
　　　　'鉄が溶けた。'

　　b. ai-tul-i　　　　　soy-lul　　nok-*i*-ess-ta.
　　　　子供 - 複数 - 主格 鉄 - 対格 溶ける -*i*- 過去 - 断定
　　　　'子供たちが鉄を溶かした。'

　　c. *ai-tul-i　　　　　soy-eykey　nok-*i*-ess-ta.
　　　　子供 - 複数 - 主格 鉄 - 与格　　溶ける -*i*- 過去 - 断定
　　　　'子供たちが鉄に溶かした。'

(23) a. ai-tul-i　　　　　wus-ess-ta.
　　　　子供 - 複数 - 主格 笑う - 過去 - 断定
　　　　'子供たちが笑った。'

　　b. sensayngnim-i　　　ai-tul-ul　　　　wus-*ki*-ess-ta.
　　　　先生 . 尊敬 - 主格　子供 - 複数 - 対格 笑う -*i*- 過去 - 断定
　　　　'先生が子供たちを笑わせた。'(面白い話をして)

　　c. ??sensayngnim-i　　ai-tul-eykey　　wus-*ki*-ess-ta.
　　　　先生 . 尊敬 - 主格　子供 - 複数 - 与格　笑う -*i*- 過去 - 断定
　　　　'先生が子供たちに笑わせた。'(命令して)

(24)　　　sensayngnim-i　　ai-tul-eykey　　wus-*key ha*-yess-ta.
　　　　先生 . 尊敬 - 主格　子供 - 複数 - 与格　笑う - 使役 - 過去 - 断定
　　　　'先生が子供たちに笑わせた。'(命令して)

第2章
分裂自動詞性の本性について

　もう一つは，(20)の派生形動詞は，英語と同様に随伴使役の状況を表すことができる，という点である。

(25) a.　sensayngnim-i　　haksayng-tul-ul　　yek-kkaci kel-*li*-ess-ta.
　　　　先生．尊敬 - 主格　学生 - 複数 - 対格　駅 - まで 歩く -*i*- 過去 - 断定
　　　　'先生が学生たちを駅まで歩かせた。'

　　b.　sewul-lo　　mal-ul　　talli-ess-ta.
　　　　ソウル - へ　馬 - 対格　走る - 過去 - 断定
　　　　'ソウルに向かって馬を走らせた。'

　　c.　kyengchal-i tallie-onun haksayng-tul-ul　　ke cali-ey
　　　　警察 - 主格　走ってくる　学生 - 複数 - 対格　その場 - 所格
　　　　se-*ywu*-ess-ta.
　　　　止まる -*i*- 過去 - 断定
　　　　'警察が走ってくる学生たちをその場に立ち止めた。'

　上の例を英語の(14)と比較されたい。(25)は(14)と同じように移動方向を表す句が付加されている。さらに，(25a)は学生だけが駅まで歩いていったのではなく，先生も(実際に歩いたかどうかは別として)学生を駅まで引率していった状況であることを表す。もし先生が職員室などに残っていて，学生だけを駅まで歩かせた状況であれば，この文は生産的使役 -*key hata* を用いた表現に直さなければならない。次に，(25b)の *tallita* ' 走る ' は自他両用動詞である[18]。これも(14b)の状況と同様に，馬に乗って(馬と一体となって)，ソウルに向かって馬を走らせたことを表す(ただしソウルに到着したかどうかは含意しない)。(25c)も英語の(14f)と同様の状況である。

　ところが，韓国語では英語のように必ず移動方向を表す句が要求されるわけではない(上述したように，実は英語も方向句が義務的でない例がある)。次のように——とくに(26a)を下記の(28)と比較されたいが——方向句が付加されなくても，また，完了アスペクトでなく継続運動であっても，適格な文を作ることができる。しかしここでも，意味的には随伴使役の(あるいはそ

---

[18] これも歴史的には，*tatta* から *tal-li-ta* ' 走る ' への派生形であろう(李 1992，Park 1994 参照)。*tatta* は現代語では単独では使えないが，*naytatta* ' 走り出す '，*chitatta* ' 駆け上がる ' のように複合動詞として残っている。

こから拡張した)状況が読み取れる。すなわち，(26a)では主語が子供に(一緒に歩いたかどうかは別として)一時間ずっと付き添っていた状況であることを表す。また，(26b)は学生たちが一時間ずっと笑い，それと共に先生の面白話も一時間ずっと続いた状況であることを表す。(26c)は先生が学生たちを一日中ほったらかして勉強させなかったこと(一日ずっと関与すべきところをしなかったこと)，それで学生が一日中遊んだ結果となったことを表す。つまり，韓国語は *walk* のような移動様態動詞と *play*, *laugh* のような動作動詞が，同じ形態および文構造を用いるだけでなく，使役の意味においても連続している，ということである[19]。

(26) a. kongwuen-eyse ai-lul   hansikan-tongan kel-*li*-ess-ta.
        公園 - で   子供 - 対格 一時間 - 間   歩く-*i*- 過去 - 断定
        '公園で子供を一時間歩かせた。'(歩行練習のため)
    b. sensayngnim-i   caymiissnun iyaki-lo   *ai-tul*-ul
        先生 . 尊敬 - 主格 面白い   話 - 道具 子供 - 複数 - 対格
        hansikan-naynay wus-*ki*-ess-ta.
        一時間 - ずっと   笑う-*i*- 過去 - 断定
        '先生が面白いお話で子供たちを一時間ずっと笑わせた。'
    c. sensayng-nim-i   haksayng-tul-ul   halwucongil
        先生 - 尊敬 - 主格 学生 - 複数 - 対格 一日中
        nol-*li*-ess-ta.
        遊ぶ -*i*- 過去 - 断定
        '先生が学生たちを一日中遊ばせた。'

以上述べたことをまとめると，使役交替に参与できる動詞は，典型的には状態変化動詞である。Haspelmath の一般化を参考にすると，おそらくほとんどすべての言語において状態変化動詞は使役交替を許容する。しかし，動作動詞も使役交替が不可能ではないことが英語の例からわかる。ここで，もし動作動詞が使役交替を許す言語があれば，まずは移動方向動詞(日本語)・移動様態動詞(英語)をその中に含む可能性が高い，という予測ができる。そこからさらに，アスペクトの制約をなくし，継続運動も受け入れることにな

---

[19] 随伴使役については，3.4.2 節，4.4.2 節，6.3.3 節を参照されたい。

ると，今度はその他の動作動詞まで含む方向へと一般化の拡張をみせることも不可能ではない。そのような言語として，韓国語がある[20]。この場合は使役状況（主に随伴使役である）に制約がかかっていることも上の観察からわかる。これを(27a)のように整理すると，Haspelmath の一般化は(27b)のように修正する必要がある。

(27) 拡張の一般化と制約（Ⅱ）：使役交替の場合[21]
 a. 使役交替は，S_p = P と共起する動詞を共通の意味基盤とし，そこに S_a と共起する動詞を受け入れる方向へと一般化の拡張をみせる。
 b. ほとんどすべての言語において，S_p と共起する動詞を排除した上で，S_a と共起する動詞を基盤に使役交替（自他交替）を作ることはできないか，非常に困難である。

以上から，使役交替において，英語のパラダイムおよび韓国語の接辞 -i, -hi, -li, -ki のパラダイムは，自動詞が非能格か非対格かという二分類では片付かない。したがって，非対格性よりも本稿で定義・提案した「意味的能格性」の方がより説得力があると主張できる。

最後に，英語においても必ずしも着点あるいは完了性を持たなくてもよい例をあげておこう。(28)は影山(1996：177，2000：47)と丸田(2000：224)から引用した。影山(2000：54)では，(28)が非能格か非対格かにはとくに触れず，次のように説明している。これらの例は，歩行を介添えするという意味になるので，たとえば，(28b)ならば，病人が歩くという行為さえ達成されれば十分であり，歩いてどこまで行くという目標はとくに関与しない（これも韓国語の(26a)と比較されたい）。その結果，着点は必ずしも現れず，したがって，完了アスペクトも不必要であるという。いずれにしろ，なぜこれらの動詞が他動詞用法をもつかについては，上記の韓国語の例も含め，統一的な説明が要求されるであろう。その解決策として，ここで連続的な捉え方ができる「意味的能格性」を提案したのである。

---

[20] 韓国語とほぼ同じサイズをもつ言語として，マラーティー語の使役接辞 -aw がある。詳細は，Shibatani & Pardeshi(2002)を参照。

[21] 生産的使役でない，語彙的または形態的使役に限る。

(28) a. John walked his dog for hours.
　　b. He walked a sick man.
　　c. I'll walk you a little ways, he said. We started walking.

2.5　分裂主語システム

　非対格仮説をサポートする上で最も強力な根拠を提供したものとして，動格言語の分裂主語システムの状況がある(1.2.5節参照)。バツビ語の例を再び取り上げ(Comrie 1978, DeLancey 1981)，その状況を確認しよう。

　(29) バツビ語

　　a.　Tχo　　　　naizdraχ　　　qitra.
　　　　we-ABS　　to-the-ground　fell
　　　　'We fell to the ground (unintentionally, not our fault).'

　　b.　A-tχo　　　naizdraχ　　　qitra.
　　　　ERG-we　 to-the-ground　fell
　　　　'We fell to the ground (intentionally, through our own carelessness).'

　(29)は両者とも自動詞文であるが，この言語では自動詞文の主語Sを表す格標示が同じではない。すなわち，自動詞の唯一の名詞句(*we*)が，他動詞のPと同じ格(ABSと表示されている)をとる場合(29a)と，他動詞のAと同じ格(ERGと表示されている)をとる場合(29b)の二種類に分裂する。(ただし上記のグロスでは，能格言語の記述用語である能格(ERG)・絶対格(ABS)が用いられているため，誤解を招くかもしれない。以下では，動格言語の格標示システムを記述する場合は，動作主格(agentive case)・被動者格(patientive case)という用語を用いたい)。意味的には，一般に被動者格をとる(29a)は非意図的な事象に対応するのにたいして，動作主格をとる(29b)は意図的な事象に対応する[22]。

---

[22] 実は，(29b)の英訳からわかるように，動作主格に対応するのは意図的事象のみではない。このような意味分布について，Comrie(1978:356)は主語名詞句の動作主性の程度(the degree of agentivity)—またはコントロールの程度(the degree of control)—を設けて説明している。これによると，バツビ語は(ⅰ)と(ⅱ)が同一に取り扱われ，動作主格をとり，他方の(ⅲ)だけが別扱いにされ，被動者格をとることになる。

つまり、これらの言語では自動詞主語の格標示を変える——すなわち、分裂主語システムをとる——という方略により、自動詞が二つのグループに分類でき——すなわち、分裂自動詞(S_a動詞とS_p動詞)となり——、この区別に意図性の意味基準が関与する、というパターンを示すのである。このような状況から見れば、非対格仮説が動詞の意味と文法関係の対応を捉えようとして(4)のような形式化を提案したことは、一応は理解できる。

しかし、分裂主語システムの多くが概ねバツビ語のように意図性が重要な概念であり、したがって、非対格仮説を支持するにしても(Harris 1982)、すべてが同じような意味基準により分裂されるとは思えない状況がさまざまな研究から報告されている。とりあえずMerlan(1985:325)によれば、言語によってS_aクラスとS_pクラス(彼女の用語では、subjective class と objective class)のサイズが異なる。たとえば、ダコタ語(Dakota)やグルジア語(Goergian)などは、S_pクラスがS_aクラスよりサイズが大きい。一方、東ポモ語(Eastern Pomo)やバツビ語(Batsbi)などは、S_pクラスよりS_aクラスのほうがサイズが大きい。また、Mithun(1991)によれば、言語によって異なる——しかし、決してランダムではない——多様な意味基盤があり、したがって、格標示選択に関与する意味的動機づけも一律でないことが指摘されている(その他、DeLancey 1981, 1985, Rosen 1984, Van Valin 1990, Zaenen 1993, 鷲尾2002なども参照)[23]。

すなわち、分裂主語システムの状況においても、意味と文法関係の結びつ

(ⅰ) 故意(意図的)に倒れたか;主語が絶対的なコントロールをもつ。
(ⅱ) 自分の不注意によって倒れたか(避けることができたがしなかった);中間的。主語が能力的にはコントロール性をもつ。
(ⅲ) 倒れたのは自分のコントロールの外にあり、全的に自分の過失によるものでない;コントロール性皆無。

[23] Mithun(1991:512)も言及しているように、DeLancey(1985)によれば、ラサ・チベット語(Lhasa Tibetan)の格標示選択はコントロールを反映するが、助動詞選択は意図性に敏感である。Van Valin(1990)によれば、イタリア語の助動詞選択は活動性(activity か non-activity か)が重要である。また、Zaenen(1993)によれば、オランダ語の助動詞選択はアスペクトに基づいている。鷲尾(2002)によれば、古代日本語の助動詞ツ・ヌの選択はオランダ語に類似している。

2.5 分裂主語システム

きが非対格仮説で言われるような普遍的一配列を示さない(下記の(30)-(32)を参照)。とりわけ，Mithun(1991:516, 520)によると，中央ポモ語(Central Pomo)には Perlmutter が提示した非対格性の意味基準((8)(9)を参照)と逆の状況が見られる。そこでは *cough, sneeze, hiccough* のように生理現象を表す動詞が被動者格をとる。その一方で，*I am fat., I am old.* のような状態述語は動作主格をとる。それに対して，ラコタ語(Perlmutter が非対格仮説を提案するさいに取り上げたダコタ語の方言。Harris 1982:291)のように，非対格性の意味基準とほぼ一致する言語もある。ラコタ語は中央ポモ語とは反対に，*cough, sneeze, hiccough* の生理現象が *walk, play* の意志動詞とともに，動作主格をとるのである。

このように言語ごとに異なる状況を Mithun(1991:524)に基づき，次のようにまとめてみよう(イベント 'event' と状態 'state' の分類は Mithun に従う。ただし，event 1, 2, 3 と state 1, 2, 3 の数字は筆者による。P:performance, E:effect, I:instigation。便宜上，原語表記は省略)。

(30) グアラニ語(Guarani)
  a. 動作主格をとる動詞
    event1：[＋event][＋P/E/I][＋control]
      jump, go, run, get up, walk, come, swim, arrive, pass, descend, get off, play, dance, smoke, work, fly, turn, dance, smoke, work, etc. (p.512)
    event2：[＋event][＋P/E/I][－control]
      hiccough, sneeze, vomit, etc.
    event3：[＋event][－P/E/I][－control]
      fall, die, slip, etc.
      event(その他)：sink, sleep, stagger, get lost, get stuck, wake up, split(crack, burst), come loose(lose one's jop), go out(die away), etc. (p.513)
  b. 被動者格をとる動詞
    state1：[－event][－P/E/I][－control][＋affect]
      be sick, be tired, be cold, etc.

state2：[−event] [−P/E/I] [−control] [−affect]
　　　　　be tall, be strong, be righthanded, etc.
state3：[−event] [−P/E/I] [−control]
　　　　　reside, be prudent, be patient, etc.
state(その他)：be sleepy, be hungry, be stingy, be tender(unripe), be wet(soaked, moist), be weak, be hot(warm), be dead(deceased), be smooth, be fast(quick, lightfooted), be wise, be lazy, be gray-haired, be curled(waved hair), etc. (p.513)

(31) ラコタ語(Lakota)
　a.　動作主格をとる動詞
　　　event1：[+event] [+P/E/I] [+control]
　　　　　jump, come, walk, stand up, dance, play, arrive, crawl, sing, speak, fight, dig, eat, swim, etc. (p.515)
　　　event2：[+event] [+P/E/I] [−control]
　　　　　hiccough, sneeze, vomit, yawn, cough, snore, cry (weep), grunt(sob), shiver, dream, smile, stutter (stammer), miss my aim(fail), misspeak, scab, etc. (p.516)
　　　state3：[−event] [−P/E/I] [−control]
　　　　　reside, be prudent, be patient, etc.
　　　state(その他)：live(dwell), jealous, willing, hiding, lying, etc. (p.515)
　b.　被動者格をとる動詞
　　　state1：[−event] [−P/E/I] [−control] [+affect]
　　　　　be sick, be tired, be cold, be sleepy, etc.
　　　state2：[−event] [−P/E/I] [−control] [−affect]
　　　　　be tall, be strong, be righthanded, etc.
　　　event3：[+event] [−P/E/I] [−control]
　　　　　fall, die, slip, etc.
　　　event(その他)：grow up, stagger, get well, give out, blow

up in anger, etc. (p.515)

　　　　state(その他)：be full, tired, mad, in pain, happy, good, bad, slow, (I'm)Sioux, etc. (p.515)

(32) 中央ポモ語(Central Pomo)

　a.　動作主格をとる動詞

　　　　state1： [-event] [-P/E/I] [-control] [+affect]

　　　　event1： [+event] [+P/E/I] [+control]
　　　　　　　　jump, go, run, stand up, fight, get up, turn, swim, play, crawl, arrive, escape, talk, etc. (p.518)

　　　　state3： [-event] [-P/E/I] [-control]
　　　　　　　　reside, be prudent, be patient, etc.

　　　　state2： [-event] [-P/E/I] [-control] [-affect]
　　　　　　　　be tall, be strong, be righthanded, etc.

　　　　state(その他)：be good, ugly, (I'm)Indian, (I'm)mean, beautiful, alive, blind, deaf, be old, be fat, live (here), be home, be(still)standing, be hiding, be lying down, be careful, be lazy, be kindhearted, be conceited, etc. (p.519, 521)

　b.　被動者格をとる動詞

　　　　state1： [-event] [-P/E/I] [-control] [+affect]
　　　　　　　　be sick, be tired, be cold, etc.

　　　　event3： [+event] [-P/E/I] [-control]
　　　　　　　　fall, die, slip, etc.

　　　　event2： [+event] [+P/E/I] [-control]
　　　　　　　　hiccough, sneeze, vomit, yawn, choke, stagger, tremble, blush, burp, miss, shiver, sweat, etc. (p.520)

　　　　state(その他)：full(from overeating), feel sleepy, scare, in pain, sad(lonesome), weak, surprise, ticklish, have a blister(on my hand), etc. (p.518-519)

　　　　event(その他)：faint, trip, stumble, drown, get angry, get lost, get well, remember, forget, recover, etc. (p.519)

以上からわかることは，言語により分裂の様相が異なっており，したがって，意味と文法関係の対応もそれぞれ異なる，ということであろう。Mithun(1991)によれば，グアラニ語はイベントかイベントでないか，すなわち，active-stative という語彙アスペクトを基準に動作主格か被動者格かが決まる(p.524)。しかしながら，ラコタ語と中央ポモ語の状況はそのとおりではない。先ほども述べたように，この二つの言語が表している最も対照的な状況を整理してみると，次のようである。

(33) a. 恒常的状態・属性(inherent state)を表す述語
　　　　[state2]：tall, strong, good, (I'm) Indian, blind, etc.
　　　（ⅰ）動作主格をとる：中央ポモ語
　　　（ⅱ）被動者格をとる：ラコタ語，（グアラニ語）
　　b. 生理現象
　　　　[event2]：hiccough, sneeze, vomit, etc.
　　　（ⅰ）動作主格をとる：ラコタ語，（グアラニ語）
　　　（ⅱ）被動者格をとる：中央ポモ語

2.6　パラメータの提案

　(33)をみると，言語による異なる論理，異なる動機づけがあることを認めざるを得ないであろう。この点に関して，Mithun は言語による意味基盤の多様性を認め，ラコタ語は動作主性(agency)に基づいているが，中央ポモ語はコントロール性と意味ある影響性(significant affectedness)の相互作用に基づいていると説明する。ここでは，Mithun の解釈を一部修正・発展させ，(33)のように矛盾する状況を統一的に説明できるパラメータを提案したい。
　Mithun によれば，生理現象はコントロールなしに遂行されるイベント(performed by uncontrolled events；[＋event][＋P/E/I][－control])である(コントロールについて本書の考え方は，下で述べるように Mithun と異なる)。すると，ラコタ語は[－control]は関与せず，[＋P/E/I]が動作主性を与えるから動作主格が対応し，他方の中央ポモ語は，動作主性を与える[＋P/E/I]でなく，[－control]のために被動者格が対応する，ということになる。それに，中央ポモ語は影響性にも敏感である。state1 と state2 は両

方とも状態述語であるが，この言語ではstate1は［＋affect］だから被動者格が対応し，他方のstate2は［－affect］だから動作主格が対応する。つまり，state1とstate2は両方とも［－control］であるが，ここではコントロールは無関係で，影響性のみかかわる，という説明である。

しかし，このような説明からだと，格標示選択には多様な（しかし，ランダムでなくある程度有意義な）意味基盤と動機づけがある，ということを主張しただけで，なぜ中央ポモ語にはコントロール性と影響性が重要な概念であり，ラコタ語は動作主性が重要なのか。また，その全体のメカニズムはどうなっているのかがわからない。しかも，なぜ中央ポモ語は生理現象にはコントロール性が関与的で，他方のstate1とstate2の区別には無関係なのかも説明できない。さらには，state2のように，属性述語についてはラコタ語と中央ポモ語が共に，［－event］［－P/E/I］［－control］［－affect］であるが，なぜ一方は動作主格をとるのに，もう一方は被動者格をとるのか，ということも説明できない。

本章では，中央ポモ語に関与的な二つの意味要素——コントロール性と影響性——は，実は，外的要因（external cause）の関与有無を基準にすると，一つにまとめあげることができると考える。すなわち，当該の事象を自分がコントロールしているか（動作主性），それとも，他の要因によってコントロールされ，その影響を受けているか（被動者性），という基準である。ここで，とりあえず言語には世界に対する異なる見方・異なる論理があることを認め，次の(34)のような「解釈パラメータ」（construal parameter）を提案する。以下では，このパラメータによると，(33)の矛盾がうまく解決できることを説明する。

(33)のような状況の背後には，話者が事態生起の由来をどこに求めるのか，という点において，(34)のように，出発点を異にする二つの見方があると仮定する。これを「事態生起の由来に対する話者の解釈パラメータ」（以下，解釈パラメータ）とよぼう。

(34) 事態生起の由来に対する話者の「解釈パラメータ」
    a. 動作主性見方：事態生起の由来を，動作主性（agency）の関与の有無に求める。すなわち，動作主性基準の見方をとる（ラコタ語）

b. 被動者性見方：事態生起の由来を，外的要因(external cause)の関与の有無に求める。すなわち，被動者性基準の見方をとる(中央ポモ語)

この解釈パラメータが，どのように格標示選択にかかわるかを説明する前に，まず，次の点を確認しておきたい。(30)-(32)のデータをみるとわかるが，一見複雑に見える上記の三つの言語にも，実は，次の点においては共通の意味基盤があることが指摘できる。

(35) a. 意志的な行為を表す動詞は必ず動作主格をとる：[event1]
　　　b. *sick, tired, cold* のように，外からの刺激 [＋affect] により一時的にある状態を帯びる場合は，必ず被動者格をとる：[state1]

さらに，(35b)と関連して，中央ポモ語には次のような対立もある(Mithun 1991：519, 521)。下の(36)の恒常的状態・属性が動作主格をとるのに対して，(37)のように状態変化(inchoative)になると，被動者格をとる。つまり，中央ポモ語の格標示選択には，(ア)状態か状態変化か((36)と(37)の対立)，(イ)恒常的状態か一時的状態か((36)と(35b)の対立)が有意義な概念として関与するのである。

(36) 動作主格をとる：中央ポモ語
　　a. I'm old.
　　b. I'm fat.
　　c. I'm Indian.
　　d. I'm kindhearted.

(37) 被動者格をとる：中央ポモ語
　　a. I have gotten old.
　　b. I have gotten tall.
　　c. I'm getting well.
　　d. I feel sleepy.

では，上記の解釈パラメータがどのように，両言語の格標示選択にかかわるかを説明しよう。ラコタ語のように，事態生起の由来を動作主性の関与の有無に求める言語は，動作主性に敏感に反応するので，(35a)の典型的な状況を基盤に動作主格が優先的に対応する。これを話者の動作主性基準の見方

による「動作主格優先」であるとしよう。このような言語では動作主性が見られなければデフォルトとして被動者格が与えられる。この場合，動作主性を認定するものは，意志性とコントロール性の相互作用である，と考える。この点は Mithun と異なるので，少し詳しく述べたい。

すなわち，動作主性は典型的には人間がその中心にあるように，意志性を基盤に与えられる。しかし，意志性がなくても，コントロール性を基盤に動作主性を認めることもできる。たとえば，

(38) a. うっかりコーヒーを溢してしまった。
　　 b. 冷蔵庫のドアを開けた瞬間，うっかり卵を割ってしまった。

などの非意図的な事象には，意図性・意志性は関与しない。しかし，不注意から起こった事象という解釈からわかるように，当該事象に対するコントロール性を問うことはできる(これはしばしば「責任」ともよばれている。Pardeshi 2002 参照)。意志性とコントロール性をこのように分離して考える必要があるのは，肯定命令と否定命令の相違からもわかる。

(39) a. ＊うっかりコーヒーを溢せ！
　　 b. ＊冷蔵庫を開けるとき，うっかり卵を割れ！

(39)は不自然だが，それは肯定命令が行為の遂行を命令することだから，「うっかり」と意味的に矛盾する，すなわち，行為遂行のさいの意志性にかかるからである[24]。しかし，

(40) a. うっかりコーヒーを溢さないでください！
　　 b. うっかり卵を割らないでください！

のように，否定命令になると自然である。それは，否定命令は意志性にかかるのでなく(行為遂行を命令しないから)，コントロール性にかかるため，「うっかり」と意味的に矛盾しなくなるからだとすれば，うまく説明できる。すなわち，意志性がない場合でもコントロール性を促す(注意を促す)ことはできる[25]。他にも，言い間違いや量り間違いのような例もある。何かを言

---

[24]「雨雨降れ降れ！」のように，意志性に訴えることができなくても肯定命令が成り立つ場合がある。これは，よく知られているように命令文でなく願望文である。

[25] 否定命令形が，「風邪をひくな」のように，とくに意志性を持たない経験者(experiencer)のコントロール性をテストするためによく使われることを想起されたい(影山 1993, 1996：88 など)。

第2章
分裂自動詞性の本性について

う・量ることには,意志性がなければ行為そのものを遂行できないはずだが,何かを間違えることには,意志性でなくコントロール性のみ関与するのであろう。不注意とは,このように意志性が関与せずに,コントロール性のみ作用する場合に生じる意味である。したがって,この場合のコントロール性は,意志性と一応切り離された概念として捉えることができる。

すると,この二つの相互作用はこのようであろう。意志性が優勢の場合,コントロール性は意志性の背後に隠れていて,普通表に出ない(認識されない)。しかし,意志性がなくなれば,また,それにもかかわらず当該事象が遂行されることになれば,そこにコントロール性が顔を出して現れる(認識される)。これまで往々に潜在能力(potent)や内在的コントロール(cf. 影山 1996, Levin & Lappaport Hovav 1995:90)とよばれてきたものは,このようなコントロールの概念であろう(潜在能力については第5章も参照)。コントロールをこのように定義すると,ラコタ語の生理現象がなぜ動作主格をとるかについては,次のように説明できる。動作主性の下位概念として(意志性は持たないが)コントロール性があるからである(Mithunはこれを[−control]としたことに注意!)。すなわち,ここではMithunの動作主性の概念を[＋volition][＋control]と[−volition][＋control]に下位分類する。すると,生理現象が動作主格を選択する理由として[−volition][＋control]が与えられるのである。

これを上記の解釈パラメータに基づいて説明すると,次のようになる。動作主性基準の見方をとる言語は,意志的な行為を基盤にして,さらに,生理現象の現れも自分に帰属する行為として見なすことが可能になる。それは意志的な行為同様,(実際は意志性がないが)自分自身がそれを引き起こしていると見なされるから(すなわち,コントロール性があるから),動作主格をとる,ということになる。では,恒常的な状態・属性はなぜ動作主格をとらないかというと,それはこれらの事象が動作主性とは無関係だから,と説明すればよい。つまり,動作主性基準の見方に立つから被動者格をとるのである。

これに対して,中央ポモ語のように,事態生起の由来を外的要因の関与有無に求める言語は,外的要因があるかないかに敏感に反応するので,(35b)の典型的な状況を基盤にして,被動者格が優先的に対応する。これを被動者

性基準の見方による「被動者格優先」であるとしよう。このような言語では外的要因が見られなければ，デフォルトとして動作主格が与えられる。では，この言語ではなぜ恒常的状態・属性が動作主格をとるかというと，それは外的要因による事象でないから被動者格は与えられない，という消極的な理由からだと説明できる。具体的にいうと，当該事象に外的要因の関与が見られなければ，その現れ(恒常的状態・属性)は自分に帰属するもの，すなわち，内在的属性ないし内在的要因(cf. Levin & Rappaport Hovav 1995：91)によるものと見なされるから——すなわち，external cause でなく internal cause だから——動作主格をとる，ということである。すると，なぜこの言語では生理現象が被動者格をとるかというと，これも動作主性基準の見方でないからと説明すればよい。すなわち，被動者性基準の見方に立つと，生理現象は自分のコントロールの外にある要因に誘発され引き起こされた事象だと見なすことができるからである。さらに，(35b)の一時的状態と同様だという見方も可能だからであろう。

　一般に生理現象には経験者(experiencer)の意味役割が当てられ，統語的には外項(主語)をとるとする立場がある(影山 1996：82，88 参照)。これは，ラコタ語のように，動作主性基準の見方をとる言語，すなわち，意志性を出発点にしてコントロールまたは内在的コントロールまで動作主格が与えられる言語には有効かもしれない。しかし，中央ポモ語のように，被動者性基準の見方をとり，外的要因の関与の有無に敏感な言語では，外項(動作主格)ではなく，むしろ内項(被動者格)に結びつくことになるので，そのとおりでないことが判明する。

　以上，述べたことをまとめてみよう。本節で提案した解釈パラメータを受け入れると，(33)の矛盾は次の表7のように統一的に捉えることができる。

　以上によると，動格言語の格標示システムも一律に決まるものでなく，二つの異なる意味基盤があることを認めることになる。このような意味基盤の相違を，ここでは事態生起の由来に対する話者の解釈パラメータを設けて，動作主性見方のパラメータと被動者性見方のパラメータがあると説明した。

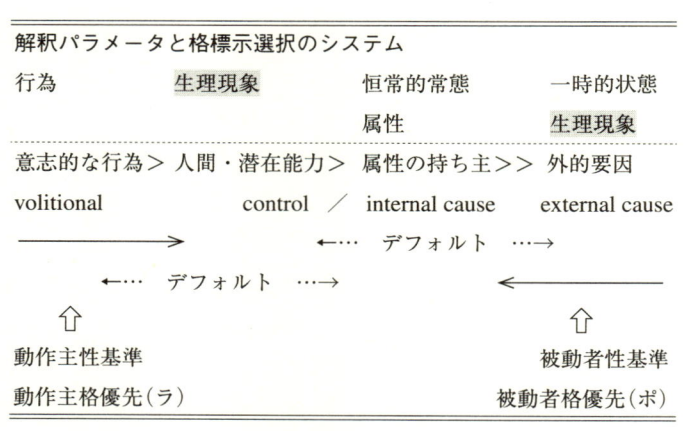

解釈パラメータと格標示選択のシステム			
行為	生理現象	恒常的常態 属性	一時的状態 生理現象
意志的な行為＞	人間・潜在能力＞	属性の持ち主＞＞	外的要因
volitional	control	internal cause	external cause

　→→→→→→　　　　　←…　デフォルト　…→
　　　　←…　デフォルト　…→　　　　　　　←←←←
　　　⇧　　　　　　　　　　　　　　　⇧
　動作主性基準　　　　　　　　　　被動者性基準
　動作主格優先（ラ）　　　　　　　被動者格優先（ポ）

表7

　この二つの解釈パラメータを受け入れると，これまでしばしば指摘されてきた言語間のずれ（いわゆるミスマッチ）およびサイズの相違は，次のように説明できる。まず，ラコタ語と中央ポモ語のように，根源的な相違が見られると，それは解釈パラメータの設定が異なると捉えられる。次に，解釈パラメータは同じであっても，言語による一般化への拡張の段階や方向が異なる可能性も考えられる。ラコタ語とグアラニ語がそのような例である。(33)と(35)のまとめからわかるように，event1 と event2，state1 と state2 の状況までは，両言語は一致する。すると，両言語の解釈パラメータは同じだと仮定できる。しかし，細かい違いがあり，そこから先の部分は異なっている。(30)-(32)にあげた event3 (*fall, die, slip*) と state3 (*reside, be prudent, be patient*) は正反対の状況を見せる。グアラニ語では event3 に動作主格が対応し，他方の state3 には被動者格が対応するが，ラコタ語はその逆である。Mithun によれば，グアラニ語はイベント性の有無が基準であり，ラコタ語は動作主性が基準である。我々の捉え方からすれば，両言語の解釈パラメータは同じで，両者とも動作主性基準である。しかし，そこから一般化への拡張の段階，もしくは（動作主性を構成する要素の中からより重要とされる側面が言語によって異なってくる可能性があり——たとえば，行為の表面的な動きを重視するか，内的な力を重視するかのように——，おそらくその選択の相違からくる）方向性の相違であろうと説明することができる。したがっ

て，解釈パラメータによれば，このような状況もうまく扱うことができる。

また，このパラメータを受け入れると，次のようなことも予想できる。すなわち，理論的には(実際は言語ごとに拡張の段階が異なる可能性もあるので一律ではないだろうが)，動作主性基準の見方をとる言語は，被動者格(デフォルト格)のサイズが大きい可能性が高く，一方，被動者性基準の見方をとる言語は，その反対に，動作主格(デフォルト格)のサイズが大きい可能性が高い。言い換えれば，有標のサイズが小さいという論理である。(Merlan 1985：325 が，ダコタ語は S_p クラスのサイズが大きく，東ポモ語は S_a クラスのサイズが大きい，といった上記の説明も参照されたい。また，Shibatani 2006：229 も参照)。このような予想可能性からみても，解釈パラメータの提案は有効である。

最後に，表7では生理現象が一つの場所に固定できず，離散的に位置づけられてしまうことに注目されたい。これは，客観的には同じ事象でも言語によって異なる捉え方がありうる，ということの反映に他ならない。というのは，この状況は Croft(2001)や Haspelmath(2003)が提案する意味地図では表示できないことを意味する(Croft 2001 の意味地図の妥当性に関する指摘は，坪井 2004 を参照)。

次節では，中央ポモ語と類似した状況が，サイズは小さいにしても韓国語の自動詞システムにも見られることを報告する。

2.7 韓国語の自動詞システムに見られる現象

韓国語には，被動形(使役形と同じ形式)とよばれる接辞 -i(,-hi, -li, -ki)が付加され，自動詞からさらに自動詞への派生を許す動詞のグループがある[26]。表8を見られたい。

---

[26] 筆者の調査によればこのような動詞は約20個あるが，その中には話者による揺れが見られるものもある。韓国語学ではこの自動詞(派生形)を被動形動詞とよぶ。しかし，接辞 -i は自動詞化・受身化だけでなく，他動詞化・使役化にも用いられるので，表8の動詞の中には，自動詞(派生形)と他動詞(派生形)が同形のものもある。たとえば，nalta '飛ぶ' の他動詞(派生形)は nal-li-ta '飛ばす' であり，自動詞(派生形)も nal-li-ta '翻る' である。一方，colta '眠る'，yellta '実る' のように，他動詞(派生形)*col-li-ta，*yel-li-ta を成立させず，自動詞(派生形)のみ可能な動詞もある(鄭 2004b 参照)。

第2章 分裂自動詞性の本性について

自動詞（基本形）	自動詞（派生形）
colta '眠る'	col-li-ta '眠たい'，'眠くなる'
kolmta '膿む'	kolm-ki-ta '膿む'，'腫れ上がる'
yelta '（実が）結ぶ'	yel-li-ta '（実が）なる'
kayta '晴れる'	kay-i-ta '晴れ上がる'
wulta '泣く，鳴る'	wul-li-ta '鳴り響く'
kkayta '起きる'	kkay-i-ta '目が覚める'
nalta '飛ぶ'	nal-li-ta '飛ぶ'，'翻る'，'飛ばされる'

表 8

以下では，これらの動詞のペアを取り上げ，次のようなことを述べる。(ⅰ) 表8の対立には，動詞か格標示かという言語的現れこそ異なるが，中央ポモ語と同じ意味基準が働いている。(ⅱ) 漢語動詞の hata 'する' と toyta 'なる・される' の対立にも，表8と同様の意味対立が見られる。(ⅲ) 漢語動詞における日本語と韓国語の相違もこの意味基準を設けると，うまく説明できる。(ⅳ) 韓日両言語のこのような相違から，非対格仮説の普遍的一配列仮説の問題点を再び考えてみる。

表8を見る限り，これらの動詞のペアに有意味な差があるとは，にわかに判断ができないかもしれない。ところが，(41)(42)のように否定命令を作ってみると，両者の相違は明らかである。派生形動詞と異なり，基本形動詞にはコントロール性が認められる。

(41) a.　kiceka,　wul-ci ma-la!　　（基本形）
　　　　　汽笛よ　泣く - 禁止 - 命令 '汽笛よ，鳴るな！'
　　　b.?*kiceka,　wul-*li*-ci ma-la!　　（派生形）
　　　　　汽笛よ　泣く -*i*- 禁止 - 命令 '汽笛よ，鳴り響くな！'
(42) a.　celtaylo　col-ci ma-la.　　（基本形）
　　　　　絶対に　眠る - 禁止 - 命令 '絶対に眠るな。'
　　　b.?*celtaylo　col-*li*-ci ma-la.　　（派生形）
　　　　　絶対に　眠る -*i*- 禁止 - 命令 '絶対に眠たくなるな。'

また(43)のような動詞は，アスペクトにおいて意味が異なる。それは進行の意味を表すアスペクト形式 -ko issta '- ている' を付けてみると，明らかに

なる。基本形は状態動詞と同じように不自然であるが，派生形動詞は適格であり，その意味は状態変化の漸進的な推移を表すことになる。そして(44)のように，有界性を表す副詞句「一時間で」を用いた場合も，派生形だけ自然である。ただしこの対立は(45)のように，過去形を用いると現れない。このことから，現に現れている一時的な状態変化・推移には，基本形動詞でなく，派生形動詞が対応すると判断できる。

(43) a. ?* hanul-i   cemcem   kay-ko iss-ta.(基本形)
          空 - 主格 段々   晴れる - 進行 - 断定
          '空が段々晴れつつある。'

   b. hanul-i   cemcem kay-*i*-ko iss-ta.(派生形)
          空 - 主格 段々   晴れる -*i*- 進行 - 断定
          '空が段々晴れ上がりつつある。'

(44) a. ?? hanul-i   hansikan-maney kay-ss-ta.(基本形)
          空 - 主格 一時間で   晴れる - 過去 - 断定
          '空が一時間で晴れた。'

   b. hanul-i   hansikan-maney kay-*y*-ss-ta.(派生形)
          空 - 主格 一時間で   晴れる -*i*- 過去 - 断定
          '空が一時間で晴れ上がった。'

(45) a. hanul-i   malkkey   kay-ss-ta.(基本形)
          空 - 主格 きれいに 晴れる - 過去 - 断定
          '空がきれいに晴れた。'

   b. hanul-i   malkkey   kay-*y*-ess-ta.(派生形)
          空 - 主格 きれいに 晴れる -*i*- 過去 - 断定
          '空がきれいに晴れ上がった。'

このような状況から，表8の対立には，外的要因の関与の有無による意味対立が関与していると考えられる。すなわち，当該事象の生起に対して，自分が主導権をもっていると表現するのか(基本形)，外的要因によってもたらされたと表現するのか(派生形)，という対立がある(より詳細は鄭 2001, 2004b 参照)。

たとえば，*chima-ka palam-ey na-n-ta.*'スカートが風で飛ぶ'と *chima-ka*

palam-ey nal-li-n-ta.'スカートが風で翻る'は，言語的には基本形と派生形の対立があるが，客観的には同じ状況を指し示すことができる。そのため，客観的な状況から両者を区別することは困難であるが，表現の意味を考慮すれば，明らかな相違がある。前者はスカートが風を利用して，自分が主導権をもって飛んでいるように表現されるが，後者はスカートが風の影響を受けて(風にコントロールされて)，当該事象が引き起こされているように表現されるのである。

この場合，外的要因の分布は表9のように連続的であるが，実際に派生形が対応できる範囲は，主に左から自然力までであり，特定の個人による典型的な受身表現には対応しないと考えられる。すなわち，部屋の温度の暖かさでおのずと眠くなることや，細菌など(普通は特定しにくい要因)により傷跡が腫れ上がること，そして風でスカートが翻ることなどが，派生形が表す事象において外的要因として認識される要素である。言ってみれば，客観的には同じ状況でも，自動詞(基本形)はそれを自分に帰属するものとして能動的に表現するのに対して，自動詞(派生形)は外的要因を意味的に含意する形で表現する，というのが表8の対立であると考えられる(詳細は鄭2001, 2004b参照。李・任1983，宋1995も参照)[27]。

外的要因の分布と連続性
不明確な要因＞(個体性の低い)明示的要因＞自然力＞不特定の人＞特定の個人
自発 ←――――――――――――――――――→ 受身

表9

以上の分析によれば，表8の対立は，実は中央ポモ語の状況と大変類似することがわかる。すなわち，以下の表10に示すように，両言語において関与する意味カテゴリーやパラメータは同じである。唯一異なる点は，そのような意味を自動詞文の格標示システムに表すのか，動詞システムに表すのか，という形態カテゴリー選択においてである，と考えるわけである。

---

[27] このような対立を，態の一現象として扱うことができる態の定義に関しては，柴谷(2000)とShibatani(2006)を参照されたい。

2.7 韓国語の自動詞システムに見られる現象

	意味カテゴリー	形態カテゴリー	パラメータ
(ポ)語	恒常的状態・属性	動作主格	internal cause
	一時的状態変化	被動者格	external cause
韓国語	自分が主導権をもつ	基本形動詞	internal cause
	外的要因による変化	派生形動詞	external cause

表 10

すると，中央ポモ語のように韓国語も，S_a クラスが S_p クラスよりサイズが大きいと予想されるはずだが，この点はどうだろうか。

次の例を見られたい。(46)のように，主語の許容範囲において，基本形は鳥のような有生物主語も許容されるのに対して，派生形は無生物主語のみ許容される。無生物でも，飛行機のようにみずから動力をもっているものは派生形より基本形が自然である。また(47)(48)のように，基本形は自動詞文から他動詞文まで分布するのに対して，派生形は自動詞文のみ可能である[28]。つまり，主語の許容範囲のみならず，統語的にも，基本形動詞は派生形動詞より広い分布を見せることがわかる。

(46) a. {say/pihayngki/menci/chima}-ka　　na-n-ta.（基本形）
　　　　 {鳥 / 飛行機 / 埃 / スカート} - 主格　飛ぶ - 現在 - 断定
　　　　 '{鳥 / 飛行機 / 埃 / スカート} が飛ぶ。'

b. {*say/?pihangki/menci/chima} -ka palam-ey nal-*li*-n-ta.（派生形）
　　　{鳥 / 飛行機 / 埃 / スカート} - 主格 風 - に　飛ぶ -*i*- 現在 - 断定
　　　'{* 鳥 /? 飛行機 / 埃 / スカート} が風に飛ぶ／飛ばされる。'

(47) a. cam-ul　　kkay-ta.（基本形）
　　　　 寝 - 対格　割る - 断定
　　　　 '目を覚ます／眠りから起きる。'

b. cam-i　　kkay-ta.（基本形）
　　　寝 - 主格　割る - 断定
　　　'目が覚める／眠りから起きる。'

---

[28] (46)も基本形動詞は *say-ka hanul-ul nal-ko iss-ta*. '鳥が空を飛んでいる' のように，対格名詞句をとることができる。しかし派生形動詞は **menci-ka hanul-ul nal-li-ko iss-ta*. '埃が空を飛ばされている' のように，対格名詞句をとることができない。

c.　cam-i　　　kkay-*i*-ta.（派生形）
　　　　　寝 - 主格　割る -*i*- 断定
　　　　　'目が覚める。'
(48) a.　son-ey　　　panci-lul　　kki-ko-iss-ta.（基本形）
　　　　　手 - 場所格　指輪 - 対格　挟む - ている - 断定
　　　　　'（自分の）指に指輪をはめている。'
　　　b.　sanmothwungi-ey　　ankay-ka kki-e-iss-ta.（基本形）
　　　　　山のふもと - 場所格　霧 - 主格　挟まる - ている - 断定
　　　　　'山のふもとに霧がかかっている。'
　　　c.　ippal-ey　　kochwukalwu-ka cakkwu　　kki-*i*-n-ta.（派生形）
　　　　　歯 - 場所格　唐辛子 - 主格　　しょっちゅう 挟まる -*i*- 現在 - 断定
　　　　　'歯に唐辛子の粉がしょっちゅう挟まる。'

　ここで一つ注意すべきは，これらの基本形動詞にも意味制約があり，他動詞が担う意味範囲をすべてカバーすることはできない，という点である。すなわち，*yengi-lul kkay-wu-ta.*'ヨンイを起こす'や*yengi-uy son-ey panci-lul kki-wu-ta.*'ヨンイの手に指輪をはめる'のように，行為が他者の領域に及ぶ場合は，他動詞派生形 *kkay-wu-ta* '起こす'や *kki-wu-ta* 'はめる'を用いなければならない。この状況を(48)の *kkita* 動詞をもって日本語と対比させてみると，次のようである(4.2.1節も参照)。

	他(者)に行為が及ぶ	自分の領域内に納まる(有生)	自分が主導権をもつ(無生)	外的要因による
	(*external*)	(*internal cause*)		(*external*)
(韓)	kki-wu-ta	kkita		kki-i-ta
(日)	ham-e-ru / hasam-u		(kakaru?) hasam-ar-u	
	[他動詞]		[自動詞]	

表11

　表11のパラダイムを見ると，日本語は統語基準に合致するのに対して，韓国語は統語基準より意味基準をより強く反映していることがわかる。しかも，韓国語は行為（または変化）の由来が自分に帰属するものなのか，それとも他者によるものなのか，というような意味対立が重要である(詳細は，4.2.1節を参照)。

2.7 韓国語の自動詞システムに見られる現象

　以上により，韓国語は中央ポモ語と同様に，事態生起の由来を外的要因の有無に求める言語であると判断するわけであるが，このような意味基盤をもつ言語では，当然非対格仮説と矛盾する現象が見られることも予測される。なぜならば非対格仮説によれば，恒常的状態・属性と状態変化はともに非対格動詞と分類されるが，これらの言語では表 10 のように，この二つは対立する概念であるからである。したがって，中央ポモ語と同様に韓国語も被動者性基準の見方をとる言語であれば，韓国語には非対格仮説と齟齬をきたす状況が見られても何ら不思議ではない。

　以下では，そのような状況が漢語動詞の hata 'する' と toyta 'なる・される' の対立にも観察されることを見ていく。

　その前にまず，日本語と韓国語の漢語動詞を非対格仮説の観点からその共通点と相違点を明確にしよう。(49)(50)に見られるように，まず動作動詞の場合は，両言語とも 'する' と hata の直前の漢語動名詞を切り離し，対格を付与することができる。これを見る限り，両言語のふるまいは同じである。

(49) a.　勉強する／体操する
　　 b.　勉強をする／体操をする

(50) a.　kongpwu-*hata* ／ wuntong-*hata*
　　　　勉強する／運動する

　　 b.　kongpwu-lul *hata* ／ wuntong-ul *hata*
　　　　勉強 - 対格 する／運動 - 対格 する

　ところが，(51)(52)のような動詞グループになると，事情はまったく異なってくる。次のように日本語は対格を付加することができず，付加すれば不適格な表現となる。しかし，韓国語はすべて適格な表現である。

(51) a. ＊その人が死亡をした。　　cf.　死亡する
　　 b. ＊船が沈没をした。　　　　cf.　沈没する
　　 c. ＊国が滅亡をした。　　　　cf.　滅亡する
　　 d. ＊水分が蒸発をした。　　　cf.　蒸発する

(52) a.　ke salam-i　　kapcaki　samang-ul　ha-yss-ta.
　　　　その人 - 主格　急に　　死亡 - 対格　する - 過去 - 断定
　　　　'直訳：その人が急に死亡をした。'

b. pay-ka   chimmol-ul ha-yss-ta.
   船-主格   沈没-対格   する-過去-断定
   '直訳：船が沈没をした。'

c. nala-ka   myelmang-ul ha-yss-ta.
   国-主格   滅亡-対格   する-過去-断定
   '直訳：国が滅亡をした。'

d. swupwun-i cungpal-ul ha-yss-ta.
   水分-主格 蒸発-対格   する-過去-断定
   '直訳：水分が蒸発をした。'

 ではなぜ，日本語は(49b)が成立するのに対して，(51)は成立しないのだろうか。このことについて，生成文法学者たちはBurzio(1986)の一般化を援用して次のように説明する(Miyagawa 1989：106-107, Tsujimura 1990, 1991, 影山1993など)。すなわち，外項をもたない動詞は対格を付与する能力がない。よって，これらは外項をもたない非対格動詞なのである。

 ところが，韓国語はどうなるのだろうか。日本語と同じように，Burzioの一般化にのっとって韓国語を説明すれば，韓国語の動詞は対格を付与する能力がある。よって，これらは外項をもつ非能格動詞であるとされることになるだろう[29]。このような結果は，言うまでもなく，非対格仮説の意味基準と統語基準の間に齟齬が生じていることを表す。しかし，言語による異なる見方，異なるパラメータを認める我々の立場にとっては，むしろ当然の帰結であると言える。

 すなわち，日本語と韓国語に見られる上記のような相違は，前節の中央ポモ語とラコタ語の相違のように，異なる意味基盤をもつ，すなわち，解釈パラメータが異なることによる自然な帰結であると考えるわけである。この考え方によれば，日本語はラコタ語と同じように，動作主性見方をとるため，非対格仮説の意味基準に概ね合致する言語であるが，韓国語は中央ポモ語と同じように，被動者性見方をとるため，非対格仮説の意味基準に合致しない言語である，と説明される(表7参照)。

---

[29] 実際，このように分析した研究として尹(2005)がある。彼女は，韓国語の *hata* は日本語の'する'と異なり，この場合も外項を付与する能力があると考えている。

すると韓国語は，漢語動詞にも次のように形式と意味の対応関係があると仮定できる。つまり表12のように，*hata* と *toyta* の対立にも表10の基本形動詞と派生形動詞の対立と同様に，外的要因の有無による意味基盤をもつと考えるわけである[30]。

例	意味カテゴリー	形態カテゴリー	パラメータ
chimmolhata '沈没する'	自分が主導権をもつ	*hata* 'する'	internal cause
chimmoltoyta '沈没される'	外的要因による変化	*toyta* 'なる'	external cause

表12

このように考えるさらなる根拠として，まずは(46)と同様の状況が，*hata* と *toyta* の対立にも見られることがあげられる。つまり(46)では，'鳥が飛ぶ'のように有生物主語には派生形動詞が対応できず，'埃が飛ぶ'のように無生物主語には対応できるが，これと同じ状況が(53)(54)の *hata* と *toyta* の対立にも見られるのである[31]。(53)のように動作動詞には *toyta* が対応せず，(54)のように無生物主語をとる場合は，*toyta* が対応できる。

(53) a.　kongpwu-*hata* ／ wuntong-*hata*
　　　　　勉強する／運動する
　　 b.　＊kongpwu-*toyta* ／ ＊wuntong-*toyta*[32]
　　　　　勉強-なる・される／運動-なる・される
(54) a.　chimmol-*hata* ／ myelmang-*hata* ／ cungpal-*hata*
　　　　　沈没-する／滅亡-する／蒸発-する
　　 b.　chimmol-*toyta* ／ myelmang-*toyta* ／ cungpal-*toyta*
　　　　　沈没される／滅亡される／蒸発される

なおこの場合の *toyta* には，状況によって受身表現も対応できるので，この点も韓国語の接辞 -*i* と機能的に並行する。すなわち，接辞 -*i* も受身形式

---

[30] 生越(2001:19)もこれとほぼ同じ結論に達しているので参照されたい。

[31] これについて鄭(1999, 2001, 2004b)では, 接辞 -*i* は「無生物と非意志的人間」(Inanimate & non-volitional human)のパラメータをもつと主張したことがある。

[32] *kongpwu-ka toyta* '勉強になる', *wuntong-i toyta* '運動になる'であればOK。

としても用いられるのである。また受身表現は，表9のように外的要因の連続線上に位置づけられるので，このような観点からも表12は支持される。たとえば phwunglang-ey pay-ka chimmol-{ha / toy}-ess-ta.'波風で船が沈没した／波風に船が沈没された'には，hata と toyta が両方とも対応可能である。これは，客観的には同じ状況を指し示すとしても，外的要因を意味的に含意する toyta にのみ受身解釈が得られ，hata にはそのような解釈が得られない，ということである。

また，(55)に見られるように，日本語の'汚染する'や'麻痺する'に対応する動詞には，韓国語では toyta のみ可能である[33]。このような動詞に hata が許容されないことも，表12が提案する意味基準と矛盾しないと考えられる。

(55) a. *oyem-hata／*mapi-hata／*silcong-hata／*pyensayk-hata
    汚染-する／麻痺-する／失踪-する／変色-する

b. oyem-toyta／mapi-toyta／silcong-toyta／pyensayk-toyta
    汚染する・される／麻痺する・される／失踪する・される／変色する・される

尹(2005：17)によれば，(54)の hata は「活発に」のような動的な意味をもつ副詞と共起することが観察されている。これは，hata が toyta より動作的な意味を帯びやすい，という点で興味深い。

(56) a. mwul-i hwalpalhakey cungpal-hayssta.
    水が　活発に　　蒸発した

b. ?mwul-i hwalpalhakey cungpal-toyssta.
    水が　活発に　　蒸発された

本節では，このようなふるまいを見せる背後には，表12のような意味対立があると考えるわけである。yumyeng-hata '有名だ' や wuytay-hata '偉大だ'のように，韓国語では hata が形容詞にも用いられるなど(一般動詞も形態的カテゴリーでは形容詞と同じである)，中央ポモ語の格標示のカテゴリー化と類似するような状況がまだまだある。

---

[33] hata と toyta に関する多量のデータと考察は，生越(1982, 2001)と鷲尾(2001b)を見られたい。日本語からの観点から興味深い観察が提供されている。

最後に，韓国語では，形容詞が(57b)のように命令形をとることができることを指摘しておこう。念のために述べておくが，これは願望ではなく，行為に対する命令である。しかしながら(57a)が形容詞であり，動詞でないことは，(58)のように現在時制を付けられないこと，そして行為の進行を表すこともできないことからわかる。これらの例については Kim (1990:69) を参照。

(57) a. {kyemson/chimchak/solcik/tangtang} -hata.
　　　　謙遜 / 沈着 / 率直 / 堂堂 - する
　　　　'謙遜だ / 沈着だ / 率直だ / 堂堂としている'

　　b. {kyemson/chimchak/solcik/tangtang} -hay-la.
　　　　謙遜 / 沈着 / 率直 / 堂堂 - する - 命令

(58) a. * {kyemson/chimchak/solcik/tangtang} -ha-n-ta.
　　　　謙遜 / 謙遜 / 沈着 / 率直 / 堂堂 - する - 現在 - 断定

　　b. * {kyemson/chimchak/solcik/tangtang} -ha-ko iss-ta.
　　　　謙遜 / 謙遜 / 沈着 / 率直 / 堂堂 - する - 進行 - 断定

以上，解釈パラメータによると言語の分布は次のようである。

(59) 解釈パラメータと言語の分布
　　a. 動作主性基準の見方をとる言語；ラコタ語，日本語
　　b. 被動者性基準の見方をとる言語；中央ポモ語，韓国語

2.8 おわりに

本章の目的は，分裂自動詞性の本質を追究することであった。そのためには，非対格仮説の経験的基盤を検討する，という方略をとってきた。その結果は以下の通りである。

(ⅰ)　非人称受身や迷惑受身も含めた受身は，動作動詞(S_a = A と共起する動詞)を意味基盤にして，状態変化動詞(S_p と共起する動詞)も受け入れる方向へと一般化する傾向が認められる。

(ⅱ)　使役交替は，状態変化動詞(S_p = P と共起する動詞)を意味基盤にして，動作動詞(S_a と共起する動詞)を受け入れる方向へと一般化する傾向が認められる。

(ⅲ)　動格言語の分裂主語システムは，少なくとも二つの異なる意味基準が認められる。

このような結果から，次のような提案および主張をした。

（iv）　ある現象において自動詞のふるまいは，非対格仮説の主張のように二項対立のものではない。不均質性も受け入れ，連続的であり，言語によってサイズの大きさも異なる。このような状況を捉えるために，第1章で提案した「意味的対格型システム」と「意味的能格型システム」，そして「意味的動格型システム」という用語を導入した。これは，言語類型論における格標示システムとパラレルな関係として厳密に定義され，導入されたものである。

（v）　上記の（iii）については，Mithun（1991）の解釈を一部修正・発展させて，「事態生起の由来に対する話者の解釈パラメータ」（略して，「解釈パラメータ」）を提案して説明した。これによると，動格言語においても非対格仮説が想定するような理想的な動格パターン（active-inactive pattern）は，実際には見つかりにくく，しかも，解釈パラメータが異なる言語が存在するので，非対格仮説の普遍的一配列仮説は普遍的でないと主張した。

（vi）　韓国語の自動詞システムにも，非対格仮説の意味基準および統語基準に合致しない現象が見られる。ここでも「解釈パラメータ」による説明がより有効であることを示した。

（vii）　解釈パラメータによると，韓国語と日本語は異なる類型の言語である。日本語はラコタ語と同様に動作主性基準の見方をとる言語であるが，韓国語は中央ポモ語と同様に被動者性基準の見方をとる言語である。

最後に，解釈パラメータに基づく韓日両語の類型的相違は，次の内容も含意するものである。すなわち，被動者性基準の見方をとる韓国語は，S_aクラスのサイズが大きい言語であるが，他方の日本語は，S_aクラスのサイズが小さい言語である。このような結果は，使役交替において，両言語が見せる語彙的使役の生産性の相違を予測するものとなる（表5-6参照，日本語については第5章を参照）。

残された問題は，両言語の最も顕著な特徴である，語彙的使役の生産性の動機づけを明らかにすることである。それについては，第6章まで待たなければならない。

第二部

使役構文の機能論的アプローチ
―規則性と不規則性のはざま―

第3章

使役・使役形式・使役構文・使役意味

3.1 はじめに

　本章では，使役構文の全体的な概観を行う。それにより，現段階までで解決されていない問題は何かを明らかにすることが本章の狙いである。本章の構成は次のようである。3.2節では，使役とは何かという問題について，従来の研究に基づきその概略を述べる。3.3節では，使役構文の普遍的傾向として知られる結合価変化と被使役者の文法的コード化の階層についてComrie（1981［1989］）の提案を検討し，形式的類型論の問題点を指摘する。3.4節では，使役形式と使役意味の対応関係に関するこれまでの考え方を，主としてShibataniの使役研究の流れに沿って生成文法から機能主義までを追究し，残された問題を述べる。3.5節では全体をまとめる。

3.2 使役とは何か
3.2.1 使役構文とその定義

　日本の国語学の伝統において，使役は一般にサセを指すものであり，たとえば，「開ける」のような他動詞は，使役として考慮されなかった。『日本国語大辞典』の使役の項を見ると，次のように記されている。

　　（1）　文法で，他人にその動作を行わせることを示す語法。使役の助動詞：文語では「す」「さす」「しむ」で，口語では「せる」「させる」「しめる」をいう。

　青木（1977［1995：114］）にも，形式は直接言及されないにしても，基本的には上記と同様，サセが担う意味を基盤に使役の定義が行われていることがわかる。

　　（2）　使役とは，ある者が他者に対して，他者みずからの意志において或いは主体性をもってその動作を行うようにしむけること（この

場合他者とは有情物に限らない。非情物の持つ動作実現能力・本性は，有情物の意志・主体性と同様にみなし得る）。

ところが，60年代後半生成意味論の枠組みの中で，McCawley (1968 [1973a]) が kill のような他動詞を CAUSE TO BECOME NOT ALIVE として分析するようになってからは，CAUSE の意味を含んだ他動詞（使役他動詞と略す）も使役として認められるようになった（Shibatani 1976a：273-293, 1976b：5, 10，井上 1976（下）：63-66 の解説も参照）。すなわち，伝統的に他動詞とよばれてきたものの中に，使役の意味を含む（一部の）他動詞があり，これもサセと同様に使役構文を形成するものとして認められたのである。

このような背景の下で，Shibatani (1976a：239, 1976b：1) は（特定の言語形式に囚われず，かつ通言語的にも適用できるような）使役構文の定義を求めることになる。そこで次のように，使役状況に関与する二つのイベント—使役事態と被使役事態—の関係を特徴づけることによって，定義を行うのである（Comrie 1981 [1989]：178-179 も参照）[1]。

(3) a. 二つのイベントの関係について，話者は，被使役事態 (caused event) が起こった時間 t_2 は，使役事態 (causing event) が起こった時間 t_1 の後である，と信じる。

b. 使役事態と被使役事態の関係について，話者は，被使役事態の生起はすべて使役事態の生起に依存している，と信じる。すなわち，この二つのイベントの依存関係について，話者は，他のすべての状況が同じであった場合，もし使役事態が起こらなければ被使役事態も起こらない，という反事実的推論に基づく確信を抱くものでなければならない。

この定義に基づけば，次の(4a)と(5a)は後件の被使役事態が否定されても矛盾しないので，使役でないことがわかる。一方(4b)と(5b)は，被使役事態が否定されれば矛盾するので，使役であることがわかる。すなわち，tell

---

[1] (3)は，次のように形式化として表すこともできる。すなわち，使役事態を E_1，被使役事態を E_2 とすれば，E_1 Lt E_2（E_1 が E_2 を導く。Lt は 'lead to' を表す）という断言 (assertion) は，その前提 (presupposition) として，$\sim E_1$ Lt $\sim E_2$（もし E_1 がなかったならば，E_2 も起きなかった）を満たすものでなければならない。詳細は Shibatani (1976a：254-259)，岡本 (1997) も参照。

3.2 使役とは何か

と cause の相違が区別され，他動詞も使役の意味を含む melt（使役他動詞）とそれを含まない kick（単純他動詞）が区別されるのである．

(4) a. I told John to go but he actually didn't go.
　　b. *I caused John to go but he actually didn't go.
(5) a. John kicked the ice but nothing happened to it.
　　b. *John melted the ice but nothing happened to it.

(Shibatani 1976b：2)

ただし，使役他動詞には被使役事態（結果状態）を含まない場合もある，ということがしばしば指摘されているので（池上 1981，宮島 1985，影山 1996，佐藤 2005 など），ここで触れておく必要があろう．すなわち，英語と異なり日本語では，「燃やしたけど，燃えなかった」のような表現が許されることが指摘されている（池上 1981）．これについて本書では，とりあえず次のように考えたい．被使役事態を含意するか否かについては，結果を語彙意味として意味論的に含意する——言語の使用状況によって左右されない——英語のような言語がある一方で，日本語のように，意味論的には比較的緩やかに含意して，言語の使用状況の具体的な場面に応じて結果状態を確定していく言語もある．このように考えると，日本語型の言語において被使役事態の含意の有無は，語用論的状況に左右されやすい，ということになる[2]．

---

[2] 宮島（1985：325）は，「木の根を掘ったけれど，掘れなかった．」と「穴を掘ったけれど，掘れなかった．」を比較し，前者の方が後者より許容度が高いことを指摘している．その理由について，穴を掘るよりも木の根を掘るほうがむずかしいと考えやすいためであろう，と説明する．つまり宮島によれば，結果状態の含意の有無は状況上の困難さによって左右される．しかも，その状況とは名詞句から読み取れる意味情報であることもわかる．同様の観察は，佐藤（2005：第 5 章）にも見られる．より多くのデータとともにアンケート調査に基づく提案がなされている．一方影山（1996：8-13）では，言語間に見られる相違は，動詞の概念化の違い，すなわち語彙概念構造における「結果重視」対「動き重視」という視点の位置の異なりに由来すると見ている．これによれば，英語は結果重視の言語で，日本語は動き重視の言語である．仮に，この主張を正しいとし，そして上記の観察も正しいとすると，日本語においては，名詞句の意味によって視点の位置が移動し，結果重視か動き重視かが決まる，といわなければならない．すると，なぜ日本語（あるいは日本語型言語）には名詞句にそのような機能があり，視点の位置を動かすことができるか，という問題がむしろ重要になってくるであろう．これに関しては，序章の例(5)を参照されたい．

第3章
使役・使役形式・使役構文・使役意味

　一方，韓国語では生産的使役 -key hata（補文標示 key と動詞 hata 'する'の構成）も，被使役事態が否定されても矛盾しないことが指摘されている（Song 1996，金 2003）。(6)は，日本語では矛盾するが，韓国語では自然な表現である。

(6)　a.　*先生が学生を部屋に入らせたが，学生は入らなかった。
　　　b.　sensaynim-i haksayng-ul pang-ey　tul-e-o-*key ha*-yss-
　　　　　先生 - 主格　学生 - 対格　部屋 - 所格 入る - 来る - 使役 - 過去 -
　　　　　una, haksayng-un tul-e-o-ci anh-ass-ta.
　　　　　逆接 学生 - 主題　入る - 来る - 否定 - 過去 - 断定
　　　　　'先生が学生を部屋に入ってくるように仕向けたが，学生は入ってこなかった。'（指示的状況）

　しかしながら，-key hata には(6)のように指示的状況だけでなく，間接的操作の状況も表現できることに注目する必要がある(6.3.2節参照)。そして後者の場合は，被使役事態を否定すれば矛盾することが観察される。すなわち，次のように指示的状況として解釈できないような状況を作ってみる。(7)では言葉がわからない赤ん坊に指示するという状況は普通解釈されない。したがって，この文が成立するためには，父親が何らかの方法を使って（たとえば，離乳食にひそかにキムチを入れるなど），赤ん坊がいやおうなしにキムチを食べてしまうような状況を作った，という解釈でなければならない。このような状況を遠隔操作(remote control)としよう[3]。この解釈の下では，被使役事態を否定すると，矛盾する文になるのである。

(7)　*apeci-ka　　kannanai-hanthey kimchi-lul　　mek-*key ha*-yess-ta,
　　　父親 - 主格 赤ん坊 - 与格　　キムチ - 対格 食べる - 使役 - 過去 - 断定
　　　kulena kannanai-nun kimchi-lul　　mek-ci anh-ass-ta.
　　　しかし 赤ん坊 - 主題 キムチ - 対格 食べる - 否定 - 過去 - 断定
　　　'父親が赤ん坊にキムチを食べさせた。しかし赤ん坊はキムチを食べなかった'。（間接的操作）

---

[3] *-key hata* は，*sensayngnim-i* (*pal-lo cha-se*) *uyca-lul nemeci-key ha-yss-ta*. '先生が（足で蹴って）椅子を倒れるようにした。' のように，遠距離でない直接的な物理的操作にも用いることができる（詳細は 6.3.2 節を参照）。

3.2 使役とは何か

さて，使役他動詞にはどのような動詞が含まれるか，について述べよう。ここでは影山(2001:16, 18)を参考に，次のように英語と日本語の動詞リストをあげておくことにする(本書の1.3.3節および2.4節も参照)。形態的には，英語は自他両用であるが[4]，日本語には三つの方向性が見られる。(i)「乾く／乾かす」のように自動詞から他動詞化への使役化，(ii)「切る／切れる」のように他動詞から自動詞化への逆使役化，(iii)「壊す／壊れる」のような両極化がある(西尾1947，奥津1967，井上1976，寺村1982，影山1996, 2001など参照)[5]。意味的には両言語とも，状態変化と位置変化を表す動詞が典型的に関わってくる。

(8) a. 使役交替に関わる英語動詞
  break, open, close, shut, shatter, split, chill, melt, explode, burn, increase, freeze, darken, drop, sink, slide, glide, roll, spill, spin
 b. 使役交替にかかわる日本語動詞
  乾かす／乾く，傾ける／傾く，沸かす／沸く，切る／切れる，抜く／抜ける，砕く／砕ける，挟む／挟まる，上げる／上がる，詰める／詰まる，暖める／暖まる，壊す／壊れる，倒す／倒れる，冷やす／冷える，転がす／転がる，回す／回る

以上，CAUSEという共通の意味因子によってグルーピングされる動詞について見てきた。伝統的には動作動詞がその中心にあったが，現代的な意味では，結果状態をもつ変化動詞も含まれる。

ここで，使役状況を特徴づける二つのイベント——使役事態と被使役事態——をそれぞれX, Yと表記すると，上記の二種類の使役は，次のように示すことができる(より詳細は4.2.2節を参照)。

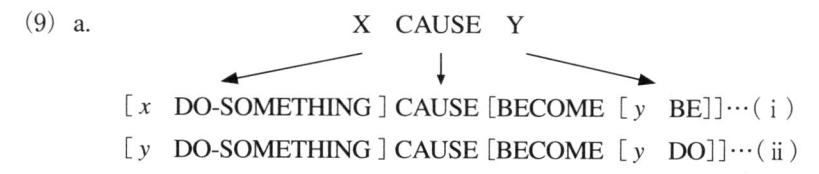

(9) a. 　　　　　　　　X　CAUSE　Y

  [x　DO-SOMETHING] CAUSE [BECOME [y　BE]]…(i)
  [y　DO-SOMETHING] CAUSE [BECOME [y　DO]]…(ii)

---

[4] 一部 lie と lay, rise と raise, fall と fell, sit と set のように，母音変化で自他を区別する方法もあるが，影山(2001:13)によれば，これは古英語の名残である。

[5]「扉が開く／扉を開く」のように自他両用の動詞もあるが，数は少ない。

b. ［xが何かをする］ことが［yがある状態にある］ように引き起こす（ⅰ），または［yがある行為をする］ように仕向ける（ⅱ）。

3.2.2 使役形式・生産性・両言語の対応関係

　通言語的に見ると，使役形は非使役形より形態的に複雑（有標）であり，一つの言語内にもいくつかの種類があるのが一般的である（Comrie 1976a, 1985, Song 1996, Dixon 2000, Shibatani & Pardeshi 2002 など参照）。このような形式的側面に注目して，Comrie（1976a, 1985, 1981［1989］）は語彙的使役，形態的使役，分析的使役の三通りの類型的区別を行った。分析的使役には，英語の *cause, make* のような助動詞が典型的に該当する。一方 Shibatani（1973a, 1976a, b）は生産性という機能的側面に注目して，語彙的使役と生産的使役の二分類を行った[6]。

　それぞれの分類に韓国語と日本語の使役形式を当てはめてみると，表1と表2のようである。

	語彙的使役		形態的使役	分析的使役
韓国語	*kata/ponayta* '行く／行かせる'	*-i,-hi,-li,-ki,-wu,-kwu* *-chwu*		*-key hata* '補文標示 - スル'
日本語	*sinu/korosu*	*-e,-as,-s,-se,-sase*		

表1（Comrie による分類）

	語彙的使役		生産的使役
韓国語	*kata/ponayta* '行く／行かせる'	*-i,-hi,-li,-ki,-wu* *-kwu,-chwu*	*-key hata* '補文標示 - スル'
日本語	*sinu/korosu*	*-e,-as,-s,-se*	*-sase*

表2（Shibatani による分類）

---

[6] これに対して，Song（1996）は408言語を分析し，COMPACT タイプ，PURP（purpose）タイプ，AND タイプの三つの類型を提示した。たとえば，韓国語の接辞 *-i* 使役は COMPACT タイプ，*-key hata* 使役は PURP タイプ，中国語のように連続動詞による使役は AND タイプである。詳細は Song（1996）を見られたい。

3.2 使役とは何か

　表1では，日本語の -sase は，韓国語の使役接辞 -i, -hi,- li,-ki,-wu, -kwu,-chwu（以下，接辞 -i）と同様，形態的使役に分類される。しかし表2では，-sase は -key hata と同様，生産的使役に属することになる。一方接辞 -i は，表2では補充形式の「死ぬ／殺す」と同様，語彙的使役に分類されるが，それは，接辞 -i 使役はその成否が語彙ごとに決まっており，非生産的だからである（以下参照）。

　ここでは生産性を基準にした分類法を採用し，両言語の対応関係を示して見よう[7]。次の三つのパターンが見られる。表3は，両言語とも，語彙的使役と生産的使役がともに対応する場合である。表4は，韓国語には対応する語彙的使役があるが，日本語にはない場合である。表5は，両言語とも生産的使役のみ対応する場合である。なお表3から表5までの動詞は，韓国語と日本語がそれぞれ意味的に対応するものである。

	非使役形	語彙的使役形	生産的使役形
韓国語	*cwukta*（自）	*cwuk-i-ta*	*cwuk-key hata*
	thata（自）	*tha-ywu-ta*	*tha-key hata*
	oluta（自）	*ol-li-ta*	*olu-key hata*
	ipta（他）	*ip-hi-ta*	*ip-key hata*
日本語	死ぬ（自）	殺す	死なせる
	乗る（自）	乗せる	乗らせる
	上がる（自）	上げる	上がらせる
	着る（他）	着せる	着させる

表3

---

[7] 韓国語学では，語彙的使役と生産的使役という用語よりも，Yang（1972, 1974），孫（1978）以来定着した「短形使動」と「長形使動」の方がより一般的である。

第3章
使役・使役形式・使役構文・使役意味

	非使役形	語彙的使役形	生産的使役形
韓国語	hata（自／他）	sikhita	ha-key hata
	ketta（自）	kel-li-ta	ket-key hata
	mekta（他）	mek-i-ta	mek-key hata
	ilkta（他）	ilk-hi-ta	ilk-key hata
日本語	する（自／他）		させる $(s+(s)ase)$[8]
	歩く（自）		歩かせる
	食べる（他）		食べさせる
	読む（他）		読ませる

表4

	非使役形	語彙的使役形	生産的使役形
韓国語	mancita（他）		manci-key hata
	ssawuta（自）		ssawu-key hata
	chata（他）		cha-key hata
	yelta（他）		yel-key hata
日本語	触る（自）		触らせる
	戦う（自）		戦わせる
	蹴る（他）		蹴らせる
	開ける（他）		開けさせる

表5

　以上を見ると，同じ語彙的使役といっても，韓国語の語彙的使役の生産性は日本語のそれより遥かに高く，サイズも大きいことがわかる（2.4節も参照）。また表6の姿勢変化動詞は，一見表3と同じパターンのように見えるが，内容的には大きく異なる。

---

[8] この場合の「させる」については，異なる見方もある。たとえば，定延（1991）は「する」の生産的使役ではなく，「する」という動詞に語彙的に対応する，語彙的使役であるという立場をとる。

	非使役形	語彙的使役形	生産的使役形
韓国語	ancta(自)	anc-hi-ta	anc-key hata
	seta(自)	se-ywu-ta	se-key hata
	nwupta(自)	nwup-hi-ta	nwup-key hata
日本語	座る(自)	すえる	座らせる
	立つ(自)	立てる	立たせる
	横たわる(自)	横たえる	横たわらせる

表6

　日本語では，語彙的使役が有生物被使役者をとる場合，ある種の意味制約が観察される(5.5.5節参照)。たとえば「学生たちをマットの上に横たえる」が許されるのに対して，「*学生たちを椅子にすえる」や「*学生たちを椅子から立てる」は許容されない。ところが韓国語の語彙的使役では，(10)のように指示的状況でもすべて適格に受け入れられる。

(10) a. haksayngtul-ul   uyca-ey   anh-*hi*-ess-ta.(指示)
　　　 学生・複数 - 対格　椅子 - 所格　座る - 使役 - 過去 - 断定
　　　 '(先生が)学生たちを椅子に座らせた。'
　　b. haksayngtul-ul   uyca-eyse   se-*ywu*-ess-ta.(指示)
　　　 学生・複数 - 対格　椅子 - 起点　立つ - 使役 - 過去 - 断定
　　　 '(先生が)学生たちを椅子から立たせた(起立させた)。'
　　c. haksayngtul-ul   maythu wuy-ey   nwup-*hi*-ess-ta.(指示)
　　　 学生・複数 - 対格　マット 上 - 所格　横たわる - 使役 - 過去 - 断定
　　　 '(先生が)学生たちをマットの上に横たえた。'

3.2.3　結合価変化と被使役者の文法的コード化

　統語的に使役構文を特徴づける方法は，非使役構文との対比から特定できる結合価変化を根拠に行われる。ということで，使役構文は非使役動詞がもつ項に新たな使役者の項を加えて，結合価を一つ増加させるものとして特徴づけられる(Comrie 1985, 1981[1989]，Dixon & Aikhenvald 2000 など参照)。
　次の例を見られたい。

(11) 自動詞(1項)→使役他動詞(語彙的使役：2項)→使役(3項)
　　a.　ドアが開く。
　　b.　次郎がドアを開ける。
　　c.　太郎が次郎にドアを開けさせる。
(12) 他動詞(2項)→使役(3項)
　　a.　子供がご飯を食べる。
　　b.　母親が子供にご飯を食べさせる。
(13) 他動詞(3項)→使役(4項)
　　a.　私は叔父に手紙を送った。
　　b.　父親は私｛に／をして｝叔父に手紙を送らせた。

(11)-(13)には，次のようなことが示されている。（ⅰ）使役化によって変化するのは結合価であり，それは規則的に一つずつ増加する。（ⅱ）この場合新たに導入されるのは，使役者の項である。そして（ⅲ）非使役文の主語は使役文の被使役者となる。そのとき，（ⅳ）被使役者の文法的コード化は，自動詞から使役他動詞への使役化の場合は，直接目的語(対格名詞句)になり，他動詞からの使役化の場合は，間接目的語(与格名詞句)となる。しかし，すでに間接目的語が満たされていれば，(日本語の(13b)のように)与格の重複を許すこともできるが，(通言語的に見れば「-をして」のように)普通斜格目的語が用いられる。

このように使役化は，結合価の増加に伴い，新たな使役者項を導入するとともに，非使役文の主語が使役文の被使役者として(降格？)再配置されるものとして特徴づけられる。このとき，被使役者の文法的コード化がどのように行われるか，についてComrie(1981[1989]：190)は，次のように文法関係の階層を設けて説明した。なおこの階層は，強い普遍的傾向をもつものとして提示される。

　(14)　被使役者の文法的コード化と文法関係の階層
　　　　主語＞　直接目的語＞　間接目的語＞　斜格目的語

すなわち，被使役者の文法的コード化は，被使役者がこの階層上のまだ満たされていない中の最も高い(一番左の)位置を占める，という形をとる。この場合主語は使役者によって常に満たされるので，被使役者はその次の階層

である直接目的語，間接目的語，斜格目的語の順に配置される。

さらに，被使役者に付与される形態的な格標示についても，Comrie(1981[1989]：194)は，(15)のような階層を立てている。この階層は，被使役者が行使する制御の度合いと相関するものとして提案される。つまり，より大きな制御力を行使する被使役者には，階層上のより高い格が選ばれる，というものである。

(15) 被使役者が行使する制御の度合いの階層(最大から最小へ)
　　　道具格＞　与格＞　対格

たとえば，Comrie(1981[1989]：187, 195)によれば，ハンガリー語では「私が子供に咳をさせた」という表現に，道具格を使う場合と対格を使う場合の二つの表現が対応するが，道具格を使う方が被使役者によって保持される制御力がより大きいという含みがある。対格を使う表現は，私が子供の背中を叩いて，その子供が望むか否かにかかわらず，咳をするように仕向ける場合に最も相応しいが，道具格を使った表現は，私がその子供に頼んで咳をしてもらったという含みがあるという。

日本語でも，対格と与格の使い分けには被使役者が行使する制御力の度合いの相違が反映されていることが指摘されている。柴谷(1978：310)によれば，両者の区別は，意志動詞と無意志動詞を対比させたときに最も明らかである。すなわち無意志動詞は，自分で制御する能力がないため，そもそも与格を用いて表現することができない。

(16) a. 太郎は次郎　　に / を　　走らせた。
　　　b. 太郎は次郎　＊に / を　　失神させた。

一方韓国語では，生産的使役 -key hata は被使役者に主格も与えることができる。その結果，使役構文には二つの主格が許されることとなる。ということで，Yeon(1993：418, 1996)は(17)のような文を提示し，韓国語における被使役者の制御の階層は，対格＞与格＞主格の順(最小から最大へ)であると提案する。

(17) a. apeci-ka　　ai-lul　　matang-eyse　nol-key ha-ess-ta.
　　　 Father-Nom child-Acc yard-Loc　　 play-Caus-Past-Dec
　　　 The father forced/ordered the child to play in the yard.

b. apeci-ka ai-eykey matang-eyse nol-key ha-ess-ta.
   Dat
   The father told/asked the child to play in the yard.
c. apeci-ka ai-ka matang-eyse nol-key ha-ess-ta.
   Nom
   "The father arranged for/permitted the child to play in the yard."

3.3 普遍的傾向に矛盾する統語現象
3.3.1 非規範的使役構文

前節に基づけば，使役構文は結合価変化と強い結びつきがあり，そのため結合価増加を基準にした統語基盤の定義が与えられたことがわかる。

このように結合価変化によって新たな使役者の項が加わることと，それにより結合価を一つ増加させる，という点で規則的に対応する構文を規範的使役構文と考えると（上記の(11)-(13)参照），韓国語と日本語には，このように規範的な項の増加に沿わない構文が発見される。これを「非規範的使役構文」(non-canonical causative constructions)とよぶと，次にあげるように，結合価（または参加者）ミスマッチを見せる構文である。結合価変化のない構文と参加者を過剰に具現した構文の二種類がある。

＜結合価変化のない構文＞

(18) 日本語
  a. 彼がペットを病気にした。
  b. 彼がペットを病気にさせた。　　　　　　（定延 1991：130）

(19) 韓国語
  a. yengi-ka   cheli-eykey   swuni-lul   sokay*ha*-yess-ta.
     ヨンイ-主格 チョリ-与格 スニ-対格 紹介する-過去-断定
     'ヨンイがチョリにスニを紹介した。'
  b. yengi-ka   cheli-eykey   swuni-lul   sokay*sikhi*-ess-ta.
     ヨンイ-主格 チョリ-与格 スニ-対格 紹介させる-過去-断定
     'ヨンイがチョリに（スニと挨拶を交わすよう）スニを紹介した。'

＜参加者を過剰に具現した構文＞[9]
  (20) 日本語
    a. 次郎が服を脱ぐ。
    b. 母親が太郎に次郎の服を脱がせた。
  (21) 韓国語
    a. ai-ka   son-ul   ssis-ess-ta.
       子供 - 主格　手 - 対格　洗う - 過去 - 断定
       '子供が(自分の)手を洗った。'
    b. emeni-ka hanye-eykey ay son-ul   ssis-*ki*-ess-ta.
       母親 - 主格　下女 - 与格　子供　手 - 対格　洗う - 使役 - 過去 - 断定
       '母親が下女に子供の手を洗わせた。'

すなわち，(18)は「する」とその使役形「させる」が対応しており，(19)の韓国語も *sokayhata*(紹介する)とその語彙的使役形 *sokaysikhita*(紹介させる)が対応している。ところが，両言語が表すこれらの使役文には，新たな使役者の項は導入されない。また，それによる結合価の増加も見られず，情報の欠如感もない。さらに，(20)(21)では結合価ではないが，参加者の数が過剰に具現されている。これは決して(22a)(23a)のような対応関係を示すものではない。しかも(22b)(23b)とも意味的に符合しない。つまり，参加者を二つも増加させてしまう(22c)(23c)と対応するもののように理解されるのである。

  (22) a. 母親が［*太郎が次郎の服を脱ぐ］させる[10]。
     b. ≠母親が［次郎の服を脱ぐ］させる。
     c. 母親が太郎に［次郎の服を脱ぐ］させる。

---

[9] ここでは参加者を過剰に具現した例をあげたが，たとえば「姉が犬を散歩させた」とともに「母親が姉に犬を散歩させた」も許すようになると(金水敏教授の個人面談による)，結合価が過剰に具現することも可能になる。宮地(1964)では「母親が姉に子供を歩かせる」を可能な文としてあげ，「歩かさせる」のような連続具現は不自然で，回避されると説明する(Shibatani 1973b, 定延 1998 も参照)。

[10] 埋め込み文の［*太郎が次郎の服を脱ぐ］は，もし太郎が次郎の服を着ていてそれを脱ぐという状況であれば，一応この文は成立する。しかし，(20)の「次郎が服を脱ぐ」とは対応しない。

(23) a. emeni-ka [?? hanye-ka ai son-ul ssis-] -ki-ess-ta.
　　　　母親-主格 [下女-主格 子供 手-対格 洗う]-使役-過去-断定
　　b. ≠ emeni-ka [ai son-ul ssis-] -ki-ess-ta.
　　　　母親-主格 [子供 手-対格 洗う]-使役-過去-断定
　　　　'母親が子供の手を洗った。'
　　c. emeni-ka hanye-eykey [ai son-ul ssis] -ki-ess-ta.
　　　　母親-主格 下女-与挌 [子供 手-対格 洗う]-使役-過去-断定

　これらの非規範的使役構文は，結合化変化を基準に提案された，Comrieの文法関係の階層が適用できないものであることがわかる。したがって次節では，被使役者の文法的コード化の観点から，結合価変化の問題を再び取り上げたい。結合価変化のない構文について全体的な記述は，第4章を見られたい。

3.3.2　被使役者の文法的コード化に見られる非階層性と結合価ミスマッチ

　被使役者のコード化に関するComrieの文法関係の階層に関しては，すでにいくつかの批判が出ている(Yeon 1993, 1996, Song 1996：CH.6など参照)。その中で，韓国語の例から明らかに反例であろうと指摘されたものには，次の二つがある。一つは，前節の(17c)のように，被使役者が主格としてコード化されうることである。もう一つは，次の(24)のように，対応する非使役文が他動詞であるにもかかわらず，被使役者には与格が許容されない場合があることである(Yeon 1993：422)。

(24) a. ai-ka　　　os-ul　　pes-ess-ta.
　　　　子供-主格 服-対格 脱ぐ-過去-断定
　　　　'子供が服を脱いだ。'
　　b. emeni-ka ai-{lul/*eykey}　　os-ul　pes-ki-ess-ta.
　　　　母親-主格 子供-{対格/*与格} 服-対格 脱ぐ-使役-過去-断定
　　　　'母親が子供の服を脱がせた。'

　つまり，韓国語は普通の他動詞文でも二重対格が許容されるため，使役文に対格が重複すること，それ自体は問題にならない(Comrieも，使役構文に二重対格を許容するほとんどすべての言語は，使役構文以外にも二重対格が

許容される言語である，と指摘している）。しかし，階層上最も適切に受け入れられるべきであろう与格が許容されず，対格のみ可能なのは反例ではないか，ということである。

　さらに，次の(25)と比較してみると明らかであるが，韓国語の語彙的使役は対格がむしろ必須（無標）であり，与格は任意的（有標）である，という指摘もできそうである[11]。つまりこの場合の与格は，被使役者が着点として理解されるかどうか，という意味的要因によって左右されることがわかる。子供の服を脱がす場合は，子供が起点になるので，与格の付与は不適格となり，服を着せる場合は，具体的な物の移動の着点になるので，適格となるのである。

(25) a.　　ai-ka　　　　os-ul　　　ip-ess-ta.
　　　　　子供 - 主格　服 - 対格　脱ぐ - 過去 - 断定
　　　　　'子供が服を着た。'

　　　b.　　emeni-ka　　ai-{lul/eykey}　　os-ul　　　ip-*hi*-ess-ta.
　　　　　母親 - 主格　子供 - {対格 / 与格}　服 - 対格　脱ぐ - 使役 - 過去 - 断定
　　　　　'母親が子供に服を着せた。'

　ところが，上記の二つの反例に加えて，さらに重大な問題が潜んでいる。次のように，被使役者に属格を付与することすら可能な場合があるのである。つまり，被使役者の属格へのコード化は，Comrieの文法関係の階層からも排除されており，しかも属格が与えられた場合は，結合価変化のない構文が作られてしまう（ただし韓国語の属格は，φ格でも表現できる）。

(26) a.　　emeni-ka　　ai-uy　　　os-ul　　　pes-*ki*-ess-ta.
　　　　　母親 - 主格　子供 - 属格　服 - 対格　脱ぐ - 使役 - 過去 - 断定
　　　　　'母親が子供の服を脱がせた。'

　　　b.　　emeni-ka　　ai-uy　　　os-ul　　　ip-*hi*-ess-ta.
　　　　　母親 - 主格　子供 - 属格　服 - 対格　脱ぐ - 使役 - 過去 - 断定
　　　　　'母親が子供に服を着せた。'

　ここで注目されたいのは，被使役者に属格を許容するときの動詞の意味である。それは，上のような身体着脱動詞（いわゆる再帰動詞）だけに限らない，

---

[11] 崔(1937[1994：419-420])にも，被使役者には対格を与えるのが基本的であるという指摘がある。崔によれば，目的語が二つも表示されるという負担を避けるために，対格が与格に入れ替わる場合があるという。

ということである。すなわち(27)の *ssuta* '被る' 動詞と同じ格パターンが，*epta* '負ぶう' や *mwulta* '噛む' のような動詞にまで，体系的に見られる，という点である(動詞リストは4.2.1節を参照)。

(27) a. ai-ka meli-ey moca-lul ssu-ess-ta.
　　　　子供-主格 頭-位格 帽子-対格 被る-過去-断定
　　　　'子供が頭に帽子を被った。'

　　 b. emeni-ka ai-{uy/lul/eykey} meli-ey moca-lul ssu-*ywu*-ess-ta.
　　　　母親-主格 子供-{属格/対格/与格} 頭-位格 帽子-対格 被る-使役-過去-断定
　　　　'母親が子供の頭に帽子を被せた。'
　　　　'母親が子供に帽子を被せた。'

(28) a. ai-ka tung-ey aki-lul ep-ess-ta.
　　　　子供-主格 背中-位格 赤ん坊-対格 負ぶう-過去-断定
　　　　'子供が背中に赤ん坊を負ぶった。'

　　 b. emeni-ka ai-{uy/lul/eykey} tung-ey aki-lul ep-*hi*-ss-ta.
　　　　母親-主格 子供-{属格/対格/与格} 背中-位格 赤ん坊-対格 負ぶう-使役-過去-断定
　　　　'母親が子供の背中に赤ん坊を負ぶわせた。'
　　　　'母親が子供に赤ん坊を負ぶわせた。'

(29) a. ai-ka ip-ey ceskalak-ul mwul-ess-ta.
　　　　子供-主格 口-位格 箸-対格 噛む-過去-断定
　　　　'子供が口に箸を咥えた。'

　　 b. emeni-ka ai-{uy/lul/eykey} ip-ey ceskalak-ul mwul-*li*-ess-ta.
　　　　母親-主格 子供-{属格/対格/与格} 頭-位格 帽子-対格 噛む-使役-過去-断定
　　　　'母親が子供の口に箸を咥えさせた。'
　　　　'母親が子供に箸を咥えさせた。'

3.3 普遍的傾向に矛盾する統語現象

すなわち(27)-(29)は，行為の結果が自分の身体(の部分)の上に残存するか(非使役形)，それとも，他者の身体(の部分)の上に残存するか(使役形)，という意味対立をもつ動詞である(4.2.1 節も参照)。この場合，被使役者には属格を与えることができ，しかも属格から対格へ，そして与格へと格交替が可能である。なお，日本語の対訳語からわかるように，日本語にも属格が許容され，さらに与格への交替も可能であることがわかる(ただし日本語には二重対格制約があるため，対格への交替は許容されない)。

つまり，上記のように属格＞対格＞与格の順に格交替が許された場合，その構文は属格の非規範的使役構文から正常の規範的使役構文へと転移が行われた，と考えることができる。

この点についてはさらに，前節の(20)(21)の'脱ぐ'と ssista '洗う'という動詞を再び取り上げて，検討してみよう。これらの動詞には，実は次のように，三通りの使役構文が対応できる。それぞれを被使役者の格標示にちなんで，属格使役構文，対格使役構文，与格使役構文Ⅰ，与格使役構文Ⅱとよぶと，日本語には属格使役構文，与格使役構文Ⅰ，与格使役構文Ⅱが対応し，韓国語には属格使役構文，対格使役構文，与格使役構文Ⅱが対応することがわかる(ただし被使役者が，行為の対象(とくに人の場合は「相手」とよぶ)または着点の場合を与格Ⅰ，動作主の場合は与格Ⅱと区別する)。

(30) a. 非使役形の他動詞構文
   次郎が服を脱ぐ。(2 項，参加者 2)
   b. 属格使役構文
   太郎が次郎の服を脱がせた。(2 項，参加者 3)
   c. 与格使役構文Ⅰ・Ⅱ
   太郎が次郎に服を脱がせた。(3 項，参加者 3)[12]

---

[12] この文は，三通りの解釈ができる。(ⅰ)太郎が次郎の服を脱がせる場合，(ⅱ)太郎の指示により，次郎が自分の服を脱ぐ場合，(ⅲ)太郎の指示により，次郎が太郎の服を脱がせる場合である。本章の定義では，(ⅰ)は太郎が動作主，次郎は行為の相手なので与格使役構文Ⅰ，後者の二つは次郎が動作主なので与格使役構文Ⅱである。

  d. 与格使役構文Ⅱ
   母親が太郎に次郎の服をぬがせた。(3項，参加者4)[13]
(31) a. 非使役形の他動詞構文
   ai-ka   son-ul   ssis-ess-ta. (2項，参加者2)
   子供 - 主格 手 - 対格 洗う - 過去 - 断定
   '子供が（自分の）手を洗った.'
  b. 属格使役構文
   emeni-ka ay son-ul ssis-ki-ess-ta. (2項，参加者3)
   母親 - 主格 子供 手 - 対格 洗う - 使役 - 過去 - 断定
   '母親が子供の手を洗った.'
  c. 対格使役構文
   emeni-ka ay-{lul/??eykey} son-ul   ssis-*ki*-ess-ta.[14]
   母親 - 主格 子供 -{対格 / 与格} 手 洗う - 使役 - 過去 - 断定
   '母親が子供の手を洗った.'（3項，参加者3）
  d. 与格使役構文Ⅱ
   emeni-ka hanye-{eykey/??lul} ay son-ul   ssis-*ki*-ess-ta.
   母親 - 主格 下女 -{ 与格 / 対格 } 子供 手 - 対格 洗う - 使役 - 過去
   - 断定 '母親が下女に子供の手を洗わせた.'（3項，参加者4）

 とりあえず(30)と(31)に見られる両言語の相違点は，対格使役構文を許すか否か，あるいは与格使役構文Ⅰに対する制約があるかどうか，である。日本語では対格の連続を好まないため，対格使役構文は許されず，(30c)のように与格使役構文Ⅰと対応すると理解される(柴谷1978)。一方，韓国語には二重対格制約がないため，(31c)のように対格使役構文が対応でき，むしろ与格使役構文Ⅰは許容されない(場合もある)，と理解される((24b)も参照)。つまり，対格構文に対する制約はないが，与格使役構文には意味的制約がある((25),(27)-(29)と比較参照)。
 そして両言語の共通点は，日本語も韓国語同様，サイズの大きさは異なる

---

[13] ただしこの文も与格使役構文Ⅰとして解釈できなくはない。つまり，太郎が次郎の服を着ていて，母親が太郎からその服を脱がすという状況であれば可能である。

[14] 与格構文の成立には，いくつかの意味条件が必要である。詳細は6.4.1節を参照。

かもしれないが，基本的には属格使役構文が許容される，という点である。
　以上述べたことを，次のように整理しておく。(ⅰ)使役化によって変化する確率が高いのは，結合価でなく，参加者の数である。(ⅱ)被使役者に付加される与格には，行為の相手または着点を表す与格Ⅰと，動作主を表す与格Ⅱの二つがある。韓国語では，前者には対格が優先的に対応し，与格は着点を表す場合にのみ自然である。(ⅲ)被使役者の文法的コード化には，属格＞対格＞与格の階層が見られる。属格は行為の相手にしか付与できず，一方，与格と対格は動作主にも付与できる。(ⅳ)属格(行為の相手)は，結合価増加のない使役構文を作り，一方与格Ⅱ(動作主)は，参加者を過剰に具現する構文も作ることができる。
　本節の結論は，被使役者のコード化はComrieのいうように文法的階層に従うというよりも，むしろ意味を基盤に行われる，ということである。

3.3.3　介在構文と脱焦点化された被使役者の文法的コード化

　被使役者の文法的コード化には，実は次のような問題も隠れている。(32a)のように，現実世界の事態では被使役者(事態参加者)が存在するにもかかわらず，文法的にはコード化されない，という問題である。

(32) a.　山田さんが家を建てた。
　　　b.　大工さんが家を建てた。

(32a)では，普通，主語が直接家を建てた動作主であるとは理解されない。これに対して(32b)の主語は，自分で直接家を建てた動作主として理解される。すなわち(32a)は，現実世界の事態では山田さん(使役者)が大工さん(被使役者)に頼んで，家を建ててもらった状況であることを表す。が，被使役者(しかも動作主)の大工さんは言語化されないのが普通である。
　この類の文を，佐藤(2005)は「介在性の他動詞文」とよんで，「話者が実際には存在する被使役者を無視して，あたかも主語自身がすべての過程を自分で行ったかのようにとらえている表現(p.94)」として特徴づけている[15]。しかし本書では，むしろその状況に焦点を当てて「介在的状況」(intermediate

---

[15] 佐藤(2005)は介在性の文の成立要因にも触れて，「事態のコントロール」と「動詞の意味的焦点」という二つの要因が関与していると説明する。本書の提案は6.3.5節を参照。

situations)とよび,この構文を「介在構文」とよぶことにする。そして「言語化されないが現実には存在する脱焦点化された被使役者(defocused causee)があり,その不可視的な存在を介して,客観的には間接的に被使役事態を引き起こす状況であることを表す構文」として,それを特徴づける。

本節では,次のような観点から介在構文に注目したい。(ⅰ)脱焦点化された被使役者を言語化すれば,文法的にはどのようにコード化されるか。(ⅱ)その場合使役形式はどのように変わっていくのか。

これについては,とりあえず次の二点が指摘できる。第一に,もし脱焦点化された被使役者を言語化すれば,付加詞としてコード化される。(33)を見られたい。(33b)では,被使役者が「兵士をさせて」として表現されるが,付加詞被使役者を含まない(33a)と,意味的にはまったく変わらないことがわかる。(33a)もヒトラーが直接ユダヤ人を殺したという解釈はなく,兵士をさせて殺した,という介在的状況として理解されてしまうからである。

(33) a. ヒトラーは何百万人ものユダヤ人を殺した。
    b. ヒトラーは兵士をさせて,何百万人ものユダヤ人を殺した。

第二に,脱焦点化された被使役者の言語化には,(34)の「兵士に」のように,それを必須項として導入することはできない。もし被使役者を必須項として導入すれば,(34b)のように,生産的使役のサセを付加しなければならないからである。ところが,(34b)の与格使役構文も,現実には(33)と同じように被使役者は動作主であり,またその状況も「ヒトラーが兵士に指示してその兵士がユダヤ人を殺す」のように,参加者の数も一致しており,したがって客観的には同じ事態を指すことができる。しかしながら,文法的にはまったく異なる構文になってしまうことに注目されたい(6.3.5節参照)。

(34) a. *ヒトラーは兵士に何百万人ものユダヤ人を殺した。
    b. ヒトラーは兵士に何百万人ものユダヤ人を殺させた。
        (cf. ?? ヒトラーは何百万人ものユダヤ人を殺させた。)

このような観察の上で,今度は韓国語の例を見てみよう。(35a)は語彙的使役の属格構文,(35b)は脱焦点化された被使役者を付加詞でコード化した語彙的使役構文(以下,付加詞使役構文),(35c)と(35d)は両方とも与格使役構文であるが,前者は語彙的使役,後者は生産的使役である。

3.3 普遍的傾向に矛盾する統語現象

(35) a. 語彙的使役の属格構文(非規範的使役構文:介在構文)
   emeni-ka **ay-uy**   meli-lul kkak-*ki*-ess-ta.
   母親 - 主格 子供 - 属格 頭 - 対格 切る - 使役 - 過去 - 断定
   '母親が子供の頭を散髪させた.'
b. 語彙的使役の付加詞構文
   emeni-ka **ipalsa-lul sikhie** ay meli-lul kkak-*ki*-ess-ta.
   母親 - 主格 理髪師-対格 させて 子供 頭 - 対格 切る - 使役 - 過去 - 断定
   '母親が理髪師にさせて子供の頭を散髪し(てもらっ)た.'
c. 語彙的使役の与格構文
   emeni-ka **ipalsa-eykey** ay meli-lul kkak-*ki*-ess-ta.
   母親 - 主格 理髪師 - 与格 子供 頭 - 対格 切る -使役- 過去 - 断定
   '母親が理髪師に子供の頭を散髪させた.'
d. 生産的使役の与格構文
   emeni-ka **ipalsa-eykey** ay meli-lul kkak-*key ha*-yess-ta.
   母親 - 主格 理髪師 - 与格 子供 頭-対格 切る - 使役 - 過去 - 断定
   '母親が理髪師に子供の頭を散髪させた.'

(35a)には二通りの解釈がある。一つは母親が直接子供の頭を散髪してあげた状況,もう一つは介在的状況である。そして後者の場合は,(35b)のように脱焦点化された被使役者を,付加詞句を用いて言語化することができる。すなわちこの二つの構文(介在構文と付加詞構文)は,客観的な状況はまったく同じである。また両構文が伝える意味も,子供の身体部分の上に行為の結果を残存させる,という点でまったく同じ意味を伝えるのである。そのことは,(36)のように*cwuta*'やる'を用いたときに,二つとも恩恵の対象は子供(の頭)であり,脱焦点化された被使役者または付加詞被使役者ではない,という解釈が得られることからわかる。対訳の日本語にも注目されたい。

(36) a. 語彙的使役の属格構文(介在構文)
   emeni-ka **ay-uy**   meli-lul kkak-*ki*-e-cwu-ess-ta.
   母親 - 主格 子供-属格 頭 - 対格 切る - 使役 - やる - 過去 - 断定
   '母親が子供の頭を散髪させてやった.'

b. 語彙的使役の付加詞構文
  emeni-ka ***ipalsa-lul*** ***sikhie*** ay meli-lul kkak-*ki*-e
  母親 - 主格 理髪師 - 対格 させて 子供 頭 - 対格 切る - 使役 -
  cwu-ess-ta.
  やる - 過去 - 断定
  '母親が理髪師にさせて子供の頭を散髪してやった。'

ところが(35c)を見られたい。ここでは(35b)の付加詞被使役者を与格に入れ替えることができる。しかも，両者(付加詞構文と与格構文)は動詞の形態においては同じ語彙的使役を用いているのに，文法的なふるまいは異なることも観察される。(37a)のように *cwuta* を用いたときに，与格構文は不適格になるのである。これに対して，同じ与格構文でも，生産的使役を用いた(35d)は，(37b)のように適格である。

(37) a. 語彙的使役の与格構文
  ??emeni-ka ***ipalsa-eykey*** ay meli-lul kkak-*ki*-e-cwu-
  母親 - 主格 理髪師 - 与格 子供 頭 - 対格 切る - 使役 - やる -
  ess-ta.
  過去 - 断定 '母親が理髪師に子供の頭を散髪させてやった。'
  b. 生産的使役の与格構文
  emeni-ka ***ipalsa-eykey*** ay meli-lul kkak-*key ha*-ye-cwu-
  母親 - 主格 理髪師 - 与格 子供 頭 - 対格 切る - 使役 - やる -
  ess-ta.
  過去 - 断定 '母親が理髪師に子供の頭を散髪させてやった。'

上記のような違いは次のように考えられる。(i)(35)の a, b と異なり，(35)の c, d の与格構文は，恩恵の対象が子供でなく，被使役者の理髪師でなければならない。すなわち，理髪師が文法的被使役者である(6.4.1節参照)。そして(ⅱ)同じ与格構文でも，語彙的使役と生産的使役は意味的に異なる構文である(しかし日本語にはこの区別が表面的には現れない)。

ここで，後者について次のように考えてみよう。もし与格使役構文が許容(許可)使役の意味を表すことができれば，それは被使役者に恩恵を与えることができるため，適格である。しかしもし，強制使役の意味を表すのであれ

ば，それは受益構文と意味的に矛盾するため，不適格である。実際に(35c)の語彙的使役は，許容使役(とくに許可)の意味を表すことができず，母親が自分の代わりに，理髪師にそのこと(子供の頭を散髪させること)をさせた，という強制的な解釈のみ許す。したがって，(37a)のように表現すれば不自然なのである。他方，(35d)の生産的使役は，理髪師が頼んだことによって，母親が子供の頭を散髪することを理髪師に許可してあげた，という解釈を許す。したがって，(37b)は適切に許容されるのである。

すなわち，ここでは同じ与格被使役者でも使役形式の種類によって，被使役者の制御力が異なることが観察される。次のように一般化できよう。

(38) もしある一つの言語内に動作主の与格被使役者が成立し，かつ語彙的使役と生産的使役が両方とも許容されれば，被使役事態に対する被使役者の制御力は，語彙的使役より生産的使役の方が高い。

以上述べたことを，表7のようにまとめてみよう。脱焦点化された被使役者は「(脱)被使役者」と表記する。

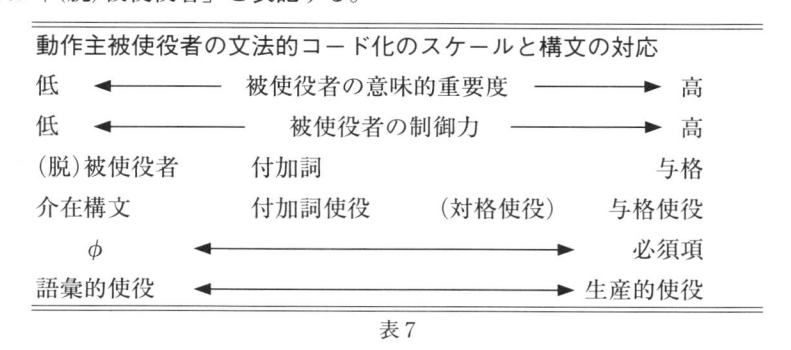

動作主被使役者の文法的コード化のスケールと構文の対応

低 ←	被使役者の意味的重要度	→ 高	
低 ←	被使役者の制御力	→ 高	
(脱)被使役者	付加詞		与格
介在構文	付加詞使役	(対格使役)	与格使役
φ	←		→ 必須項
語彙的使役	←		→ 生産的使役

表7

この表によれば，(現実世界の事態における)動作主被使役者の言語化は次のように行われる。被使役者の意味的重要度が高く被使役者の制御力が高いほど，文法的重要度も高くなり，よって必須項として言語化されやすい。またこの場合は与格構文・生産的使役と対応しやすい。これに対して，被使役者の意味的重要度が低く被使役者の制御力が低いほど，文法の重要度も低くなり，最終的には使役状況が短縮され言語化されないこともある。またこの場合は非与格構文・語彙的使役と対応しやすい(ただし被使役者の意味的重要度に関しては，6.3.5節と6.4節を併せて参照されたい。「社会的道具」と

「個体」という概念が導入されている)。

　以上，本節では，現実には存在する動作主被使役者を言語化せずに，その使役状況をまるごと短縮してしまう介在構文があること，そしてその構文には，普通語彙的使役が対応することを述べた(6.4.2節も参照)。

3.4　使役形式と使役意味の対応関係
3.4.1　研究史概略

　すでに述べたように，60年代後半から70年代に行われた生成意味論の研究では，*kill* のような他動詞を語彙解体分析し，抽象的な意味因子として CAUSE を抽出することになる。これによって，伝統的に使役とよばれてきた生産的使役と同じように，使役他動詞(語彙的使役)も使役として分析できるようになった。ここで一つ重大な問題が発生する。この二種類の使役——*kill* と *cause to die* ——は果たして同じ意味を表すものかどうか。生成意味論者と生成文法学者の間に激しい論争が始まったのである。

　言ってみれば，顕微鏡で観察したミクロ世界と肉眼で見えるマクロ世界を同じ尺度で比較したような具合であるが，当時の生成意味論の枠組みでは，語彙的使役と生産的使役は認知的意味だけでなく，基底構造も同じだという主張がなされたのである(McCawley 1968[1973a]，1972，Lakoff 1970 など参照)。これに対する生成文法側の反論としては，Fodor(1970)，Shibatani(1972, 1973b)および Shibatani(1976a, b)などがある。その後，この論争は生成文法側の勝利ということで幕を閉じることになる(生成意味論の全体的な概要と展開については，山梨 2005：124-131 を参照されたい)。

　韓日語の状況について言えば，日本語については当時 Soga(1970)が生成意味論者と同じような分析を行っており，韓国語については Yang(1972，1974)が Fillmore(1968)の格文法の枠組みから同じような主張を行った。Yang の主張は，韓国語学では Shibatani(1973c，1975)の異意説に対する，同意説として知られている(高 1990)。その後，韓国語側でも概ね異意説の方が支持されるようにはなるが(最近では鷲尾 2001a)，しかしながら相変わらず問題点が指摘されるなど(Song 1988，宋 1992，柳 1998 など参照)，解決の糸が見つからないままの状態が続いた。つまり，韓国語側では

―――― 3.4 使役形式と使役意味の対応関係 ――――

世紀の大論争に決着がつかず，定説が定まらない状態が続いてきた。もちろんこのような状況を招いたのは，韓国語の言語現象そのものに要因があったからに他ならない。一方日本語側でも，生成文法の枠組みの中では，サセの扱いについて，語彙論者と変形論者の対立が尾を引いている（Miyagawa 1989, Kuroda 1993，第 5 章も参照）。このような状況を打開するために，Shibatani & Pardeshi（2002）と Shibatani & Chung（2002）では，使役連続性の考え方に基づき，直接使役と間接使役の中間領域を提案することに至る。この経緯については，次節で述べる。

3.4.2 使役意味はどこから解釈されるか？

この節では Shibatani の使役研究を概観しながら，使役形式と使役意味の対応関係に関して，その考え方の流れを具体的に追っていくことにする。生成文法の枠組みの中で行われた 70 年代の Shibatani の使役研究では，語彙的使役と生産的使役の意味的・統語的相違について，次のような結論を見い出した。語彙的使役は単文構造をもち，直接使役の意味を表すが，生産的使役は埋め込み文を含む複文構造をもち，間接使役の意味を表す（Shibatani 1973a, b, c，1976a, b）。

この仮説の有力な根拠となった現象は，副詞句の修飾のスコープや再帰代名詞の先行詞などの解釈において，あいまい性が生じるかどうかであった[16]。あいまい性がなければ単文構造であり，単一事象であることを表すが，あいまい性が生じると埋め込み文をもつ証拠となり，二つの事象であることを表す。

これについては次の例を見られたい。(39)のように語彙的使役では，(39b)の統語構造が示すように，文法的主語は花子だけである。したがって，再帰代名詞の先行詞の解釈は，主語の花子だけがコントロールできる。しかし，(40)のように生産的使役では，(40b)の統語構造が示すように，花子以外に太郎も文法的主語である。したがって，再帰代名詞の解釈にはあいまい性が生じる，ということである。

---

[16] 他にも，「そうする」挿入テストや敬語テストなどが用いられる。

(39) a. 花子$_i$が太郎$_j$に自分$_{i/*j}$の部屋で服を着せた。(直接使役)
b. [s 花子が太郎に自分の部屋で服を着せた]
(40) a. 花子$_i$が太郎$_j$に自分$_{i/j}$の部屋で服を着させた。(間接使役)
b. [s1 花子が [s2 太郎が自分の部屋で服を着] させた]

つまりこの仮説は，再帰代名詞の先行詞の解釈や副詞句の修飾のスコープが見せるふるまいを，統語現象(syntactic phenomenon)と見なし，そしてそのような統語構造の違いは意味解釈にも反映される，という仮定の下で組み立てられたものである[17]。要するに，使役形式は統語構造と対応関係を示し，そしてその統語構造から直接的か間接的かという使役意味が解釈されるという，生成文法の理論的大前提に合致するような結論が導かれたのである。これを表8のように示しておく。

使役形式	統語構造		使役意味
語彙的使役	単文構造	⇒	直接使役
生産的使役	複文構造	⇒	間接使役

表8

しかし，その後，Shibatani & Pardeshi (2002)とShibatani & Chung (2002)では，従来のShibataniの使役研究を再検討して，使役形式は統語構造ではなく，事象構造(使役状況)と直接対応していると見るべきであることが主張された。この主張の背後には，「させる」文にも埋め込み構造を仮定すべき積極的な理由はない，ということが検証されたからである(4.4節も併せて見られたい)。

次の例を見てみよう。(41)(42)の再帰代名詞の先行詞の解釈は，生産的使役か語彙的使役かという観点からは，あいまい性が生じるかどうかということは予測できない。むしろそれぞれの状況に応じて異なった解釈を受けるといわざるを得ないことがわかる。

---

[17] 再帰代名詞(および敬語)が主語判定テストに使われるようになったのは，原田(1973)の業績として知られている(阿部2000)。しかし，韓国語の場合は，再帰代名詞のふるまいが，主語と照応しない可能性が高いという指摘があった(任1987，鄭1999，鷲尾2001a)。

(41) a. 健 $_i$ が花 $_j$ を自分 $_{i/*j}$ の部屋で遊ばせている。

（同伴行為 Joint-action）

b. 母親 $_i$ が子供 $_j$ に自分 $_{i/*j}$ の部屋でおしっこをさせている。

（補助 Assistive）

c. 母親 $_i$ が子供 $_j$ に自分 $_{i/j}$ の部屋で本を読ませている。

（監督 Supervision）

(42) a. その男 $_i$ が彼女 $_j$ を自分 $_{i/*j}$ の部屋で殺した。　（直接 Direct）

b. 母親 $_i$ が子供 $_j$ に自分 $_{i/j}$ の部屋で遊ばせた。　（間接 Indirect）

すなわち(41a)のように，健が花と共に遊んでいる同伴行為（Joint-action）の状況と，(41b)のように母親が，子供がおしっこをするようにズボンを脱がせてあげたり，子供を持ち上げて便座に座らせたりして，子供の行為を手伝っている補助（Assistive）の状況では，再帰代名詞の先行詞の解釈にはあいまい性が生じない。また，この点では(42a)の語彙的使役とも同様である。これに対して，(41c)のように使役者の母親が，子供が本を読んでいるかどうかを見張っている監督（Supervision）の状況では，再帰代名詞の先行詞の解釈にあいまい性が生じる。ここでは，母親が自分の部屋で子供に本を読ませている状況だけでなく，母親が子供に「お前の部屋に行って本を読みなさい」といって，子供が自分の部屋で本を読むように仕向けたことも表すことができる。(42b)の間接使役の状況と異なる点は，母親が子供に常に注意を払っていなければならないというように，使役事態と被使役事態に部分的な時間的オーバーラップがある点である。しかしながら，空間的には間接使役と同様に母親が部屋の外，つまり子供と離れたところにいることもできる。すなわち，遠距離監督（long-distance supervision）が可能なわけである。このような状況の下では，再帰代名詞の先行詞の解釈も(42b)の間接使役と同様である，ということである（事態構造のイメージ図および再帰代名詞の解釈規則については，Shibatani & Chung(2001)と本書の4.4.2節を参照されたい）。

したがって，生産的使役といっても，あいまい性が生じる場合と生じない場合があり，しかも，それが状況（が表す意味）によって左右されることがわかる。Shibatani & Pardeshi(2002)とShibatani & Chung(2002)では，(41)の

三つの状況が表す使役の意味を「随伴使役」(Sociative causation)と名づけて，これを直接使役と間接使役の中間領域を担うものとして認めたのである。

一方韓国語では，語彙的使役がこの随伴使役の意味範疇を担う。ということは，語彙的使役であっても監督の状況であれば，副詞句の修飾のスコープは被使役者の行為も修飾できることが予測されることになる。次の例を見られたい。

(43) a.　emeni-ka　ai-eykey　kulca-lul hanahana ciphe-ka-mye,
　　　　 母親 - 主格 子供 - 与格 字 - 対格 一つ一つ指差す - いく - ながら
　　　　 chayk-ul ilk-*hi*-ko　　 iss-ta.　　　　　　　　　(補助)
　　　　 本 - 対格 読む - 使役 - ている - 断定
　　　　 '母親が子供に字を一々指差しながら，本を読ませている。'
　　b.　 emeni-ka　ai-eykey　nayngpang-eys　　chayk-ul
　　　　 母親 - 主格 子供 - 与格 冷たい部屋 - 場所格 本 - 対格
　　　　 ilk-*hi*-ess-ta.　　　　　　　　　　　　　　　　(監督)
　　　　 読む - 使役 - 過去 - 断定
　　　　 '母親が子供に寒い部屋で本を読ませた。'

(43)のaとbは *ilkta* '読む' の語彙的使役 *ilk-hi-ta* を用いた文である。前者は，母親が子供のそばにいて，子供が本を読むのを手伝っている状況を表す。このような補助の随伴使役では，「字を一つ一つ指差しながら」のような副詞句は，使役者の母親の行為だけを修飾する。一方，後者は母親が子供を罰する状況である。母親は子供に「あっちの寒い部屋に行って本を読みなさい」と命じ，子供が本を読むのをずっと監視・監督する。もちろん，母親が子供と同じ寒い部屋にいて子供を見張っている状況も可能だが，より典型的な状況は，子供だけが寒い部屋にいる遠距離監督の状況である。このような状況では，副詞句「寒い部屋で」は，むしろ被使役者の子供だけを限定するものとなる。

従来の韓国語学における使役の研究では，副詞句の修飾のスコープがみせるこのようなふるまいを根拠に，語彙的使役も生産的使役と同じように間接使役の意味を表すことができると主張されてきた(Song 1988, 高 1990, 宋 1992, 柳 1998, 鷲尾 2001a などの解説を参照)。さらに，統語構造も生産的使

役と同じように埋め込み構造が仮定されたこともあった(Yang 1972, 1974)。韓国語の生産的使役形 -key hata は，(44)のように典型的には「あっちの寒い部屋に行って本を読みなさい」と命じて，子供が寒い部屋で本を読むように仕向けた，という間接使役の状況を表すものである。もちろん，母親も寒い部屋にいて子供が本を読むように仕向ける状況も可能である。この二つの解釈は，一見(43b)と同じような状況であるかのように見える。しかしながら，(44)は(43b)の語彙的使役が表すように，子供が本を読むのかどうかを母親が見張っているという「監督随伴」の状況を表すことはできない，という決定的な違いがある。つまり，韓国語の生産的使役は随伴使役の状況を表すことはできず，一方，語彙的使役は間接使役の状況を表すことはできないのである。

(44)　emeni-ka　　ai-eykey　　nayngpang-eyse chayk-ul
　　　母親 - 主格 子供 - 与格 冷たい部屋で　　本 - 対格
　　　ilk-*key ha*-yess-ta.　　　　　　　　　　　(間接)
　　　読む - 補文標示 - する - 過去 - 断定
　　　'母親が子供に寒い部屋で本を読ませた。'

以上の議論に基づけば，韓国語と日本語の使役形式と意味の対応関係は，表9の意味地図(semantic map)のように示すことができる(Shibatani & Chung 2002)。

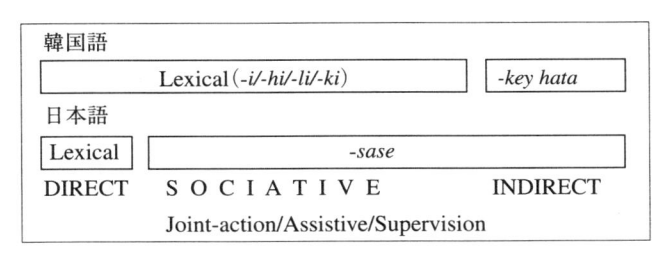

韓国語		
Lexical(-*i*/-*hi*/-*li*/-*ki*)		-*key hata*
日本語		
Lexical	-*sase*	
DIRECT	SOCIATIVE	INDIRECT
	Joint-action/Assistive/Supervision	

表9　韓日両言語の使役形式の分布がみせる意味地図

この意味地図が表す内容は，使役の意味は直接か間接かといった二分法でなく，直接性の軸に沿って連続性を示すこと，そして，使役形式がどのような状況(が表す意味)と対応するかをみせる分布は，言語によって異なるとい

うことである（他言語については Shibatani & Pardeshi 2002 を参照）。韓国語では，直接と間接の中間にある随伴使役に語彙的使役形が対応しており，一方，日本語では生産的使役形が対応する。したがって，表8のような対応関係，すなわち両言語とも語彙的使役＝直接使役，生産的使役＝間接使役という等式は成り立たない，という結論に至るのである[18]。つまり，使役形式は統語構造を通して意味と対応するのでなく，使役状況（意味）と直接的に対応している，ということが主張されたのである。

この研究の意義は，従来埋め込み構造を仮定する上で最も有力な根拠となった，副詞句の修飾のスコープや再帰代名詞の先行詞の解釈が，統語構造を基盤にした現象でない，ということが検証されたことにより，統語基盤の研究から意味基盤の研究へと，パラダイムシフトが成し遂げられたことである。

3.4.3　機能主義の考え方

80年代の認知言語学の台頭以来，認知基盤の機能主義という立場から形式と意味の相関関係に関する研究が本格的に現れるようになった（山中・原口・今西2005：180-208の解説を参照）。その中でとくに大きな影響力を与えたのは，Haiman(1983)の「類像的および経済的動機づけ」'Iconic and economic motivation' であろう。Haiman(1983, 1985)によれば，ある一つの言語内に対比される二つの形式があって，それが完全形式と短縮形式であった場合，この二つの形式と意味の対応関係は恣意的でない。そこには概念上

---

[18] 韓国語の場合，語彙的使役が直接使役か間接使役かという論争の的になったのがこの随伴使役，とりわけ監督随伴の状況であった。韓国語を母語とする大部分の研究者にとって，ここでいう補助の状況は直接使役とみなされ，監督の状況は生産的使役と同様の間接使役とみなされてきた（Lee 1975, 孫1978, Song 1988, 柳1998, 徐1996などを参照）。一方，語彙的使役はすべて直接使役の意味を表すとした研究としては，Shibataniの70年代の研究の他，塚本（1997），鄭（1999），鷲尾（2001a）などがある。塚本はShibataniと同様再帰代名詞や副詞句などの解釈にあいまい性が生じない，という立場から主張されたものである。一方，鷲尾と鄭はあいまいな解釈も認めた上での主張であった。つまり，Shibataniの直接使役あるいは操作使役の定義を拡張して，鄭は「状況操作」（Situation manipulations）という用語を用いて，鷲尾は「全能使役」（Omnipotent causative）という用語を用いて，ここでいう監督随伴の状況を捉えようとしたのである。これらの問題について本書の考え方は，6.3節を見られたい。

3.4 使役形式と使役意味の対応関係

の距離は言語上の距離と相関する,という類像的動機づけがある。また形式が短くなることには,経済的動機づけが働いている。

したがってHaimanによれば,次のようなことが予測される。もしある言語内に対比される二つの使役形式があれば,この二つは,原因と結果の間の概念上の距離は原因と結果の間の言語形式上の距離と相関する,という類像性の原理に基づいた意味的な差異がある(Haiman 1983:783-788, 1985:108-111)。

英語の例からみると,表10のように,XとYの間の言語上の距離は概念上の距離と相関する。したがって,aは間接使役と,dは直接使役とそれぞれ対応するとされる。ただし,#は語の境界線,+は形態素の境界線である。

a.	X # A # Y	(例)He *caused* them to *lie* down.(間接使役)
b.	X # Y	
c.	X + Y	
d.	Z	(例)He *laid* them down.(直接使役)

表10 (Haiman 1983:782-784参照)

Dixon(2000:74)のコンパクト性スケール(scale of compactness)も,基本的なアイディアは表10と似ていることがわかる。ここでは表11のように,多少簡略に示す。このスケールと意味の相関に関するDixonの説明は,次のようである。直接性・間接性のパラメータにおいて,直接性の値はよりコンパクト(more compact)なメカニズムによって常に表示され,間接性の値はコンパクトでない(less compact)メカニズムによって常に表示される(p.77)。

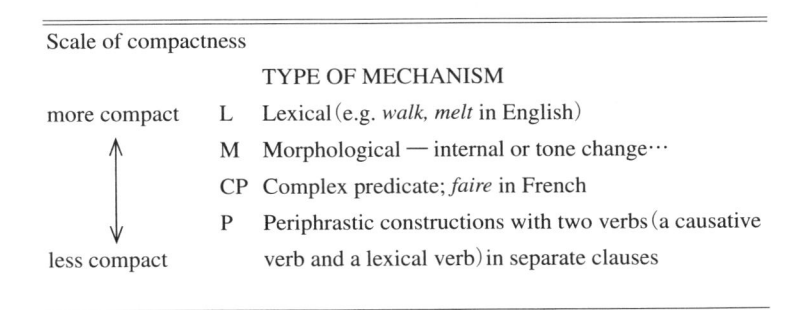

Scale of compactness		
		TYPE OF MECHANISM
more compact	L	Lexical(e.g. *walk, melt* in English)
↑	M	Morphological — internal or tone change…
↓	CP	Complex predicate; *faire* in French
less compact	P	Periphrastic constructions with two verbs(a causative verb and a lexical verb)in separate clauses

表11 (Dixon 2000:74参照)

一方 Shibatani(2004)は，以上のように——完全形式か短縮形式か，コンパクトかコンパクトでないかのように——，形を重視する機能主義を批判し(Shibatani 2006：218 も参照)，下記の表 12 のように形式と機能の対応関係を提示した。

この表にはまず，(直接には反映されていないが)使役形式を形からでなく，生産性という機能から捉えようとする立場がある。このスタンスは，3.2.2 節で言及しているように，Comrie の形式重視の分類に対して，生産性という機能を重視した分類を行った 70 年代の Shibatani の使役研究にも見られる。すなわち日本語の -sase 使役は，Comrie の分類では形態的使役に属するが，生産性の面では分析的使役(婉曲的使役)と同様の機能を担うものである。一方，韓国語の接辞 -i は -sase と同じように形態的使役に属するが，-sase より非生産的なので，語彙的使役に分類される(表 1 と表 2 を参照)。

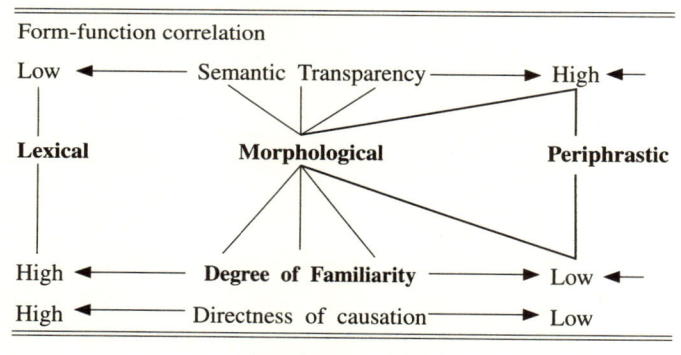

```
Form-function correlation
Low ←——— Semantic Transparency ———→ High ←
  |               |                       |
Lexical      Morphological            Periphrastic
  |               |                       |
High ←——— Degree of Familiarity ———→ Low ←
High ←——— Directness of causation ———→ Low
```

表 12 (Shibatani 2004)

つまり表 12 が表しているのは，生産性の高い使役形式はその形が形態的であれ，婉曲的であれ，意味的透明性が高いが，非生産的な使役形式は意味的透明性が低くなる。要するに，形が意味的透明性と直接相関するのでなく，形が担う生産性という機能を通して意味的透明性と相関することになる，ということである。

次にこの表には，形の短縮に関する経済的動機づけについて，Zipf(1935 [1965])の考え方が積極的に取り入れられている。Zipf の最小労力の原理(principle of least effort)によれば，身近な概念(familiar concepts)は，それ

───── 3.4 使役形式と使役意味の対応関係 ─────

を述べる機会が多いため，使用頻度が高く（high frequency of mention），したがって話者は，少ない労力（less efforts）を好むために，形の短縮が起こり（shortening of form），それによって，意味的には不透明になっていく（semantic opacity），というものである[19]。

ここで Shibatani(2004) は，「機能的透明性の原理」を導入する。

(45)　機能的透明性の原理（Principle of functional transparency）
　　　身近でない（less familiar），または普通でない状況（unusual situations）には，意味的・機能的により明示的なコード化が要求される。

すなわち，形（のサイズ）の問題は身近な概念が用いられる使用状況との関わり合いの中で，意味的透明性の問題と出会うことになる。ここで経済性の法則が勢力を伸ばすと，形はどんどん短くなり，意味的に不透明になっていく。一方で，正確な情報伝達のためには，意味的透明性を確保しようとする原理も働く。そこで形式上の複合性を維持して——形を明示的に示すことによって——，意味的透明性を図ろうとする力も働く。

このような考えの上で，Shibatani(2004) は「形式を作り上げる二つの相互作用の力」があることを認め，それを次のように示した。

形（のサイズ）を作り上げる二つの相互作用の力	
◆ 身近な概念	
高い頻度	経済性の法則
形の縮小	↓
形式上の複合性の維持	↑
意味的透明性	機能的透明性の原理
低い頻度	
◆ 身近でない概念	

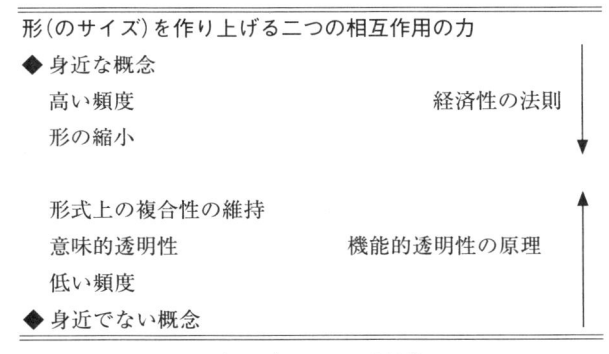

表 13 (Shibatani 2004)

---

[19] この状況については，次の完全な名称と短縮形の名称を参照されたい。たとえば，名古屋大学と名大，神戸大学と神大，大阪大学と阪大，University of California, Los Angeles と UCLA，USA，NASA，JAL，KAL など。名大，神大，阪大などの短縮形は地元または関係者から離れたところ（たとえば韓国）で用いると，意味不明になるのであろう。

表12と表13が表す内容から，典型的な対応のパターンを抽出すると，下記のように示すことができる。

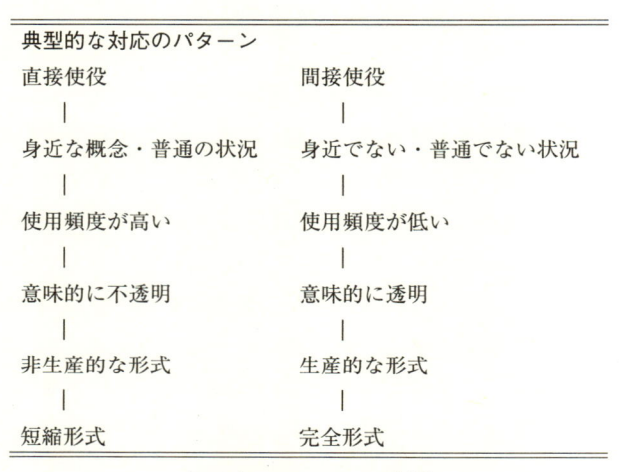

典型的な対応のパターン	
直接使役	間接使役
|	|
身近な概念・普通の状況	身近でない・普通でない状況
|	|
使用頻度が高い	使用頻度が低い
|	|
意味的に不透明	意味的に透明
|	|
非生産的な形式	生産的な形式
|	|
短縮形式	完全形式

表 14（Shibatani 2004 参照）

次の日本語の例を見られたい[20]。語彙的使役(短縮形式)の方は，よくある普通の状況を表すのに対して，生産的使役(完全形式)は普通でない状況に用いられることがわかる。

(46) a. 太郎はエンジンを止めた。
　　 b. 太郎はエンジンを止まらせた。
(47) a. 運転手は駅の前で花子を降ろした。
　　 b. 運転手は駅の前で花子を降りさせた。

すなわち，普通にキーを回して(難なく)車を止めた場合は(46a)が用いられ，砂などが入ったりして普通でない(困難な)状況の場合は(46b)が用いられる。また運転手がお客さんである花子を目的地の駅の前で降ろしてあげたら(47a)が対応し，運転手にとって花子がとても恐ろしいお客であったか，もしくは車が故障するなど偶発的な事故が発生したため，目的地でない駅の前で花子を下ろしたら(47b)が対応する，ということである。

---

[20] Shibatani(1976b)によれば，(46)は McCawley(1972:147)によって観察された例である。

まとめると，Shibataniの機能的原理に基づけば，次のような理解が得られる。身近な概念は，使用頻度が高いため（認知的に活性化され），普通に予想される状況と対応する。一方，身近でない概念は，使用頻度が低いため（認知的に活性化されず），普通に予想されない意外な状況と対応する。また，前者は意味的に不透明であり，非生産的な短縮形式が対応するが，後者は意味的に透明であり，生産的な完全形式（長い形）が対応することになる。

3.4.4　残された問題

ここでは，とりあえずZipf(1935[1965])とHaiman(1983, 1985)に続く，機能主義に基づくShibataniの使役研究について，その問題点を大きく四点に絞って指摘し，残された問題を浮き彫りにしたいと思う。なお，これらの問題について，本書の提案は第6章を見られたい。

第一に，(47a)を見られたいが，実はこの文も，一般的には普通の状況として理解されるが，普通でない状況，すなわち口喧嘩をして運転手が花子を強制的に乗り物から降ろした状況も表せなくはない。すると，ここでは表14のように，普通の状況―使用頻度―語彙的使役（短縮形式）という結びつきは得られない。すなわち，語彙的使役ならばすべて普通の状況を表すという十分条件ではなく，普通の状況もあれば普通でない状況もあるという選択的状況が見られる。すると，次のような疑問が浮かび上がる。(ⅰ)語彙的使役において，普通の状況であったり普通の状況でなかったりするような意味解釈の切り替えは，いったいどこで，何を根拠（始発点）として行われるのか。つまり，どこにそのような意味情報が書き込まれていて，解釈の切り替えを可能にするのか。(ⅱ)語彙的使役において普通でない状況は，生産的使役において普通でない状況とどのように異なるのか。または同じなのか。

第二に，Shibatani(1973a)やShibatani(1976a, b)などで提案された用語の中に，前節の「普通の状況」と通じるものとして「慣習化された目的」という概念がある（詳細は5.5.5節，6.2.2節も参照）。たとえば，「母親が子供たちを二階に上げた」は語彙的使役であるが，直接操作の状況だけでなく，指示的状況も表すことができる。そして後者の指示的状況は，慣習化された目的があると理解される場合であるとされる。すると，ここでも次のような疑

問が浮かび上がる。(iii)なぜ，慣習化された目的があると，指示的状況として解釈されることになるのか。(iv)語彙的使役が表す指示的状況は，生産的使役が表す指示的状況とどのように異なるのか。または同じなのか。

　第三に，3.3節の結合価増加のない非規範的使役構文を想起されたい。この構文は，統語的に短くなっているので，完全構文(規範的使役)に対する短縮構文として見ることができよう(詳細は6.4.2節参照)。すると，ここでも次のような疑問が浮かび上がる。(v)表13の「形を作り上げる二つの相互作用の力」は，短縮構文(介在構文も含める)に関しても，同じように説明できるだろうか。すなわち，身近な概念・使用頻度等による経済性の法則や機能的原理に基づいて，短縮構文の作り方を説明できるだろうか。

　上記の大きく三つの問題点は，実は一つの根本問題に収拾されるように思われる。それは，機能主義言語学の基本概念である「身近な概念」「普通の状況」である。つまり，そもそもどこから「身近な概念」や「普通の状況」という解釈が生まれてくるのか。使用頻度という言語外の要素だけでは不十分であるがために，以上指摘した問題を引き起こしているように思われるのである。したがって，この問題を追究するに当たって，我々は，この概念と結び付けうる言語的証拠を提出する必要があると考えられる。

　Haiman(1983)の研究を見ると，中相領域では，身近な概念かそうでないかに関して，その意味情報を提供する言語的証拠として，動詞の意味範疇(が担う機能)が提示されている。すなわち，Haiman(1983)によれば，中相範疇では，*He kicked himself.* のように，*kick, hit* のような「遠心動詞」(extroverted verbs)には完全形式の再帰代名詞が対応するが，*He shaved.* のように，*shave, wash* のような「求心動詞」(introverted verbs)には，ゼロまたは短縮形式が対応する。これに対する説明として，「遠心動詞」は行為が常に他に向かって行なわれるので，(被動者が)予想できないものだからであるが，「求心動詞」は普通自分の身の上に行われる行為なので，(被動者が)予想できるものだからである，という説明が与えられているのである。

　ところが使役領域に関しては，このような言語的証拠はまだ提示されておらず，使用頻度の統計的調査が提示されているのみである(Shibatani 2004)。この調査によれば，確かに(日本語の)語彙的使役と生産的使役には有意義な

差があり、語彙的使役の方が高い頻度を示している。しかしこの方法では、語彙的使役は使用頻度が高いという結果から身近な概念・普通の状況と結び付くことになり、また身近な概念・普通の状況は使用頻度に基づき、語彙的使役と結び付けられることとなるので、この方法論的循環から抜け出ることはできない。

　最後に、語彙的使役の生産性の問題と随伴使役の関係について取り上げたい(この問題は2章との関連からも重要である)。すなわち、表9で示した意味地図の考え方によれば、随伴使役の領域を担う使役形式は、言語の恣意性に置き換えられる恐れがある。というのは、中間領域の随伴使役については、直接使役と間接使役と異なり、語彙的使役が担うか生産的使役が担うかが言語個別の事情により決まる、と見なされるからである。言い換えれば、意味地図の考え方によれば、どちらの形式が拡張して(随伴使役の)場所取りをしているか、という問題としてしか取り扱わない(意味地図の考え方に関しては Croft 2001, Haspelmath 2003 を参照。意味地図の問題点については 2.6 節でも指摘した)。つまり、(vi)なぜ日本語と異なり韓国語の語彙的使役のサイズは大きいのか。あるいは語彙的使役の生産性を動機づける要因は何か。機能主義の根本的姿勢を問う問題が、ここに潜んでいるわけである。が、意味地図の考え方ではこれらの問題がなおざりにされ、追究できないものとして予め見据えられていることになるのである。

3.5　おわりに

　本章では、従来の研究に沿って、CAUSE という意味因子を基盤にした使役構文の意味的定義と、結合価変化を基盤にした統語的定義を概観し、とくに後者についてさまざまな問題点を指摘した。つまり、統語基盤の使役構文の定義では、韓国語と日本語に見られる結合価変化のない非規範的使役構文を説明できない。それだけでなく、被使役者の文法的コード化のさいに見られる格標示のさまざまなふるまい、とりわけ、属格使役構文などに見られる被使役者のコード化の非階層性も説明できないのである。

　このような状況から見ると、使役構文の被使役者のコード化は、むしろ意味基盤の現象であると言える。すると、今後の使役研究は、形式的類型論・

形式的普遍性の追究から機能的類型論・機能的普遍性の追究へと方向転換の必要があるように思われる。

次に，使役形式と使役意味の対応関係に関しては，Shibataniの使役研究を中心に生成文法から機能主義まで概観し，残された問題を指摘した。

以上の問題点に関しては，第4章で非規範的使役構文の詳細な記述を行った後，第6章で具体的な提案をする予定である。

第4章
規範的使役構文と非規範的使役構文

4.1 はじめに
4.1.1 本章の目的

3.3.1節で指摘したように,韓国語と日本語にはComrie(1981[1989])の「普遍的傾向」と異なり,結合価変化という統語的基準に合致しない非規範的使役構文がある。そこで,非使役動詞の項に新たな使役者の項を加えて結合価を一つ増加させる構文を規範的使役構文とし,このように規則的に結合価を増加させない構文を,非規範的使役構文と定義した。

本章では,とりわけ結合価変化のない非規範的使役構文を取り上げ,規範的使役との共通点および相違点を明らかにしたい。まず両言語におけるそれぞれの構文を確認されたい。

＜規範的使役構文＞
  (1) 日本語
    a. 花子が英語を勉強した。(非使役形)
    b. 家庭教師が花子に英語を勉強させた。(使役形)
  (2) 韓国語
    a. yengi-ka   yenge-lul   kongpwu-*ha*-yess-ta.(非使役形)
       ヨンイ‐主格 英語‐対格 勉強‐する‐過去‐断定
       'ヨンイが英語を勉強した。'
    b. kacengkyosa-ka yengi-eykey yenge-lul kongpwu-*sikh*-
       家庭教師‐主格 ヨンイ‐与格 英語‐対格 勉強‐させる‐
       yess-ta.(使役形)
       過去‐断定
       '家庭教師がヨンイに英語を勉強させた。'

137

第4章
規範的使役構文と非規範的使役構文

＜非規範的使役構文＞
(3) 日本語
    a.　彼がペットを病気にした。（非使役形）
    b.　彼がペットを病気にさせた。（使役形）　　　（定延 1991：130）
(4) 韓国語
    a.　yengi-ka　　　cheli-eykey　　swuni-lul　　sokay-*ha*-yess-ta.
    　　ヨンイ - 主格　チョリ - 与格　スニ - 対格　紹介 - する - 過去 - 断定
    　　'ヨンイがチョリにスニを紹介した。'（非使役形）
    b.　yengi-ka　　　cheli-eykey　　swuni-lul　　sokay-*sikhi*-ess-ta.
    　　ヨンイ - 主格　チョリ - 与格　スニ - 対格　紹介 - させる - 過去 - 断定
    　　'ヨンイがチョリに（スニと挨拶を交わすよう）スニを紹介した。'（使役形）

本章の目的は，次にあげる四点の問題を解決することである。
（ⅰ）　(3)(4)のように新たな使役者の項を導入せずに，したがって，結合価も増加させないのに，これらの構文に使役形態素（使役形式）が付加されるのはなぜか。
（ⅱ）　この場合使役形態素は文の意味をどのように変えるか。つまり，ここでは使役形態素がどういう機能を果たしているか。
（ⅲ）　非規範的使役構文は，両言語とも同じような動機づけによって派生されるかどうか。言い換えれば，両言語を統一的に説明できるものは何か。
（ⅳ）　使役形態素の機能をどのように定義すれば，非規範的使役構文も含めた使役構文全体を統一的に説明することができるか。

以下では，両言語ともに，非規範的使役構文における使役形式の機能は意味的に捉え直さなければ説明がつかないことをみていくが，実は規範的使役構文も，このような意味的基盤の上で統一的に扱えることを主張する。

4.1.2　従来の見方

従来の韓国語学では，(4)のような例が言語事実として存在すること自体を正しく受け止めようとしなかったことが窺える。崔（1937［1994］）と

徐(1996：1110)は，(5)にあげた二つの動詞を取り上げて，これらの文は *sentonghata*(扇動する)，*cakukhata*(刺激する)でも十分な表現であるから *sikhita* を使うのは誤りだと判断した[1]。

(5) a. kim amwu-ka mincwug-ul sentong-*sikhi*-ese, ⋯.
　　　金　某氏が　　民衆を　　　扇動 - させて,⋯。

b. swul-ilan　　kes-un　　sinkyeng-ul cakuk-*sikhi*-n-ta.
　　お酒 - というもの - は 神経 - を　　刺激 - させる - 現在 - 断定
崔(1937[1994：416-417])

Park(1994：63-64)でも，(6)のような文を取り上げている。彼は，とりあえずこの場合の *kwusok-hata*(拘束 - する)と *kwusok-sikhita*(拘束 - させる)が両方とも自然に使えるものであることは認める。しかし，(6b)に対応する非使役文は(6a)の *kwusok-hata* ではなく，(7)の *kwusok-toyta* 文であると主張する。つまり，彼は *hata* と *sikhita* の対応関係を認めない立場をとるのである(日本語訳は筆者)。ところが，(7)の日本語訳からわかるように，この文は，むしろ受身文として解釈される可能性が高い。すると，使役文に対応する非使役文は受身文ということになり，不都合が生じる[2]。

(6) a. kyengchal-i　Inho-lul　　kwusok-*ha*-yess-ta.
　　　police-NOM　Inho-ACC　restraint-do-PAST-IND
　　　'The police restrained Inho.' (警察がインホを拘束した。)

b. kyengchal-i　Inho-lul　　kwusok-*sikhi*-ess-ta.
　　police-NOM　Inho-ACC　restraint-CAUS.do-PAST-IND
　　'The police restrained Inho.' (警察がインホを拘束させた。)
　　(i.e. The police made Inho become restrained.)

(7)　　Inho-ka　　kwusok-*toy*-ess-ta.
　　　Inho-NOM　restraint-become-PAST-IND
　　　'Inho become restrained.' (インホが拘束された。)

---

[1] 一方，沈(1982：370)は(5)を慣用的表現として見なしている。

[2] (8b)の *kyoywuk-sikhita* '教育させる' や 4.2.3節の発話行為動詞も，普通 *toyta* 文と対応しないので，結局この主張はその場限りの説明に過ぎないといわざるを得ない。

また Kim(1995：403-407)は，次の(8)-(10)のような動詞のペアを取り上げて，この場合の *sikhita* は *hata* と意味的に同じであることを指摘した後，よって *sikhita* は使役動詞ではない，という結論を出す。つまり，彼の主張は，結合価が増加しないので *hata* と同じように一般他動詞である，ということであるか(金 2003：136 も同様)，もしくは使役(CAUSE)の意味は *hata* 文にすでに含まれているので *sikhita* を付加することによってさらに追加される意味はない，ということであろうと考えることができる[3]。

(8) a.　ai-ul　　　　kyoywuk-*hata*.
　　　　子供 - 対格　教育 - する　'子供を教育する。'
　　b.　ai-lul　　　　kyoywuk-*sikhita*.
　　　　子供 - 対格　教育 - させる　'子供に教育を受けさせる。'
(9) a.　censen-ul　　yenkyel-*hata*.
　　　　電線 - 対格　連結 - する　'電線を連結する(繋ぐ)。'
　　b.　censen-ul　　yenkyel-*sikhita*.
　　　　電線 - 対格　連結 - させる　'電線を連結させる(繋げる)'
(10) a.　John-ul　　　sekpang-*hata*.
　　　　ジョン - 対格　釈放 - する　'ジョンを釈放する。'
　　b.　John-ul　　　sekpang-sikhita.
　　　　ジョン - 対格　釈放 - させる　'ジョンを釈放させる。'

この現象は，とくに漢語動詞の *hata* と *sikhita* の対立に顕著に見られるため，韓国語学では *sikhita* を使役動詞として認めない立場も見られる(李・任 1983：212-214，高・南 1985：285)。

一方，日本語について森田(1988)の考察は，ここでいう結合価ミスマッチという認識こそなかったものの，言語事実そのものに関しては正しい見解をもっていたことがわかる。森田によれば，「英語を上手にする」のような他動詞の「する」文は，使役の「せる」をつけて同じ他動詞文である「英語を上手にさせる」を作る必要はない。しかしながら，次の(11)-(13)のような文は a，b 両方とも適切な表現である。そして，このように対応する二つの

---

[3] 上記の(5)(6)も含め，これらの漢語動詞は日本語でも基本的には結合価増加のない構文を許すようである。対訳の日本語を参照。

文は意味的に異なる，という点も指摘されている．
　(11) a.　息子を医者にする．
　　　b.　息子を医者にさせる．
　(12) a.　英語を上手にする方法
　　　b.　英語を上手にさせる方法
　(13) a.　髪をしなやかにする整髪剤
　　　b.　髪をしなやかにさせる整髪剤

　すなわち，森田によると，(11b)には(11a)と違って，強制意識や許容意識が加わる．(12b)にも，(12a)にはない絶対に上手になってしまう効き目の強い方法という意味があり，(13b)にも本来そうなりにくいものをそうさせてしまう，という意味が表出される(この点は4.3.3節で検討する)．

　しかし，森田では，なぜ「させる」文には「する」文にないそのような意味が加わるのか，またそのような意味が加わるだけで，なぜ項の増加とは無関係でありうるのか，といったことまでは追究されていない．

　このような「する」文と「させる」文に潜んでいる問題は，述語の形態と項の関係が正常に結ばれていないことにある，ということを初めて指摘したのは，定延(1991)である．しかしながら，定延(1991)でもなぜ項を増やさないのに使役形態素の付加が可能になるのか，という問題を正面から議論するまでには至らなかった．

　その後，定延(1998, 2000)はこの現象を「使役余剰」と名づけ，「カビ生えモデル」という独自の事態解釈モデルを提案し，日本語の現象に対する説明を試みる．ここでは彼の「カビ生えモデル」について詳しく述べる余裕はないが，本章の議論と関わるところだけを，4.3.1節で取り上げたいと思う．

　一方，韓国語について結合価を増加させない使役文の存在は，鄭(1997, 1999, 2000a, 2004a, 2005b)の一連の研究によって，初めてその全体像が浮き彫りにされた．鄭では，これらの構文が含んでいる問題を他動性の観点から追究して，「意味的他動性」の範疇を提案し，この現象に対する説明を試みた(cf. Hopper & Thompson 1980, ヤコブセン 1989)．

　この二つの異なるアプローチからわかるように，両言語の非規範的使役構文がそれぞれ異なるパラダイムによって説明されているため，一見異なる

現象を扱っているような印象さえ与える恐れがある。また，定延は気づいていないが，韓国語で起こっている現象が(少々ずれもあるが)基本的には日本語でも同様に起こっている，という指摘もできる。これについては韓国語のデータを述べる際に随所で指摘する。

本章では，まず韓国語の分析から提出された「意味的他動性」と使役の関連を提示することから，この議論を始めたい。結論的には，ここで提示される意味的他動性の概念が日本語にも同じように適用できること，そしてそれによって(定延の「カビ生えモデル」でなくても)日本語の結合価ミスマッチ現象も統一的に捉えられることを，以下の4.2節と4.3節で検証していく。4.4節では，非規範的使役構文の統語構造と事象構造を比較検討して，両言語の使役形式と意味の対応関係を提示する(Shibatani & Chung 2002, 3.4.2節参照)。そして，実は非規範的使役構文も規範的使役構文と同様の意味的基盤の上に成り立っていることと，それによって両者の統一的な説明が可能になることを見ていく。また，両言語のこのような現象を統一的に捉えることができる「折り紙モデル」を提案する。4.5節では，結論を述べる。

4.2 韓国語における非規範的使役構文
4.2.1 意味的他動性と使役形態素の機能 [4]

鄭(1999, 2000a)によれば，韓国語には自分の領域内に行為が納まるのか，それとも，他者の領域に行為が及ぶのか，という意味的な基準によって非使役形(基本形)と使役形(派生形)が区別される動詞のグループがある。次の例を見られたい。

 (14) a. yengi-ka (caki-uy) son-ul ssis-ess-ta.（2項）
    ヨンイ-主格（自分-属格）手-対格 洗う-過去-断定
    'ヨンイが(自分の)手を洗った。'
  b. emeni-ka yengi-uy son-ul ssis-*ki*-ess-ta.（2項）
    母親-主格 ヨンイ-属格 手-対格 洗う-使役-過去-断定
    '母親がヨンイの手を洗った。'

---

[4] 他動性の意味素性に関しては，Hopper & Thompson(1980)を参照されたい。

(15) a. yengi-ka　　　sonkalak-ey panci-lul　　kki-ko iss-ta.（3項）
　　　ヨンイ-主格　指-位格　　指輪-対格　はめる-ている-断定
　　　'ヨンイは(自分の)指に指輪をはめている。'

b. chelswu-ka　　　yengi-uy　　　sonkalak-ey panci-lul
　　チョルス-主格　ヨンイ-属格　指-位格　　指輪-対格
　　kki-*wu*　　　　-ko iss-ta.（3項）
　　はめる-使役　-ている-断定
　　'チョルスがヨンイの指に指輪をはめている。'

(14)のように韓国語の *ssista*(洗う)という動詞は、自分の手を洗う行為なのか、他者の手を洗う行為なのか、という意味的な基準によって非使役形と使役形の対立が見られる。この場合、使役形の動詞は非使役形の動詞と同じ項構造をもって現れることができる。(15)も同様である。自分の指に指輪をはめる場合なら非使役形の *kkita* が使われるが、他者の指に指輪をはめる場合は使役形の *kki-wu-ta* が用いられる(2.7節の表11も参照)。なお、使役形を用いても結合価は増加しない。

したがって、次のように行為が他者に及んでいる場合は、非使役形の動詞を用いて表現することはできない。

(16) a. ??emeni-ka　　　yengi-uy　　　son-ul　　　ssis-ess-ta.
　　　　母親-主格　ヨンイ-属格　手-対格　洗う-過去-断定
　　　　'母親がヨンイの手を洗った。'

b. *chelswu-ka　　　yengi-uy　　　sonkalak-ey panci-lul　　kki-
　　チョルス-主格　ヨンイ-属格　指-位格　　指輪-対格　はめる-
　　ko iss-ta.
　　ている-断定　'チョルスがヨンイの指に指輪をはめている。'

ここまでをみると、韓国語には自分の領域内に納まる行為なのか、それとも、他者の領域に及ぶ行為なのか、という厳密な(客観的な)意味での基準があり、使役形態素はそれに沿って付加されるかのような単純な理解に終わってしまう恐れがある。しかし、実は、そのような意味対立が表出する背後には、人間の行為に対するわれわれの理解や解釈の仕方が深く関わっていることが、以下の例からわかる。

(17) a. ?*panci-ka　　sonkalak-ey cal　　an　　tul-e-ka-se,
　　　　 指輪 - 主格 指 - 位格　　よく　否定　入る - 行く - ので
　　　　 ekcilo kki-e-neh-ess-ta.
　　　　 無理に はめる - 入れる - 過去 - 断定
　　　　'指輪が指にうまく入らなかったので，(自分の指に)無理に入れてはめた。'

   b. 　panci-ka　　sonkalak-ey cal　　an　　tul-e-ka-se,
　　　　 指輪 - 主格 指 - 位格　　よく　否定　入る - 行く - ので
　　　　 ekcilo kki-*wu*-neh-ess-ta.
　　　　 無理に はめる - 使役 - 入れる - 断定
　　　　'指輪が指にうまく入らなかったので，(自分の指に)無理に入れてはめた。'

(17)の文は，客観的な状況からみると，自分の領域内に納まる行為である。しかし，それとは別に，何らかの妨害があって行為がそう簡単には遂行できない，という状況がある。つまり，この場合の行為の遂行は，指輪を無理に入れてはめなければならないように，普通より多くのエネルギーが必要とされるのである。先ほども述べたように，客観的かつ厳密な意味基準に従えば，この文は非使役形の動詞が選ばれるはずである。しかし，このように普通でない異常事態の状況では，(17a)は不適切で，(17b)のように使役形態素を付加した文を用いなければならないのである。

　一方，単なる普通の着用の状況では非使役形の動詞が適格であり，使役形の動詞は許容されないことが，次の例からわかる。

(18) a　chwuwumyen i　　cangkap-ul kki-ela.
　　　　寒い - なら　　この 手袋 - 対格 はめる - 命令
　　　　'寒かったら，この手袋をはめなさい。'
　　 b.*chwuwumyen i　　cangkap-ul kki-*wu*-ela.
　　　　寒い - なら　　この 手袋 - 対格 はめる - 使役 - 命令
　　　　'寒かったら，この手袋をはめなさい。'

また次の例も見られたい。(19)のように普通の単なる着脱行為を表す場合は，自分の身体の上の服か他者の身体の上の服か，という意味基準が適用さ

4.2 韓国語における非規範的使役構文

れる。しかし(20)のように，不必要な付着物の垢になると，たとえそれが自分の身体の上にあっても，非使役形は不可能である。

(19) a. yengi-ka   os-ul   pes-ess-ta.
    ヨンイ - 主格 服 - 対格 脱ぐ - 過去 - 断定
    'ヨンイが服を脱いだ。'
   b. yengi-ka   ai-uy   os-ul   pes-*ki*-ess-ta.
    ヨンイ - 主格 子供 - 属格 服 - 対格 脱ぐ - 過去 - 断定
    'ヨンイが子供の服を脱がせた。'

(20) a. *yengi-ka   mom-ey   ttay-lul   pes-ess-ta.
    ヨンイ - 主格 体 - 位格 垢 - 対格 脱ぐ - 過去 - 断定
   b. yengi-ka   mom-ey   ttay-lul   pes-*ki*-ess-ta.
    ヨンイ - 主格 体 - 位格 垢 - 対格 脱ぐ - 過去 - 断定
    'ヨンイが(自分の)体にくっ付いている垢を擦り取った。'

　以上の現象は，次のように理解することができる。自分の領域内に納まる行為は普通に行われるものであり，他者の領域に及ぶ行為は簡単にできるものでない。つまり，一般に他者の領域に及ぶ行為は，自分の領域内に納まる行為より妨害が多く，行為の遂行も容易でない。そのため，普通に行われる行為より多くのエネルギーが要求され，困難な状況として理解されるのである。たとえば，子供の体を洗うさいに，われわれは子供の抵抗にあうなど，子供が協力的でない可能性が多いことを経験的に知っている。しかし，自分の手足が非協力的であるために，行為の遂行が妨害され，普通に行われるより多くのエネルギーが必要とされる状況は，普通考えにくい。

　このような理解の上に立つと，上記の例が表すふるまいはすべて矛盾なく説明できる。たとえば(19)(20)では，自分の体に不必要にくっ付いている垢を除去することは，他人の服を脱がせることと同じように困難な状況であり，したがって両者とも，普通に行われる行為より多くのエネルギーが必要とされるという点で，同じように解釈(construe)されている，と考えられるのである。

　このように考えると，非使役形と使役形の対立は，行為の遂行が普通の状況——典型的には自分の領域内に納まる行為——で行われるのか，それとも普

通でない状況——典型的には他者の領域に及ぶ行為——で行われるのか，言い換えれば，普通に何気なく行われる行為を指すのか，それとも普通より多くのエネルギーが必要とされる困難な状況で行われる行為を指すのか，ということに動機づけられていることがわかる。

すると，次のように一見風変わりな例も説明できなくはない。(21)は，75歳(？)ぐらいのお婆さんが自分の新婚初夜のエピソードを語った実例の文である。ここでも，話者は自分が置かれている状況から，その行為をどのように解釈して表現するのか，を窺い知ることができる。

(21)　"...pesen han ccak　pes-*ki*-e-noh-ko　　chima kkun　kkullu-ko
　　　　足袋　一足　　脱ぐ - 使役 - 置く - て　スカートの紐　解く - て
　　　　coktori　pes-*ki*-e-noh-ko　　nwuwu-nikka　ipwul-ul
　　　　ゾクトリ　脱ぐ - 使役 - 置く - て　横たわる - から　蒲団 - を
　　　　tep-e cwu-te-kwuman.　..."
　　　　掛ける - くれる - 回想 - だけど
　　　　'(花嫁の私が)足袋一足を脱いでおいて，スカートの紐を解いて，
　　　　そしてゾクトリを脱いで横たわると，(新郎の彼が私に)蒲団を
　　　　掛けてくれたのじゃ。...。'

(高・南(1985：288)から再引用)

(21)では，花嫁の話者が自分の足袋やゾクドリ(新婦の髪飾り)などを脱ぐのに，わざわざ使役形 *pes-ki-ta*(脱がせる)を使って表現している[5]。新婚初夜は，新郎が新婦の服などを脱がせてあげるべきだという韓国の風習がある。幼い新郎はおそらくそのようなしきたりを知らなかったことと(この文に引き続き，二人の関係は兄弟のようだったと，当時を回顧する内容がある)，そのために，花嫁自身がみずからの衣装を脱がなければならない状況であったこ

---

[5] この文は，古典韓国語の状況を参照すると交替指示(switch reference)の可能性がある，という指摘がある(Alan Hyun-Oak Kim 教授の個人面談)。すなわち，「(新郎が花嫁の私の)足袋一足を脱がせておいて，スカートの紐を解いて，そしてゾクトリを脱がせておいて，(私が)横たわると(彼が)蒲団を掛けてくれたのじゃ」のように解釈されることである。しかし筆者は，この文は交替指示ではなく，非規範的使役構文の例であると考える。なぜならば，従来の古典語の解釈では，ここで主張する使役形態素の機能は考慮外であった可能性が高く，また現代語では，上記の交替指示は理解不可能だからである。

とが，このような表現を用いた背景にあるためであると考えられる。

この文は多くの母語話者にとっては*pesta*(脱ぐ)が自然であり，(21)のような表現は使わないと応える[6]。しかし，この文を用いた話者にとっては，普通に衣装などを脱ぐような状態ではなく，妨害物を片付けなければならないという異常事態として，当時を回顧する話者に改めて認識されたに違いない。つまり，自分の衣装でも不必要な付着物として認識されたり，邪魔物だから除去すべきだというふうに認識されたということである。このような表現を用いた状況を，話者はおそらく，(20b)と同等の状況として解釈し，それによって使役形態素を付加して表現することができたと考えられるのである。

以上述べたことを，表1のように示してみよう。この表には，3.4.4節で言及したHaiman(1983, 1985)の求心動詞と遠心動詞の分類が導入されている。すでに気づかれたかも知れないが，中相領域で提案されたこの分類は，以上のように使役領域でも適用できるのである(3.4.3節も参照)。

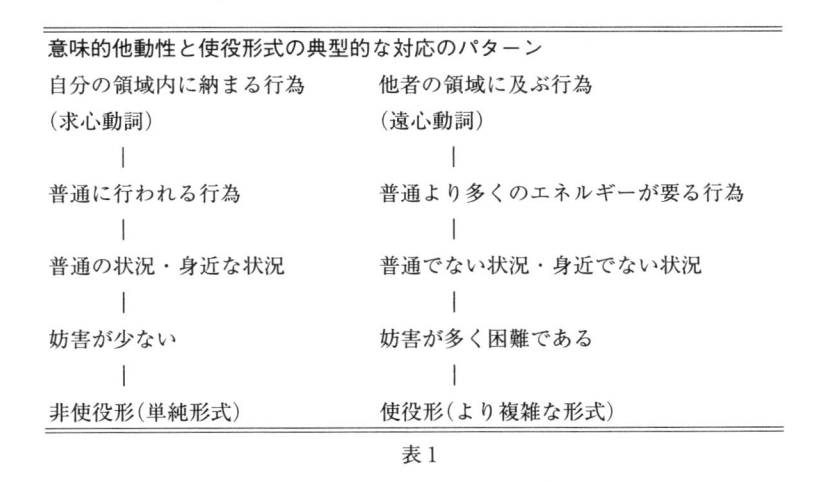

意味的他動性と使役形式の典型的な対応のパターン	
自分の領域内に納まる行為	他者の領域に及ぶ行為
(求心動詞)	(遠心動詞)
|	|
普通に行われる行為	普通より多くのエネルギーが要る行為
|	|
普通の状況・身近な状況	普通でない状況・身近でない状況
|	|
妨害が少ない	妨害が多く困難である
|	|
非使役形(単純形式)	使役形(より複雑な形式)

表1

なお，意味的他動性のスケールとそれに連動して付加されることになる使役形態素の派生のあり方については，次のようにまとめておく。

---

[6] しかし，使わないけれども許容できる，と判断する話者もいる。

第4章
規範的使役構文と非規範的使役構文

自分の領域内	自分の領域外	
	他物	他者の領域
身体部分＞　服＞　　垢＞　　じゃがいも＞　　垢＞　　服＞　身体部分		
妨害が少ない（小）　←────── エネルギー ──────→　（大）妨害が多い		
（普通の状況）		（普通でない状況）
ssista / pesta ──────────────→		
	←──────────────	*ssis-ki-ta / pes-ki-ta*

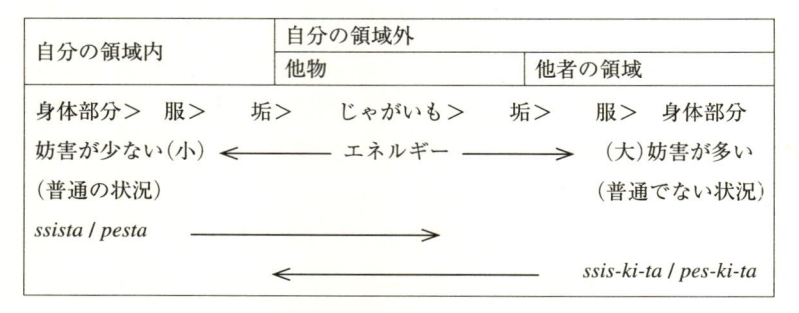

表2　*ssista / pesta* の派生のあり方と意味的他動性のスケール

表1と表2が表す内容は概ね次のようである。

(22) 意味的他動性と使役形態素の付加（Ⅰ）

　　ⅰ．自分の領域内に納まる行為は，普通の状況で行われる行為として理解される。一方，他者の領域に及ぶ行為は，普通でない状況で行われる行為として理解される。

　　ⅱ．他者の領域に及ぶ行為ほど，それを遂行するには妨害が多く困難である。すなわち，自分の領域内＞他物＞他者の領域の順に，右に向かうほど妨害は多くなる。それに伴って，エネルギーもより多く必要とされる。

　　ⅲ．使役形態素の付加は，他者の領域に及ぶ行為を遂行する場合と同じように，妨害の多い困難な状況かどうか，つまり，それと同等のエネルギーが必要とされる状況なのかどうか，という意味的な要因に動機づけられている。

中間的な存在の「他物」の場合は，自分よりの行為と見なすか，他者よりの行為と見なすか，動詞によって異なってくる。次の例を参照されたい。じゃがいもを洗う場合は非使役形の動詞が，じゃがいもの皮を剥く場合は使役形の動詞が使われている。

(23) a.　yengi-ka　　kamca-lul　　　　{ssis/*ssis-*ki*}-ta.
　　　　ヨンイ-主格　じゃがいも-対格　{洗う／＊洗う-使役}-断定
　　　　'ヨンイがじゃがいもを洗う。'

b. yengi-ka   kamca   kkepcil-ul {*pes/pes-*ki*}-ta.
   ヨンイ-主格 じゃがいも 皮-対格 {*脱ぐ／脱ぐ-使役}-断定
   'ヨンイがじゃがいもの皮を剥く。'

最後に，以上のように自分の領域か他者の領域かという意味対立をもっており，かつ結合価を増加させなくてもよい動詞のリストをあげておく。これらは 3.3.2 節で述べたように，被使役者を属格で表示する属格使役構文であること，また日本語も韓国語よりサイズは小さいものの，基本的には属格構文を許すことなどがわかる。なお，これらの動詞の結合価増加に関しては，3.3.2 節を参照されたい。

非使役形		使役形（属格使役構文を作る）	
自分の領域内に行為が納まり，その結果を自分に残存させる		他者の領域に行為がおよび，その結果を他者に残存させる	
ita	自分の頭の上に載せる	*i-wu-ta*	他者の頭に載せる
kkita	自分の指にはめる	*kki-wu-ta*	他者の指にはめる
sinta	自分の足に履く	*sin-ki-ta*	他者の足に履かせる
ipta	自分の身体の上に着る	*ip-hi-ta*	他者の身体の上に着せる
epta	自分の背中に負ぶう	*ep-hi-ta*	他者の背中に負ぶわせる
tulta	自分の手にもつ	*tul-li-ta*	他者の手にもたせる
ssuta	自分の頭に被る	*ssu-ywu-ta*	他者の頭に被せる
mwulta	自分の口に咥える	*mwul-li-ta*	他者の口に咥えさせる
ssista	自分の体を洗う	*ssis-ki-ta*	他者の体を洗う
kamta	自分の髪を洗う	*kam-ki-ta*	他者の髪を洗う
pista	自分の髪の梳く	*pis-ki-ta*	他者の髪を梳かす
kamta	自分の目を閉じる	*kam-ki-ta*	他者の目を閉じてやる
pesta	自分の服を脱ぐ	*pes-ki-ta*	他者の服を脱がせる

表 3　結合価を増加させなくてもよい動詞 I

4.2.2　状態変化の他動詞

4.1.2 節ですでに問題点を指摘したが，下記の表 4 のように，（位置変化も含めた）状態変化を表す多くの他動詞が結合価を増加させない，非規範的使役構文を作ることができる。その大部分は *hata* 'する' と *sikhita* 'させる' の

第4章
規範的使役構文と非規範的使役構文

対応関係をもつ漢語動詞であるが，固有語動詞もなくはない[7]。

これらの動詞には，前節の表3のように，客観的に判断できるような意味基準がにわかには発見されない。ではなぜ，結合価を増加させない非規範的使役構文を作ることができるのだろうか。我々はこの現象も，(22)で示した意味的他動性の概念の中で無理なく説明できることを，以下で提示したい。

非使役形	使役形	同じ項構造を表す場合
kamta	kam-ki-ta	巻く / 巻きつける
sitta	sil-li-ta	乗せる，載せる
keycay-hata	keycay-sikhita	掲載する / 掲載させる
kyoyuk-hata	kyoyuk-sikhita	教育する / 教育させる
kwusok-hata	kwusok-sikhita	拘束する / 拘束させる
kamkum-hata	kamkum-sikhita	監禁する / 監禁させる
icen-hata	icen-sikhita	移転する / 移転させる
chatan-hata	chatan-sikhita	遮断する / 遮断させる
yenki-hata	yenki-sikhita	延期する / 延期させる
cemhwa-hata	cemhwa-sikhita	点火する / 点火させる
sentong-hata	sentong-sikhita	扇動する / 扇動させる
cakuk-hata	cakuk-sikhita	刺激する / 刺激させる
chokcin-hata	chokcin-sikhita	促進する / 促進させる

表4 結合価を増加させない動詞Ⅱ

その前に，状態変化動詞と使役の関連およびその定義について，次の点を確認しておきたい。3.2.1節の内容を想起されたいが，生成意味論の枠組みの中で kill のような他動詞に使役(CAUSE)の意味があると分析されたことによって，状態変化を表す他動詞が語彙的使役として認められたことである(Levin & Rappaport Hovav 1995, 影山 1996, 丸田 1998 も参照)。これによ

---

[7] 固有語動詞の kam-ki-ta(巻きつける) と sil-li-ta(乗せる) は，nwu-ka koyangi mok-ey pascwul-ul kam-ki-e noh-ass-ta.(何者かが猫の首にロープを巻きつけておいた。)(cf. 새우리말 큰사전)とか，pay-ey cim-ul sil-li-e ponay-ss-ta.(船に荷物を載せて送った。)(cf. 朝鮮語大事典)，あるいは umak-ul cenpha-ey sil-li-e ponay-ss-ta.(音楽を電波に乗せて送った。)(cf. 民衆에센스日韓事典)のような表現に用いられる。漢語動詞については，金(2003)に多量のデータと興味深い観察があるので，参照されたい。

ると，表4の非使役形の他動詞には，すでに使役の意味が含まれていることになる。では，これらの動詞に使役形式がさらに付加されるのは，どういう意味を表すために必要とされたためだろうか。

本節の議論のために，使役の定義を3.2.1節で提示したものより少し詳細に示しておこう[8]。

(24) 使役：X → Y
・使役事態(X)が被使役事態(Y)を引き起こす
・$X(E_1) > Y(E_2)$：E_1 が E_2 より時間的に先に起こる，または
 $X(E_1) \geqq Y(E_2)$：E_1 が E_2 より時間的に先に起こり，かつ時間的・空間的オーバーラップがある（E は EVENT）

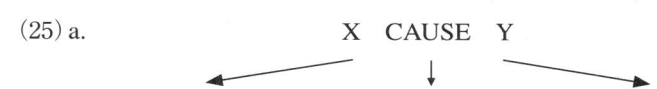

(25) a. 　　　　　　　　X　CAUSE　Y

[x DO-SOMETHING] CAUSE [BECOME [y BE]] …(ⅰ)
[x DO-SOMETHING] CAUSE [BECOME [y DO]] …(ⅱ)

b. [x が何かをする]→[y がある状態にある]ように引き起こす(ⅰ)，または，[y がある行為をする]ように仕向ける(ⅱ)。

それでは，次の例を見られたい（日本語の対訳語にも注目されたい）。

(26) a.　apeci-ka　　samwusil-ul　sewul-lo　　icen-*ha*-yess-ta
　　　父親 - 主格　事務室 - 対格　ソウル - 向格　移転 - する - 過去 - 断定
　　　'父親が事務室をソウルに移転した。'（直接）
　　　（父親の移動と事務室の引越し）

b.　apeci-ka　　samwusil-ul　sewul-lo　　icen-*sikhi*-ess-ta
　　父親 - 主格 事務室 - 対格 ソウル - 向格　移転 - させる - 過去 - 断定
　　'父親が事務室をソウルに移転させた。'（監督）
　　（父親の監督と事務室の引越し）

(26)は，非使役形と使役形が同じ項構造をもって現れる（日本語も同様）。しかし意味的には，事務室の移転（引越し）が父親の監督の下で行われたか（使役形），そうでないか（非使役形），という使役状況（x DO-SOMETHING）

---

[8] 岡本(1997)も参照されたい。なお，(25)のイタリック体の小文字 x と y は，それぞれ E_1 の使役事態 X と E_2 の被使役事態 Y の主役(protagonist)を表す。

において明らかな違いが見られる。すなわち，(26a)は(実際には引越し荷物を運ぶ人がいるかもしれないが，それとは無関係に)父親がソウルに移動していくことが含意され，それと同時に事務室の移転も直接遂行されたと理解される[9]。一方(26b)は，父親が(実際にはソウルへ移動していくかもしれないが，それとは無関係に，すなわち近距離か遠距離かとは関係なく)事務室の移転を指揮する監督者として理解される。すると，使役形を使った表現には，統語構造上は現れなくても，脱焦点化された被使役者の存在を意味的に含意しなければならなくなることがわかる。

　これと並行する状況は，次の(27)にも見られる。ここでは統語構造に現れない通行人の存在が解釈される。すなわち(27a)では，軍人たちが(意図的であれ非意図的であれ，それとは無関係に)単に道路の上に立ってさえいればよい。その結果，(通行人は道を往来できない状態となったため)道の遮断状態が得られるのである。これに対して(27b)では，意図的に，軍人たちが押し寄せてくる通行人を食い止めることによって，やっと道の遮断状態を作ることができる。そのためには，道路にバリケードを張るか，直接力を尽くして通行人を食い止めなければならない。

(27) a.　kwunintul-i　　kil-ul　　chatan-*ha*-ko iss-ta.(静止状態)
　　　　軍人.複数-主格　道-対格　遮断する-ている-断定
　　　　'軍人たちが道を遮断している(軍人たちが道路に立っていて道を遮っている状況)。'

　　b.　kwunintul-i　　kil-ul　　chatan-*sikhi*-ko iss-ta.(働きかけ)
　　　　軍人.複数-主格　道-対格　遮断させる-ている-断定
　　　　'軍人たちが道を遮断させている(軍人たちが通行人の通行を食い止めて，道を封鎖している状況)。'

このように，統語構造には現れない通行人の存在が両方とも解釈されても，

---

[9] もしここに介在する脱焦点化された被使役者を文中に取り込んで表現すれば，(ⅰ)のように付加詞句 *-ul sikhie*'-をさせて'を用いることができる。しかしこれは(26a)のように直接遂行したという解釈は得られない。詳細は 6.3.5 節と 6.4 節を参照されたい。

(ⅰ) apeci-ka　**atul-ul**　　**sikhi-ese** samwusil-ul　sewul-lo　　icen-*ha*-yess-ta
　　父親-主格　息子-対格　させて　事務室-対格　ソウル-向格　移転する-過去-断定
　　'父親が息子をさせて，事務室をソウルに移転した。'

非使役形の場合は，それが語用論的推論によって理解される存在に過ぎないが，使役形を使った場合は，直接行為が及ぶ意味的な対象となり，使役状況上では必須的に要求されるイベントの参加者であることがわかる。すなわち，(27a)では行為の向う先が，対格標示を与えている「道」であるのに対して，(27b)では，統語的に現れない通行人である。このような点において，両者は異なるのである。

　したがって，次のように無生物主語を用いると，その違いは明らかである。(28a)では，トラックが単に道端に立っていても道の遮断状態は獲得できるため，この文は自然である。この場合通行人は，結果的に道を往来できなくなるだろうと理解される。一方(28b)では，進入してくる通行人をトラックが食い止めなければならない状況として理解されるため，不自然である。

(28) a. thulek-i　　　kil-ul　　chatan-*ha*-ko iss-ta. (静止状態)
　　　　トラック - 主格 道 - 対格 遮断 - する - ている - 断定
　　　　'トラックが道を遮断している（トラックが道に立っていて道を遮っている状況）。'

b. ?? thulek-i　　　kil-ul　　chatan-*sikhi*-ko iss-ta. (働きかけ)
　　　　トラック - 主格 道 - 対格 遮断 - させる - ている - 断定
　　　　'トラックが道を遮断させている（トラックが通行人の通行を食い止めて，道を封鎖している状況）。'

　ここで我々は，使役形を用いた場合は，意図的な行為となること，そしてその意図性は，統語構造上には現れないが使役状況上では必須的に要求される被使役者に向けられていることが理解できよう。言い換えれば，この場合の使役者の行為は，統語構造上に表示される対象——つまり(27)では「道」——に直接向かっているのでなく，意味上の参加者である脱焦点化された被使役者に向かっているということである。したがって，使役形を用いた表現は，非使役形より間接的な状況である(6.3.4節も参照)。

　もう一つ注目されたいのは，このように脱焦点化された被使役者を意味的に含む場合，どのような意味的貢献があるか，ということである。たとえば，上の通行人は，使役者の行為に対抗する存在として理解される。すなわち，使役者は通行人（妨害者）を押し切って被使役事態を獲得しなければならない

ため，普通より多くのエネルギーが必要とされる困難な状況として理解されるのである。また(26)も，もし事務室の移転を息子が強く反対すれば，またそのような強力な反対にもかかわらず父親が事務室の移転を敢行すれば，そのような状況では，非使役形より使役形の動詞がより適切である，と判断されるのである。

　使役者と被使役者の対抗的な力関係がもっと明らかに現れるのは，「拘束する」や「監禁する」のような動詞である。もし，警察が逮捕令状を提示するなどして，難なく普通に犯人を拘束・監禁する状況であれば，通常非使役形の動詞が選択される。ここでは，被使役者の抵抗などは普通感じない。しかし，もし被使役者が逃げつづけたり暴れつづけたりする状況であれば，使役形の動詞が選択されやすくなる。ここには被使役者の抵抗があるため行為が妨げられて，容易には遂行できないという異常事態がある。また，非使役形の動詞を用いて表現すると，通常使役者が直接被使役者を拘束・監禁したと解釈されやすい。一方，使役形の動詞を用いて表現すると，非使役形と同様に直接拘束・監禁したという解釈も可能だが(しかし，被使役者の抵抗はある)，さらに，使役者の監督の下で行われたという解釈も可能になる(第6章では，このような使役者を「社会的使役者」とよび，またこの場合の指示・命令の状況も「社会的指示」として改めて定義する)。つまり，この場合は，統語構造には現れない不可視的な存在の誰かを介して，その事態を引き起こした，というように理解されるのである。

　例をあげてみよう。(29)の名詞句の解釈に関しては，6.3.1節を参照されたい。警察という職業名が，個人を指してしまうのか[10]，公人を指すのかによって，意味解釈が異なってくることに注意されたい(日本語も韓国語と同じようにふるまうと考えられる。日本語については6.4.2節を参照)。

(29) a.　kyengchal$_i$ -i ku yeca$_j$-lul caki$_{i/j}$ cip-ey　kamkum-*ha*-
　　　　警察-主格　その女-対格　自分　家-位格　監禁-する-
　　　　yss-ta.
　　　　過去-断定　'警察がその女を自分の家に監禁した。
　　　　(①警察$_i$(個人)が自分$_i$の家にその女を監禁した状況。

---

[10] 個人の名前を知らなければ，職業名でよぶことができよう。

②警察官(公人)がその女$_j$を彼女の自宅$_j$に監禁した状況。)
　b.　kyengchal$_i$　-i ku yeca$_j$-lul caki$_{i/j}$ cip-ey　　kamkum-
　　　警察 - 主格　その女 - 対格　自分　　家 - 位格　監禁 -
　　　sikhi-ess-ta.
　　　させる - 過去 - 断定 '警察がその女を自分の家に監禁させた。'
　　　(①警察$_i$(個人)が自分$_i$の家に，強く抵抗するその女を監禁させた状況。
　　　②警察官(公人)が彼女の自宅$_j$に，強く抵抗するその女$_j$を監禁させた状況。
　　　③警察当局がその女$_j$を彼女の自宅$_j$に監禁させた状況。)

　ある警察(個人)が自分の家にその女を監禁した，という事態を表現するには，普通非使役形の(29a)が選択される。この場合，自分の家はその警察個人の家として解釈され，またその女の抵抗はあまり感じない場合である。また，警察官(公人)が逮捕令状を提示して，スムーズにその女を彼女の自宅に監禁する状況にも(29a)を用いることができる。

　ところが，(29a)の①②と客観的状況はまったく同じでも，その女の抵抗が強いという状況が与えられると，使役形の(29b)がよりよい表現として選択される。この場合の被使役者は扱いやすい単なる対象ではないことに注目されたい。ここには，意志をもつ存在としての被使役者の本来の性質が問題とされており，しかも，強く抵抗しているという現在の状態も加わっているのである。要するに，このような状況では，使役形式が付加された表現が自然であるということである。また，政府機関としての警察(当局)が，たとえば政治犯のその女を自宅に監禁させる場合にも(29b)が用いられる(再帰代名詞の先行詞の解釈については，4.4.2節を参照)。

　すなわち，(29)のaとbの対立には，三つの意味的パラメータが関与していることがわかる。(i)強い抵抗のため妨害が多い状況か(b)，そうでない状況か(a)。(ii)普通に行われる状況か(a)，普通でない状況か(b)。(iii)より直接的な状況か(a)，より間接的な状況か(b)[11]。とくに(iii)に関しては，

---

[11] より間接的と表現したのは，直接と間接を連続的に捉えているからである。連続性に関しては 4.4.2 節を，間接性の定義に関しては 5.5.2 節を参照されたい。

(29b)には③のように，脱焦点化された被使役者，すなわち，政府機関としての警察当局(＝使役者)の言いなりに行動する存在(警察官)がある。

以上をまとめると，非使役形と使役形は表5のような対応関係を表す。客観的状況から見ると，部分的なオーバーラップがあるかのように見えることに注目されたい。

```
妨害が少ない ←――――――――――→ 妨害が多い
直接的                           より間接的
(普通に行われる状況)              (普通でない状況)

        α  β
非使役形 →    ← 使役形
           β'
              γ
```

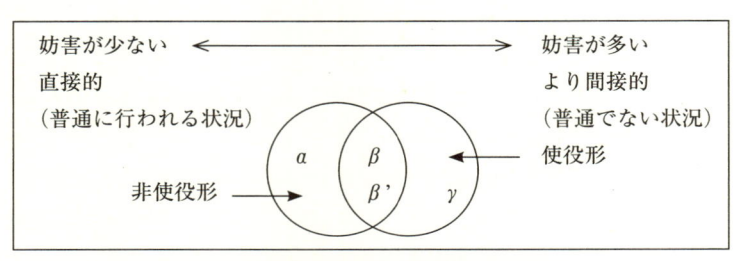

表5　状態変化動詞の非使役形と使役形

非使役形の動詞は α と β の状況を，一方，使役形の動詞は γ と β' の状況を表すことができる。すなわち，使役形は α の状況を表すことができず((27)(28)のaとbを参照)，非使役形は γ の状況を表すことができない((29a)と(29b)③を参照)。また β と β' は重っているので，一見同じもののように見えるが，実は異なる((29a)①②と(29b)①②を参照)。

β と β' の関係は，水と氷に喩えることができる。たとえば，北極の湖は表面の氷(β')と水面下の水(β)の二層構造でできている。H_2O という物質的成分から見ると，両者は同じであるが，形状面から見ると，一方は液体，他方は固体なので，大きく異なる。また，一般的な性質の面でも，液体の水はどのような物を投げ入れても跳ね返さずに受け入れるが，固体の氷は大概の物は跳ね返してしまい，行為の達成が容易でない。

つまり，β と β' は H_2O という物質的な面だけ見ると，二つは同じなので，これらを区別してそれぞれ異なる形式を当てて表現する必要はない。ところが，同じ物質でも形や性質の面でまったく別個のものだという認識が生まれたら，それぞれを表すためには異なる形式を割り当てる必要が生じるのであろう。ここに，客観的にはほぼ同じものを指すのに，非使役形と使役形による二つの表現が存在しうることに対する動機づけがあるように思われる。す

なわち，非使役形動詞の被使役者は，水のように何もかも容易に受け入れる，扱いやすい存在として見なされるが，使役形動詞の被使役者は，氷のように頑固なものなので，扱いにくい存在として見なされるのである。

このような対立を見せる背景には，先ほども述べたように，(ⅰ)直接的か，それともより間接的か，(ⅱ)妨害が多く，行為を遂行するには普通より多くのエネルギーが必要とされる状況かどうか，(ⅲ)普通に行われる状況か普通でない状況か，という三つのパラメータが関わっている。前の二つのパラメータは比例関係にあり，(30)のようにまとめることができる。

(30) 直接性・間接性と使役形式の対応

　ⅰ．妨害が少なく，行為の遂行が容易であるほど，直接的な状況と対応し，また普通に行われる行為として理解されやすい。この場合は，被使役者の性質や現在の状態は問題視されない。
　　→　非使役形の他動詞と対応する。

　ⅱ．妨害が多く，行為の遂行が困難であるほど，間接的な状況と対応し，また普通でない状況で行われる行為として理解されやすい。この場合は，被使役者の性質や現在の状態が問題視される。
　　→　使役形の他動詞と対応する。

また(30)と(22)で示した意味的他動性との関係も，次のように理解すると，うまく捉えることができる(4.4.2節も参照)。

(31) 意味的他動性と使役形態素の付加(Ⅱ)

　ⅰ．直接的な行為ほど，自分の領域内に納まる行為と同様に，行為の遂行には妨害が少なく容易である。また普通に行われる行為，として理解される。

　ⅱ．行為が間接的になるほど，他者の領域に及ぶ行為と同様に，行為の遂行には妨害が多く困難であり，普通より多くのエネルギーが必要とされる。また普通でない状況で行われる行為，として理解される。

　ⅲ．使役形態素が付加された場合，統語構造には現れないのに脱焦点化された他者の存在が認識されるのは，他者の領域に及ぶ行為同然だという意味表示(semantic representation)である。

4.2.3 発話行為動詞

表6のような発話行為の動詞も，結合価を変えない非規範的使役構文を作ることができる。((4)の例を参照)。この場合，非使役形の動詞は情報を伝えるための単なる発話行為に過ぎないが，使役形を使った場合は，情報伝達だけにとどまらず，相手の行為を促すための発話行為となる。

<非使役形> 単なる発話行為		<使役形> 相手の行為を促す発話行為	
sokay-hata	紹介する	*sokay-sikhita*	挨拶を交わさせる
cwumwun-hata	注文する	*cwumwun-sikhita*	持ってこさせる
mal-hata	話す	*mal-sikhita*	喋りかけて喋らせる
kecismal-hata	うそを言う	*kecismal-sikhita*	うそを言ってだます

表6 結合価を増加させない動詞Ⅲ

すなわち，使役形の動詞は，二人を紹介して(E_1)，互いに挨拶を交わすようにする(E_2)とか，注文して(E_1)，注文の受け手がそれを持ってくるようにする(E_2)，または喋りかけて(E_1)，相手を喋らせる(E_2)，のような状況を表すことになる(4.4.2節の事態構造も参照)。この場合，行為の相手は情報の着点となる単なる聞き手ではなく，使役者の発話行為に直ちに反応して行為をするように要求される動作主となる点で，非使役形の動詞と異なる。

したがって，(32b)の *sokay-sikhita* は，(32a)と異なり，紹介することによってその場で互いに挨拶を交わすとか，または知り合いにならなければならないので，無生物の「本」は不適格となる(例(4)と比較されたい)。

(32) a.　sensayngnim-i　haksangtul-eykey　say　chayk-ul sokay-
　　　　先生 - 主格　　学生たち - 与格　　新しい　本 - 対格　紹介 -
　　　　ha-yess-ta.
　　　　する - 過去 - 断定 '先生が学生たちに新しい本を紹介した。'

　　　b.?* sensayngnim-i　haksayngtul-eykey　say　　chayk-ul　sokay-
　　　　　先生 - 主格　　学生たち - 与格　　新しい　本 - 対格　紹介 -
　　　　　sikhi-ess-ta.
　　　　　させる - 過去 - 断定 '先生が学生たちに新しい本を紹介した。'

また(33)と(34)のように，店員にちゃんぽんを注文するという食事のオー

ダーは，洋服を注文する（あつらえる）ときのオーダーと異なって，使役形による表現も普通に使われる。それは，注文と配達がワンセットとなって理解される事象かどうか，という社会慣習的な解釈が関与するからであろうと考えられる。すなわち，社会通念上注文を受け取ると配達も同時に期待できる事象であれば，そのときの被使役者は注文の内容を受け取る聞き手としてだけでなく，動作主としても理解されるので，使役形を許すのである。要するに，このような制約は時間的・空間的オーバーラップがある場合にのみ，使役形を許容することを意味するものとして受け取ることができる。したがって，洋服の注文のように時間がかかり，即座に事態が終わらないものに対しては，使役形の *cwumwun-sikhita*'注文 - させる'は使えないのである。

(33) a. cheli-nun cemwuen-eykey ccamppong-ul cwumwun-
   チョリ - 主題 店員 - 与格 ちゃんぽん - 対格 注文 -
  ha-yess-ta.
  する - 過去 - 断定 'チョリは店員にちゃんぽんを注文した。'

 b. cheli-nun cemwuen-eykey ccamppong-ul cwumwun-
   チョリ - 主題 店員 - 与格 ちゃんぽん - 対格 注文 -
  sikhi-ess-ta.
  させる - 過去 - 断定
  'チョリは店員にちゃんぽんを注文して，持ってこさせた。'

(34) a. cheli-nun ke cip cemwuen-eykey yangpok-ul cwumwun-
   チョリ - 主題 その家 店員 - 与格 洋服 - 対格 注文 -
  ha-yess-ta.
  する - 過去 - 断定
  'チョリはその店の店員に洋服を注文した（あつらえた）。'

 b.?* cheli-nun ke cip cemwuen-eykey yangpok-ul cwumwun-
   チョリ - 主題 その家 店員に 洋服 - 対格 注文 -
  sikhi-ess-ta.
  させる - 過去 - 断定
  'チョリはその店の店員に洋服を注文して，持ってこさせた。'

即座の反応がわかる例としては，(35)を見られたい。もし初対面の花嫁の

喋り方や声が聞きたければ，まず喋りかけて彼女の発話行為を促す必要が生じる。その場合は(35a)ではなく，(35b)を使わなければならない。ここでも，使役者の被使役者への喋りかけの状況と，それに反応して被使役者の喋ってくれる状況が，その場で成立しほぼ同時に進むことになる。

(35) a.　sinpwu-eykey　mal-ul　　　hanpen　ha-y-po-ala.
　　　　　花嫁-与格　　言葉-対格　一度　　する-見る-命令
　　　　　'花嫁に一度話をしてみろ。'

　　 b.　sinpwu-eykey mal-ul　　　hanpen　sikhi-e-po-ala.
　　　　　花嫁-与格　　言葉-対格　一度　　させる-見る-命令
　　　　　'(花嫁が喋ってくれるように)花嫁に一度喋りかけてみろ。'

一般に辞書や文法書などでは，sikhita'させる' は hata'する'動詞に生産的使役形をつけた -ha key hata'する-させる'と同じ意味を表し，自由に交替できるものであるように記述されているが，不適切な説明であることは自明である。(36)で見るように(また，前節の状態変化動詞も含めて)，sikhita は -ha key hata と入れ替わることができない場合もある。

(36) a.　sinlang-i　　sinpwu-eykey　sonnimtul-eykey　mal-ul　ha-
　　　　　花婿-主格　花嫁-与格　　　お客.複数-与格　　話-対格　する-
　　　　key ha-yess-ta.
　　　　させる-過去-断定　'花婿が花嫁にお客に喋りかけさせた。'

　　 b. *sinlang-i　　sinpwu-eykey sonnimtul-eykey　mal-ul　sikhi-
　　　　　花婿-主格　花嫁-与格　　お客.複数-与格　　話-対格　させる-
　　　　ess-ta.
　　　　過去-断定　　'花婿が花嫁にお客に喋りかけさせた。'

以上をまとめると，発話行為動詞において非使役形動詞は，行為の相手が主語の発話内容を聞くという単なる聞き手に過ぎないが，使役形動詞の場合は，発話内容に反応して被使役事態(E_2)を遂行するように要求される動作主である。つまり，使役形を用いた表現は，相手の行為を促進させるための発話行為となるため，そうでない非使役形動詞より多くのエネルギーが必要とされる状況である，ということである。また，上のように即座に反応をすることが要求されるのは，生産的使役と同じように間接使役の解釈を受けては

いけないことからくる意味制約であると考えられる(4.4.2節参照)[12]。

4.3 日本語における非規範的使役構文
4.3.1 定延(1998, 2000)の事態解釈

　定延(1998, 2000)は,「カビ生えモデル」という独自の事態解釈モデルを提案して, 日本語における結合価を変えない非規範的使役構文に対する説明を与えている。彼によれば,「カビ生えモデル」とは, カビが生えていない状態からカビが生えた状態への発生のような, 自然発生的な出来事を捉えるために仮定された, いわば自発モデルである。つまり, 結合価を増加させずに使役形態素が付加されたのは, 使役連鎖の出来事の中にこの自発モデルの事態解釈が組み込まれているからだと主張したのである。

　具体例を取り上げて説明しよう。(37a)は他動詞文, (37b)はその他動詞に「させる」を付加した文であるが, 二つの文の項構造はまったく同じである。使役形態素が付加されても, 結合価は増加しない。

(37) a.　マネージャーがタレントを番組にだした。
　　 b.　マネージャーがタレントを番組にださせた。

定延(2000：130-133)

定延によると, この二つの文の意味の違いは次のように説明される。

(38) (37a)の事態解釈
　　　① マネージャーがタレントに, たとえば, 命令や説得や懇願などの形で力を与える過程
　　　② マネージャーから力を受けたタレントが番組にでる過程

---

[12] 他にも次のように使役形態素を付加すると行為そのものが激しくなる, アラビア語のようないわゆる強意使役(emphatic causative)がある(藤井・鄭 1998)。

(i) a.　mwun-ul　　twutuli-ess-ta.
　　　　 ドア - 対格 叩く - 過去 - 断定
　　　　 '玄関のドアをノックした。'
　　 b.　mwun-ul　　twutul-*ki*-ess-ta.
　　　　 ドア - 対格 叩く - 使役 - 過去 - 断定
　　　　 '玄関のドアを激しく叩いた。'

(39) (37b)の事態解釈
1. マネージャーが力を持っている状態
   ↓　　　(38)①の過程
2. タレントが(マネージャーから力を受けて)力をもっているが決心がつかない状態
   ↓　　もう一つの過程(「カビ生えモデル」の挿入)
3. タレントが(マネージャーから力を受けて)力をもっていて決心がついた状態
   ↓　　　(38)②の過程
4. タレントが(その力を発散して)番組にでている状態

すなわち，(37a)の文は，(38)の①と②のように二つの過程をもっていて，それが直接的に繋がって繰り広げられる出来事である。一方，(37b)の文は，(39)のように三つの過程をもっている[13]。つまり，(39)は(38)と同じように①と②の過程を含んではいるが，それは直接的には繋がらない。その真ん中にもう一つの過程があって，そこに「カビ生えモデル」が挿入されるからである。なお，この過程は力のやり取りや発散とは無縁なものなので，非因果律を表すとされる。

このような解釈によると，(39)が表す事態は次のようなものである。使役者のマネージャーは，命令や説得や懇願などの形で被使役者に働きかける。しかしながら，その働きかけは被使役者のタレントに直接的に作用して，タレントが番組に出る，というような事態を引き起こすことはできない。なぜならば，タレントは番組に出るかどうか決心がつかず，誰にもコントロールできない思い惑いの過程を通過するからである。その結果，タレントの心内で，その気になって決心がついた状態が訪れると，番組に出るという事態が

---

[13] 実際は(39)では三つの過程と四つの状態が切り出されている。(38)にも二つの過程とともに三つの状態が設けられているが，本稿の議論と直接的な関連はないので省いた。詳細は定延(1998, 2000)を見られたい。ここで設けられている三つまたは四つの状態の切り出しは，使役連鎖を個体から個体へのエネルギー伝達として捉えている，いわゆるビリヤードボールモデル式の事態解釈による説明の仕方を破棄することを意味する。本稿の立場からいうと，ビリヤードボールモデルを放棄する積極的な理由はなく，また状態の切り出しを設けなくても結合価ミスマッチは説明できる。以下の本文を見られたい。

起こるのだということである[14]。

　つまり，定延の解釈によれば，(37a)と(37b)の使役者は，両者とも指示をする人という意味での動作主として捉えられている。タレントが番組に出る，という被使役事態も共通する。しかし，(37b)には(37a)にない「カビ生えモデル」と称されるもう一つの過程が含まれる。両者の違いはこのことによってもたらされる。要するに，このようなもう一つの過程を表現するために使役形態素が付加されるのだということである。

　問題の核心は，次の二点に絞られる。第一に，「させる」の付加がもう一つの過程を含むことと連動することになるかどうか。第二に，この場合のもう一つの過程を説明するには，定延が主張する「カビ生えモデル」しかないか(小川2002も参照)。本稿では，「させる」の付加はもう一つの過程を含むことと連動する，ということについては，とくに疑問はない。しかし，その過程を非因果律の「カビ生えモデル」式の事態解釈モデルに求めたことについては，納得しかねる，という立場をとる。むしろその過程は，定延(1991)でも主張されたように，規範的使役構文と同様に「させる」の間接性に還元すべきであると考える。その方が因果律を表現する使役の性質からもより整合性がある(関連する議論は5.5節を参照)。

　以下では，この点を踏まえて(39)のもう一つの過程とは果たしてどのようなものなのか，ということに対する妥当な説明を与えたい。そのためには，(38)と(39)の事態解釈を改めて検討してみる必要がある。

4.3.2　使役者は動作主？

　4.2.2節の使役の定義を想起されたい。(25)で示した二つのイベントの中

---

[14] 定延のこのような事態解釈には，「カビ生えモデル」そのものに対する問題点はさておいても，さし当たって，二つの疑問が残る。一つは，使役事態の中に非因果律を表す自発モデルを挿入しているという論理的な矛盾があること。もう一つは，(39)の解釈から見られるように，使役者の働きかけが(39)の2→3の過程を通過するときに，その力はこのモデルによって無効になったはずなのに，3の状態には相変わらず「マネージャーの力を受けて」が設けられていることである。これをそのまま解釈すれば，因果律にほかならないだろう。このエネルギーの正体は何なのか，については説明されなければならないと思われるが，それは不明のままである。

で使役事態を表す [x DO-SOMETHING] とは，x が何かをする，という普通特定化しない x の行為であり，いわば使役状況を表すものである。

日本語において，非規範的使役構文を許す場合の「する」文と「させる」文では，この x の行為，つまり，使役状況はどのように解釈されているかについて，次の例を見られたい。

(40) a.　彼がペットを病気にした。(= 3)
　　 b.　彼がペットを病気にさせた。
(41) a.　ペットを病気にするな。
　　 b.　ペットを病気にさせるな。
(42) a.　彼の不注意がペットを病気にした。
　　 b.　彼の不注意がペットを病気にさせた。

(40)は両文とも，[彼が何かをした]（たとえば，ペットに注意を怠った）ことがペットの病気を引き起こした直接的な要因として働いたこととして表現されると考えられる。それは，(41)のように否定の命令をした場合，ペットに注意を怠るなとか，ペットが病気にかかるような状態を作るな，のように理解されることからもわかる。したがって，(42)では，「彼の不注意」のような出来事名詞句を主語にすることもできる(cf. 定延1991)。

使役者と使役状況の関係をこのように理解すると，次の(43)-(45)も適切に説明することができる。

(43) a. ??花子が髪の毛をしなやかにした。
　　 b. ??花子が髪の毛をしなやかにさせた。
(44) a.　花子がヘアクリームで髪の毛をしなやかにした。
　　 b.　花子がヘアクリームで髪の毛をしなやかにさせた。
(45) a.　このヘアクリームは髪の毛をしなやかにする。
　　 b.　このヘアクリームは髪の毛をしなやかにさせる。

(43)が不自然なのは，花子が髪の毛の性質を変えたという，つまり，花子が被使役事態を引き起こした直接的な動作主として解釈されたからだと判断できる。なぜ(40)と違って，(43)では動作主として解釈されてしまうのだろうか。それは，我々の世界に対する事態把握の仕方と関連すると考えられる。我々は，普通ペットはほっとくと病気にかかりやすい，ということを知っ

ている。そのため，(40)は普通非意図的に起こる事象として理解されやすい。これに対して，髪の毛はほっとくとしなやかになる，ということはない。しなやかな髪の毛をもつためには，意図的な行為(手入れ)が必要とされる。また，髪の毛の性質をしなやかな状態に変えられるのも，ヘアクリームのような道具(？)を使えば可能である，という知識ももっている。したがって，(44)のように「ヘアクリームで」という名詞句を挿入するか，(45)のように，ヘアクリームそのものを主語にもってきても，適格な文となるのである[15]。

　この場合(44)の解釈であるが，(43)の不自然さを考慮すると，[髪の毛のしなやかになった状態]を引き起こしたのは，直接的な動作主としての花子ではなく，[花子がヘアクリームを髪の毛に塗った]という使役事態全体がそのような結果を引き起こした，というふうに理解する必要があるだろう。つまり，イベントのプロセスは，花子からヘアクリームへ，ヘアクリームから髪の毛に，のように，まさに，(定延1998：11が放棄した)典型的なビリヤードボールモデル式の使役連鎖が展開するのである(Talmy 1985, Langacker 1991, Croft 1991)。この場合，髪の毛の性質を変えるために直接作用できるのは，ヘアクリームでなければならない。要するに，[花子がヘアクリームを塗る]→[ヘアクリームが髪の毛に作用する]→[髪の毛がしなやかになる]のように使役連鎖が広がり，この場合使役者の花子は直接的な動作主ではなく，使役連鎖の始発者(主役)であるために，使役者として主語の位置にくることができるのである。またこの場合，もしヘアクリームのように中間段階を繋ぐ存在がなければ，この二つの文はともに成立しないものである。

　次の(46)のような自然現象では，始発者を言語化することは困難なので，竜巻のように，もし始発者がいれば使役連鎖の中間段階を繋ぐようなものが主語となる。すなわち，竜巻も上記のヘアクリームと同様に，高波に直接作用して，被使役事態を引き起こしたものであることがわかる。

(46) a. 　竜巻が，高波を起こした。
　　　b. 　竜巻が，高波を起こさせた。

---

[15] 意味役割が異なる二つがともに主語として成立するのは，Fillmore (1968) の *John broke the window with a hammer.* と *A hammer broke the window.* の関係と類似する点がある。

以上の状況から(37)を改めて検討してみよう。この文の使役者も，実は使役連鎖の始発者であり，実際に被使役事態を引き起こしたのは，ここでは言語化されない中間段階の何らかの要素であると考えることができる。すると，次の二つの可能性がある。一つは，［マネージャーが何かした］ということを，たとえば番組に出てほしいなど一言もいわなかった，あるいは，思わず独り言でいった，のように一種の指示的状況として解釈することである。つまり，偶然その言葉を耳にして，知るようになったタレントの心内に訴えられて(直接作用して)，［タレントが番組に出る］という被使役事態を引き起こしたのである。これは(47)のように表現できる。また(48)のように，始発者のマネージャーを主語にすることもできる。この場合マネージャーは直接指示をする動作主ではなく，被使役事態を引き起こした始発者(主役)でなければならないのである。

(47) a. マネージャーの思わぬ一言がタレントを番組にだした。
    b. マネージャーの思わぬ一言がタレントを番組にださせた。
(48) a. マネージャーが(思わぬ一言で)タレントを番組にだした。
    b. マネージャーが(思わぬ一言で)タレントを番組にださせた。

もう一つは，［マネージャーが何かした］ということを，一種の操作的状況(遠隔操作)のように解釈することである。たとえば，マネージャーが持っている何らかの要素がタレントの心内に訴えられて(直接作用して)，タレントが番組に出る，ということである。これは次の(49)のような文である。

(49) a. ?マネージャーのすばらしい人格がタレントを番組にだした。
    b. マネージャーのすばらしい人格がタレントを番組にださせた。

ただし，ここでは他動詞文のほうが少し不自然だが，それも(50)のように直すと，両文とも適格となる[16]。

(50) a. マネージャーの熱意がタレントを番組にだした。
    b. マネージャーの熱意がタレントを番組にださせた。
(51) a. マネージャーが(あつい熱意で)タレントを番組にだした。
    b. マネージャーが(あつい熱意で)タレントを番組にださせた。

---

[16]「人格」と「熱意」の差で適格性が異なることを見ると，少なくとも他動詞文のほうがより直接的な原因であることが要求される，というように理解できよう。(48a)もまったく自然だという話者もいるので，個人差によって判断がずれる可能性も示唆する。(50)の例

もし，(37)が(48)や(51)のように解釈されず，命令や説得や懇願などの形で直接指示する人という意味での動作主であり，被使役者も自分の意思決定に従って番組に出たとすれば，被使役者の格標示は与格にも交替できると予測される。しかし，それは(52)のように不適格な文となる。そのような状況を表現できるのは，(53)のような規範的使役文であることがわかる。ここで，規範的使役文と非規範的使役文において使役者および被使役者の意味役割の相違が明らかになる(より詳細は 6.3.1 節参照)。

(52) a. *マネージャーがタレントに番組にだした。
　　 b. *マネージャーがタレントに番組にださせた。
(53) 　マネージャーがタレントに番組にでさせた。

以上のように，非規範的使役構文では使役者が人間であっても，被使役事態を直接的に引き起こした動作主ではない。使役連鎖の始発者であるために主語の位置にくることができるのである。したがって，使役者の何らかの行為が被使役事態を招いたという原因主として解釈されやすくなる。なので，ヘアクリームのように髪の毛の性質を変えうるようなもの，つまり，人間が直接触れることのできないところに直接作用しうるものや，使役事態そのものを表す出来事名詞句なども，非規範的使役構文では使役者として成立できるのである[17]。よく知られているように，「花子は父親の死を悲しんだ。」のような心理動詞文も，使役文は「父親の死が花子を悲しませた。」のように結合価を増加させないのだが(井上 1976)，ここでも使役者(父親の死)は花子の心内に直接作用して，その心理状態を変えてしまう原因要素であることがわかる。

4.3.3　被使役者の本来の性質・現在の状態と間接性

被使役事態がどのように展開するかは，被使役者の本来の性質(意味論的要素)だけでなく，被使役者が置かれている現在の状態(語用論的要素)も深く関わる。たとえば，次のように無生物を被使役者にした場合，他動詞文は両方とも自然であるが，「させる」文は(54b)と(55b)に見られるように，その適格性が異なってくることがわかる(より詳細は第 5 章を参照)。

は眞野美穂さんに教えていただいた。

[17] 広範囲のデータは定延(1991, 1998)を参照されたい。

(54) a. 太郎が椅子を倒した。
　　 b. ＊太郎が椅子を倒れさせた。
(55) a. 太郎が車のエンジンを止めた。
　　 b. 太郎が車のエンジンを止まらせた。

　Shibatani(1973a)は，(55)のaとbが表す状況を次のように説明する(3.4.3節も参照)。もし，太郎がキーを使って普通にエンジンを止めたならば，(55a)の文を使うべきである。そのような状況を描写するために，(55b)を用いるのは不適切である。しかし，エンジンに砂や石などが入ったりして，正常な手段ではコントロールできない異常事態が発生した場合であれば，(55b)は適切である。要するに，そのような状態にあるエンジンは，単なる無生物としてでなく，自分の力で動くような存在として見なされる。(55b)が受け入れられたのは，そのためであると説明される。

　この説明を次のように言い換えても無理はないだろう。普通に行われる方法で難なくエンジンを止めた状況には，(55a)の他動詞文が適格である。我々が日常的に経験するのはこのような状況である。しかし，砂や石などのような妨害物が入っていて行為の遂行が容易でない場合，つまり，妨害物によって行為の遂行が妨げられる状況には，(55b)の「させる」文がより適切である。この場合，使役者の行為の遂行に抵抗しているエンジンの異常な動きは，自分の力で動くもの同然と見なされるのである。

　要するに，「させる」文の被使役者は，自力で被使役事態を導くことができる存在でなければならない。しかし，それが却って使役者にとっては，行為を容易に遂行することを妨げることでもありうる。被使役者のこのような性質を潜在能力とすると，その典型的な現れは人間である(潜在能力の定義は5.5.1節を参照)。しかも，人間は自分の意志で被使役事態を導くこともできる。したがって，使役者にとっては，より強い抵抗も予想できるのである。

　このような理解の上で，(55b)のような使役文において「エンジンが止まる」という被使役事態はエンジンの潜在能力によって展開するように，使役者が仕向けたとしよう。すると，使役者の太郎はそのような事態にいったいどのように関わることになるのだろうか。

　二つの状況が考えられる。強制的な状況と，おのずと起こるように誘発

する状況である。もし，エンジンに砂などが入っていてなかなか止まらない状態が続いたときに，何とかして止まらせたという場合であれば，普通は使役者が強制的に仕向けたと解釈されるだろう。もう一方では，エンジンが自分の力でおのずと止まるように誘発したという解釈も可能である。つまり，(55b)の意味解釈において，この二通りの解釈が許されるのである。それはおそらく，(潜在能力に基づく)被使役者の抵抗を使役者が制圧するのか，その性質をうまく利用するのか，という違いに由来するものだろうと考えられる。

このような意味解釈は，(55a)の他動詞文からは出てこない。なぜならば，他動詞文では，エンジンのキーをオフに回したことと，それによってエンジンが止まったことがほぼ同時に終わってしまうので，潜在能力をもつ存在なのかどうかといった被使役者の意味性質や，また現在の状況においてそれが抵抗する状態か協力的な状態かなどは，もはや問題視されないからである。

実は，非規範的使役構文においても，(55b)の規範的な使役文と同じように二通りの意味解釈が可能であることがわかる。

(56) a. 髪の毛をしなやかにする整髪剤。(= 13)
　　 b. 髪の毛をしなやかにさせる整髪剤。
(57) a. マネージャーがタレントを番組にだした。(= 37)
　　 b. マネージャーがタレントを番組にださせた。

(56b)は，髪の毛の本来持っている性質を発動させる，つまり，誘発する整髪剤か，髪の毛の現在の状態が悪くても強制的にしなやかにしてしまうような効き目の強い整髪剤か，という二通りの解釈ができる(cf. 森田1988, 4.1.2節を参照)。(57b)も，タレントの心内の状態が非協力的で，番組に出ることをしぶる状況であれば，たとえば，マネージャーの人格や熱意などは，タレントの心内に訴えられて，タレントが番組に出るという行為を導いた強力な要因として作用したと解釈される。しかし，そうでない状況であれば，タレントの心内に訴えられて，みずから出るように誘発した要因としても解釈できる。このような意味は，(55a)と同じように他動詞文の(56a)や(57a)には現れない。他動詞文では髪の毛の性質がどうなのか，また現在の状態が悪いかどうか，タレントも意志をもつ存在であり，かつ現在の心内の状態が協力的か非協力的かなどは，そもそも問題にされないということである。

以上のように，(56)(57)の a と b が見せる意味対立は，(55)の a と b のように規範的使役文が見せる意味の違いと平行していることがわかる。つまり，非規範的使役構文に限って，強制もしくは誘発の意味が表出されるのではないのである。それは「させる」文一般の意味特徴であり，その根源は被使役者の本来の性質とともに現在の状態が問題にされたときに解釈される，「させる」の間接性の現れだといえるのである（柴谷1978および5.5節の分析を見られたい）[18]。言い換えれば，他動詞文と異なった意味を(56)(57)の「させる」文が表すとすると，それはこのような意味での「させる」の間接性に他ならないのである(cf. 定延1991)。

とりあえず本節で考察した，非規範的使役構文を作る場合の「する」文と「させる」文の特徴は，次のようにまとめることができる。

(58) 非規範的使役構文を作る場合の「する」文と「させる」文の特徴
　ⅰ．「する」動詞は，状態変化を表す使役他動詞である必要がある。
　ⅱ．「する」文と「させる」文の使役者は，直接的に被使役事態を引き起こす動作主ではなく，使役連鎖の始発者であるか，あるいは，被使役事態に直接作用する原因主である。
　ⅲ．「させる」文は，被使役者の本来の性質（潜在能力）だけでなく，現在の状態（協力的か非協力的か）も問題視される。が，「する」文にはそのような制約がない。
　ⅳ．「する」文は，普通に行われる行為を表す場合に用いられ，直接性の意味と対応するが，「させる」文は普通でない状況に用いられ，間接性の意味と対応する。

ここで，定延の(39)の事態解釈に立ち返ってみよう。「カビ生えモデル」式の事態解釈によって設定されたもう一つの過程とは，実は被使役者の本来の性質や現在の状態が問題視されたことによって現れた，「させる」の間

---

[18] ここでいう間接性とは，間接使役と同じレベルのものではないことに注意されたい。「させる」は被使役者の性質を問題にすることや，使役者が直接触れることができないという意味での間接性を言語表現に反映する形式ではあるが，だからといって，「させる」文ならすべてが間接使役の意味を表すとは限らないからである。間接使役の意味は，使役事態と被使役事態が空間的・時間的に離れた，二つのイベントとして理解される必要がある。間接性については5.5.2節を，間接使役については4.4.2節を参照されたい。

接性に還元することができるといわざるを得ない．さらに，そのモデルが保障する意味も，おのずと起こるように誘発した場合にしか適用できないという弱点がある．しかも，使役者は直接的な動作主ではなく，始発者であるか，被使役者の性質に直接作用したり，被使役者の心内に直接訴えられたりする原因要素である．このように考えると，非因果律を表すとされる「カビ生えモデル」は，日本語の非規範的使役構文が見せる結合価ミスマッチを説明するモデルとしては，もはや不適切である．言うまでもなく，このモデルが韓国語の現象も同時に扱えるとは到底考えられない．

　我々は，非規範的使役構文における使役形態素の付加は，日本語も韓国語も同じように，意味的他動詞という意味基盤の上で統一的に捉えられるものと考える．すなわち，両言語とも客観的には同じ事態であっても，妨害の多い状況であれば使役形態素を付加して表現することができる．この場合，妨害という要素の典型的な現れ方は他者である（韓国語は(30)と(31)を見られたい）．つまり，自力で行う能力をもつという被使役者の性質そのものが，使役者の行為の遂行を妨げる要素であり，間接性を表示するものでもあるのである．さらに，このような性質に基づく被使役者の抵抗は，協力的か非協力的かという被使役者の現在の状態として表出され，普通に行われる状況ではないという読みも生み出す．

　日本語の場合，被使役者の抵抗が強い場合の非協力的な状況では，強制的な意味が表れるが，協力的な状況では，被使役者の本来の性質をうまく利用し，おのずと起こるように誘発する，という意味が表れる．韓国語でも（実は日本語も），(29)のように，使役形の動詞を用いた場合の *kyengchal-i ku yeca-lul kamkum-sikhi-ess-ta.*（警察がその女を監禁させた．）には，三通りの意味解釈がある．その中の二つは，被使役者の抵抗が強い場合の非協力的な状況であり，その場合は強制的な意味が表れる．残りの一つは，警察当局の言いなりに行動する脱焦点化された存在がおり，その女の監禁状態は，この不可視的な存在によって引き起こされたものである．

　つまり，韓国語（日本語も）の非使役形の *kyengchal-i ku yeca-lul kamkum-ha-yess-ta.*（警察がその女を監禁した．）や日本語の「マネージャーがタレントを番組にだした」は，被使役者の意志やそれによる抵抗などはそもそも問題

にされない。被使役者は単なる対象に過ぎず，したがって使役者の行為も容易に遂行できる状況である。しかし，被使役者の性質や現在の状態が問題視されると，その行為は他者に向かう場合と同等の状況であるので容易でない。したがって，使役形態素が付加される。このような意味的他動性の次元において，両言語は同様にふるまうのである。

4.4 形式と意味の対応関係
4.4.1 統語構造

3.4.2節で述べたように，生成文法の枠組みの中で行われた70年代のShibataniの使役研究では，語彙的使役と生産的使役の意味的相違は，統語構造の違いから導き出されるものであった。すなわち，語彙的使役は一つのイベントを表す単文構造をもつとされ，よって直接使役の意味を表すが，生産的使役は二つのイベントを表す複文構造をもつとされ，よって間接使役の意味を表すものである。

ここでは，非規範的使役構文を取り上げて，果たして生成文法で仮定されるように，「させる」文は埋め込み文をもつ複文構造として仮定できるかどうか，について検討する。まずは再帰代名詞のふるまいを見てみよう[19]。

(59) a.　マネージャー$_i$が女優$_j$を自分$_{i/*j}$が脚本を書いた劇にだした。
　　　b.　マネージャー$_i$が女優$_j$を自分$_{i/j}$が脚本を書いた劇にださせた。

もし生産的使役「させる」が埋め込み文をもつのであれば，(59b)はその中に(59a)を補文としてもたなければならない。しかし，そのような操作はそもそも不可能であることがわかる[20]。それにもかかわらず，(59b)の再帰代名詞の先行詞の解釈には，あいまい性が生じる。(59a)の自分の先行詞は使役者のマネージャーだけであるが，(59b)はマネージャーも被使役者であ

---

[19] (59)と(61)は，金水敏教授との個人面談による。

[20] 黒田(1990)も，「奈緒美は譲治に問題の在りかを分からなくさせた。」のような文を取り上げて，この文の補文として「譲治が問題の在りかを分からなくした。」が想定されるはずだが，実際は意味的に対応しないことを指摘している。黒田はこの場合の「させる」を，「する」の使役形でなく使役の助動詞「させる」が自立的に表れたものと見なして，使役の助動詞の自立語説を主張した。これに対する批判的な指摘は，定延(1991)を見られたい。

る女優も先行詞になりうるのである。ちなみに，もし(59a)を補文とする使役文であれば，(60)のように項を一つ増加しなければならないが，(59b)には情報の欠如感はまったくない。

(60) 監督が[マネージャーに女優を自分が脚本を書いた劇にだ]させた。

副詞句の修飾のスコープも同様である。(61a)はマネージャーの態度が積極的であるという意味だけを伝えるが，(61b)では，女優が積極的な態度で舞台に出るという解釈も可能である。

(61) a. マネージャーが女優を積極的に舞台にだした。
　　 b. マネージャーが女優を積極的に舞台にださせた。

非規範的使役構文が見せる以上のような現象に基づくと，次の二点が主張できる。第一に，「させる」文が埋め込み文をもつ複文構造であるという仮説はほとんど意味をなさない。第二に，副詞句の修飾のスコープや再帰代名詞の先行詞の解釈は，埋め込み文をもつかどうか，あるいは主語が二つあるかどうかという統語現象とは無関係である。

実はこれと同じ結論が，Shibatani & Pardeshi(2002)と Shibatani & Chung(2002)の研究によってすでに提出されている(3.4.2節を参照)。そこでは，従来のShibataniの使役研究を再検討して，使役形式は統語構造を通して意味が解釈されるのではなく，事象構造(使役状況)と直接対応することによって意味が解釈される，と見るべきであることが主張されたのである。

4.4.2　事象構造

Shibatani & Pardeshi(2002)と Shibatani & Chung(2002)の提案は，使役状況は，従来のように直接使役・間接使役という二分的なものでなく，その中間的な状況として随伴使役(Sociative causation)があるということである。そしてこの三つの状況は，直接性の軸に沿って連続的に分布する。なお随伴使役には，次に示すように，同伴行為，補助随伴，監督随伴の三つの状況がある。それぞれの状況は，次のように事象構造の図式を用いて具体的に示された。

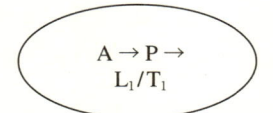

図1 直接使役
Direct causation
$A \to P \to$
L_1/T_1

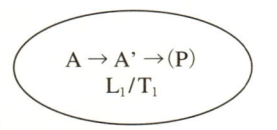

図2 同伴行為/補助随伴
Joint-action/Assistive sociatives
$A \to A' \to (P)$
L_1/T_1

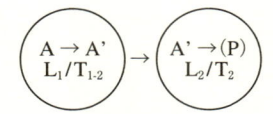

図3 監督随伴
Supervision sociatives
$A \to A'$ $L_1/T_{1\text{-}2}$ → $A' \to (P)$ L_2/T_2

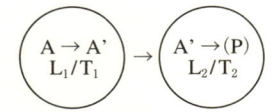

図4 間接使役
Indirect causation
$A \to A'$ L_1/T_1 → $A' \to (P)$ L_2/T_2

上の図式の中のLは空間的な場所を，Tは時間を指す。また，矢印はイベントの分節を表す。それは，自動的なイベントとして動詞によってコード化された潜在的単位である。$A \to A' \to P$は，Aの行為がA'とPを含んでいるイベント分節に持ち越されるような，他動的行為の連鎖を指す。これは実際，Aが直接使役か同伴行為，または補助随伴に携わったときに起こることである。たとえば，もしAがPを殺したこと（$A \to P \to$）であれば，Aの使役行為（$A \to P$）はPの死につつあるイベント（$P \to$）に持ち越される。同じように，もしAがA'を手伝っているという，補助の状況でA'がPをすれば（たとえば，子供がおしっこをする），Aの使役行為（$A \to A'$）は，A'によるイベント（$A' \to P$）に持ち越される。使役事態と被使役事態の間のこのような空間的・時間的オーバーラップは，二つの関連イベントの分節をL_1/T_1の指定に割り当てることによって示される。

監督の随伴使役の場合は，遠距離監督もあるが，使役者と被使役者が近距離にいても，二つのイベントの間には物理的な分離があるようにそれぞれの空間的指定が与えられる[21]。しかし，そこには部分的な時間的オーバーラップがある。間接使役は空間的オーバーラップの可能性があるにしても，二つ

---

[21] 物理的には同じ空間にいても，二人が対立する状況であれば，このような指定が可能である。たとえば，同じ部屋にいる夫婦が喧嘩をしたときの二人，あるいは国会で隣席に座っている自民党議員と民主党議員を想像されたい。

のイベントはそれぞれの空間的・時間的指定をもつものとして与えられる。
　この場合，再帰代名詞の先行詞の解釈は次のような規則で説明される（Shibatani & Chung 2001）。

　　(62)　再帰代名詞の解釈規則（Reflexive Construal Rule）
　　　　　より顕著な主役（protagonist）によって支配されない限り，その主役は再帰代名詞をコントロールできる。
　　　　　（ⅰ．主役顕著度の階層：Initial A ＞ A ＞ P ＞ Defocused A
　　　　　ⅱ．同じイベントの分節内に二つの主役が同時に起こると，一つはより顕著なもう一つの主役によって支配される。）

　この解釈規則では，A（agent）と P（patient）のようなイベントの参加者すべてが再帰代名詞をコントロールできる潜在的な可能性をもつ主役である。どの参加者が再帰代名詞をコントロールする主役になるかは，(62)のⅰとⅱに従って決まることになる。

　再帰代名詞の先行詞の解釈をこのように意味的基盤の上に定義すると，とりあえず日本語の(59b)の非規範的使役構文は適切に扱うことができる。すなわち，(59b)が表す現象は，マネージャーと女優が両者とも文法的主語だからでなく，両者とも顕著な主役であるからあいまい性が生じたのである。言い換えれば，日本語の非規範的使役文は埋め込み文をもつのでなく，それぞれの空間的・時間的指定をもつ二つのイベント分節をもつ事象構造であるために，使役形態素「させる」が付与されたのである。なお，それは図3か図4のような事象構造であろうということがいえる。すなわち4.3.3節で考察したように，日本語の非規範的使役構文には二通りの意味解釈があった。たとえば(59b)であれば，マネージャーの熱意，あるいは何らかの態度が女優の心内に訴えかけたことによって，女優がしぶる状況であっても強制して劇に出るように仕向けるのか，それとも，みずから劇に出るように誘発するのか，という解釈である。この二つの意味は，前者は図3の状況に近く，後者は図4の状況のように解釈されると考えられる。ただし，規範的使役構文と異なる点は，使役事態の主役の使役者が直接働きかける動作主ではなく，原因主であることである。したがって，図3の状況といっても監督の意味は表れない。その代わりに，使役者の何らかの要素が被使役者の非協力的な状

態を抑えつづけることによる強制的な意味があり，そのような点で，二つのイベント間の部分的な時間的オーバーラップを認めることができるのである。

ところが，次の韓国語の例は，(62)の再帰代名詞の解釈規則通りに行かないことがわかる。(29)の例を再び取り上げてみる（この例は日本語も同様である）。非使役形には二通り，使役形には三通りの意味がそれぞれ対応している。

(63) a. kyengchal$_i$-i ku yeca$_j$-lul caki$_{i/j}$ cip-ey kamkum-*ha*-
　　　警察 - 主格　その女 - 対格　自分　家 - 位格 監禁 - する -
　　　yss-ta.
　　　過去 - 断定　'警察がその女を自分の家に監禁した。
　　　(①警察$_i$（個人）が自分$_i$の家にその女を監禁した状況。
　　　②警察官（公人）がその女$_j$を彼女の自宅$_j$に監禁した状況。)

b. kyengchal$_i$-i ku yeca$_j$-lul caki$_{i/j}$ cip-ey kamkum-
　　　警察 - 主格　その女 - 対格　自分　家 - 位格 監禁 -
　　　sikhi-ess-ta.
　　　させる - 過去 - 断定　'警察がその女を自分の家に監禁させた。'
　　　(①警察$_i$（個人）が自分$_i$の家に，強く抵抗するその女を監禁させた状況。
　　　②警察官（公人）が彼女の自宅$_j$に，強く抵抗するその女$_j$を監禁させた状況。
　　　③警察当局がその女$_j$を彼女の自宅$_j$に監禁させた状況。)

すなわち(63)のaとbは，両方とも再帰代名詞の解釈においてはあいまい性が生じる。もしここに何らかの規則があるとすれば，それは名詞句の意味解釈の相違であろう。個人の警察か公人の警察かという違いが，再帰代名詞の解釈を左右し，あいまい性が生じたとしか言えない。つまり，個人の警察であれば，（個人的に）自分の家にその女を監禁すると解釈されるが，公人の警察であれば（公務執行上）その女を自宅監禁すると解釈されるのである。

しかし両者には決定的に異なる点もある。(63b)にはその女の強い抵抗があり，そのためより強制的な力が必要であるということである。さらに(63b)③のように，使役者が警察当局として理解され，警察（当局）の言いな

りに行動する脱焦点化された動作主(Defocused A)として解釈される点である。この場合は，遠距離監督の状況を表すため，被動者(P)のその女が再帰代名詞をコントロールすることができると言える。

すなわち，(62)の再帰代名詞解釈規則は(63a)①と(63b)①③については説明できるが，他の二つに関しては説明できない。また，個人か公人かという名詞句の解釈が再帰代名詞の解釈に関与することは，(62)の解釈規則とは異なる次元のパラメータが関与することを示唆するものと考えられる。これについては第6章を参照されたい。

とりあえず使役状況から見て，以上のような解釈が表す状況を，次の図式のように表示してみよう。非使役形の状態変化動詞が表す事象構造図5は，先の図1と，使役形の状態変化動詞が表す事象構造図6と図7は，先の図2および図3の状況と類似する。

$$A \to P \to$$
$$L_1/T_1$$

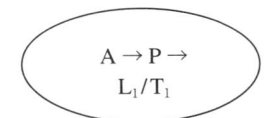

図5 非使役形の状態変化動詞

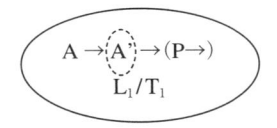

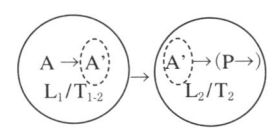

$$A \to (A') \to (P \to)$$
$$L_1/T_1$$

図6 使役形の状態変化動詞(Ⅰ)

$$A \to (A') \Rightarrow (A') \to (P \to)$$
$$L_1/T_{1\text{-}2} \quad L_2/T_2$$

図7 使役形の状態変化動詞(Ⅱ)

図5は被使役者のその女が単なる対象(P)であるに過ぎないことを表すが，図6では被使役者が自分の意志をもつ存在であり，なおかつ強く抵抗する状態にあることを表す。この場合，使役者はまず，行為の遂行を妨害する被使役者の動作主性を抑えなければ，その次の，監禁されていない状態から監禁された状態へ被使役者の変化(P→)も引き起こすことはできない。つまり，被使役者の抵抗を抑えつづけること(A→(A'))によって，同時に対象としての被使役者の状態変化も自動的に引き起こされるのである(A→(A')→(P→))。

ここで脱焦点化された被使役者の存在((A'))を想定する理由は，(27b)で取り上げた使役形を用いた場合の *kwunintul-i kil-ul chatansikhi-ko iss-ta.*(軍人た

ちが道を遮断させている)の例をみると，納得できる．この場合も，軍人たちは道路の遮断状態(P→)を引き起こすために，行為の遂行を妨害する通行人を食い止めている(A→A')．つまり，統語構造に通行人は現れない．しかし，軍人たちが通行人を食い止めつづけることによって，同時に道路の遮断状態も自動的に得られるという状況を表すのである．

　図7は遠距離監督の状況であるが，肝心な被使役者は脱焦点化された動作主である．すなわち，使役者はPの状態変化(P→)を引き起こすために，自分の言いなりに行動する不可視的な存在を被使役者として用いる．この場合も，被使役者は統語構造には現れないが，使役者はイベントの監督者という意味を表出する．(26)の使役形の *icensikhita* (移転させる)を想起されたいが，脱焦点化された被使役者があり，遠距離監督の状況も表せるのである．

　もし，図6と図7に現れるイベントの参加者すべてを焦点から外すことなく，統語構造にもそのとおりに表示すれば，その文は生産的使役 *-key hata* を用いるしかない．しかし，そうなると，図6と図7のような空間的・時間的指定をもつ事象構造，つまり，随伴使役の状況を表すことはできない．図4のような間接使役の状況を表してしまうのである．

　間接使役の状況と非規範的使役文の随伴使役の状況が表す意味の食い違いについては，発話行為動詞が表す事象構造から確かめることができる．

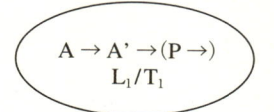

$A \to A' \to (P \to)$
L_1/T_1

図8　語彙的使役形の
　　　発話行為動詞

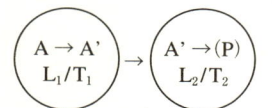

$A \to A'$ → $A' \to (P)$
L_1/T_1 　　　L_2/T_2

図9　生産的使役形の
　　　発話行為動詞

たとえば，*sokayhata* (紹介する)の語彙的使役形 *sokaysikhita* と生産的使役形 *sokayha-key hata* をあげてみよう．(4b)のように，語彙的使役形を用いた場合の *yengi-ka cheli-eykey swuni-lul sokaysikhi-ess-ta.* (ヨンイがチョリに(スニと挨拶を交わすように)スニを紹介した．)は，使役者のヨンイがチョリにスニのことを紹介する(A→A')ことによって，自動的に被使役者のチョリがスニと挨拶を交わすイベント(A'→(P→))が引き起こされる．

　つまり，Aの使役行為とそれによって引き起こされた被使役事態(A'→P

→)が，同じ空間的・時間的指定内で起こるため，被使役事態はAの使役行為に促された反応行為として現れるのである。このような意味関係は同伴行為ないし補助の状況に似ている。

ところが，生産的使役形を用いると，二つのイベントは図8のようにそれぞれの空間的・時間的指定が与えられる。この場合，使役者の行為は，被使役者のチョリにスニのことを紹介するように命じたこと(A → A')であり，それによってチョリがスニのことを(別の誰かまたは使役者に)紹介するイベント(A' → P)が引き起こされるのである。

すなわち，生産的使役では，使役者は命令する人であり，それによって被使役者は紹介するという行為をするのであるが，語彙的使役では使役者が紹介するという行為をしており，被使役者はその行為に反応して行動をすることが要求される状況となるのである。

このような違いは，次のようにスニを無生物の本に入れ替えた場合，生産的使役は適格であるが，語彙的使役は不適格であることからも確かめられる。

(64) a.?* yengi-ka   cheli-eykey   chayk-ul sokay-*sikhi*-ess-ta.
　　　　ヨンイ - 主格 チョリ - 与格 本 - 対格 紹介 - させる - 過去 - 断定
　　　　'ヨンイがチョリに本を紹介した。' (= 36b)
　　b. yengi-ka   cheli-eykey   ku chayk-ul sokay-ha-*key ha*-
　　　　ヨンイ - 主格 チョリ - 与格 その 本 - 対格 紹介 - する - させる -
　　　　yess-ta.
　　　　過去 - 断定
　　　　'ヨンイはチョリにその本を紹介するように仕向けた。'

さて，先の図6と図7のように，非規範的使役構文の随伴使役の状況に見られる参加者(被使役者)の脱焦点化は，図6のように，(ⅰ)参加者が統語構造には現れるが，その行為だけが焦点から外される場合と，図7のように(ⅱ)統語構造にも現れず，参加者そのものが脱焦点化される場合という二種類がある。とくに，前者の場合は，参加者が動作主性をもつにもかかわらず，統語的には単なる対象と同様に扱われること(対格のみ付与可能)に繋がる。日本語の非規範的使役文にも被使役者は対格しか与えられないが((52)参照)，「させる」文には，被使役者の性質を問題にするという解釈が現れることや，

また，図9で表示されたスニの反応(P→)も，基本的にはこれと同じような，統語構造と意味のミスマッチであると考えてよいであろう。

この二種類の被使役者の脱焦点化と，それによって生じる統語と意味のミスマッチのメカニズムを「折り紙モデル」とよぼう。次のイメージ図のようである。

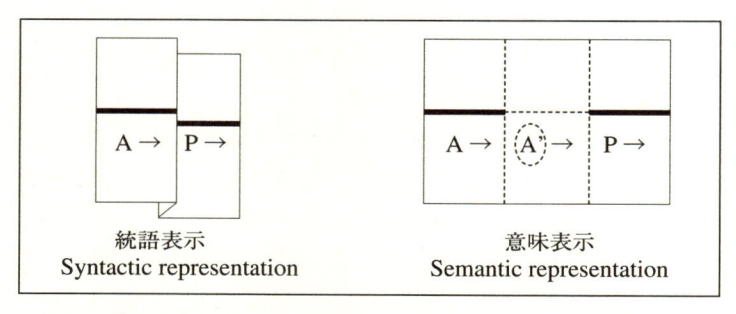

図10 統語と意味のミスマッチのメカニズムを表す「折り紙モデル」

すなわち，紙を山折り谷折りしてその上に折り目とクロスになるよう直線を引くと，その一直線は折り目によって二つの分節(A→P→)をもつことがわかる。しかし，その直線の下には，実は無表示(白紙)の分節((A)→)が隠されている。が，それは折り畳の部分を広げるまで普通は見えない。脱焦点化された参加者やその参加者の行為はこの無表示の分節 ── 横の点線で示す ── が表すイベントに属する。この場合，統語構造には有表示の部分，つまり，二つの分節をもつ(太い)直線の部分しか投射されないので，非使役形の動詞も使役形の動詞も統語構造には同じように表示されてしまう。なぜならば，折り畳んだ分節は統語表示(syntactic representation)に連結されない意味表示(semantic representation)だからである。つまり，韓国語と日本語の使役形態素は，もう一つのイベント分節をもつこの意味表示と対応して付加されたのである。

以上をまとめると，図11のようである(ただし，(26)と(29)に対応する一部の日本語の漢語動詞は反映していない)。図11では，非規範的使役が表す意味は規範的使役と平行しており，使役形式の分布は事象構造が表す意味と対応していることを表す。

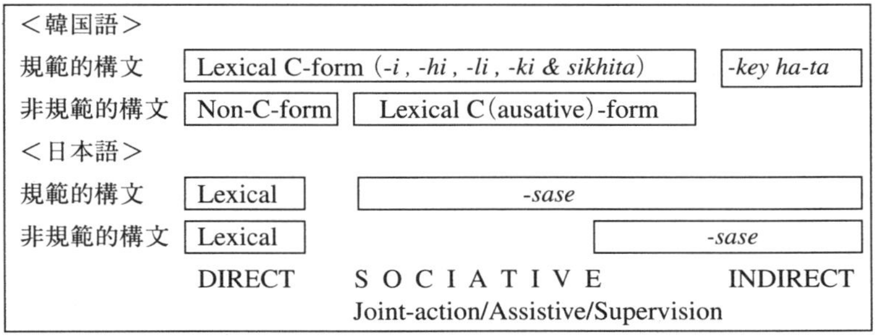

```
<韓国語>
規範的構文   | Lexical C-form (-i, -hi, -li, -ki & sikhita) | -key ha-ta
非規範的構文 | Non-C-form | Lexical C(ausative)-form |
<日本語>
規範的構文   | Lexical |              -sase              |
非規範的構文 | Lexical |                        | -sase |
             DIRECT        SOCIATIVE         INDIRECT
                     Joint-action/Assistive/Supervision
```

図11　規範的・非規範的使役構文において使役形式の分布が見せる意味地図

4.5　おわりに

　伝統的に使役構文は，一つの結合価の増加ないし新しい主語の導入という形式的な側面と文法的概念に基づいて定義されてきた(3.2.3節参照)。このような定義は，規範的使役文の統語構造にはうまく合致するにしても，非規範的使役文の統語構造とは矛盾しており，したがって使役構文全体の意味現象を予測することはできない。

　結合価を増加させないにもかかわらず，なぜ使役形態素が付加されるのか。この問題は，使役形態素が意味と対応して付加される，という意味的機能に基づくことを提示することによって解決できることを主張した。この場合，使役形態素の機能は，行為が表に向かって展開する，という意味的他動性に基づいて定義できる。すなわち，使役形態素は行為の遂行が普段と異なり困難な状況がある場合，要するに，被使役者の本来の性質や現在の状態が問題視される状況において付加される。換言すると，最大に困難な状況とは行為が他者に及ぶ場合であり，使役形態素の付加は，他者に向かう行為同然だ，という意味的要因に動機づけられている。統語構造に現れない脱焦点化された被使役者の存在が解釈されるのも，そのためである。

　使役形態素(および使役形式)の機能をこのように意味的に捉え直してみると，両言語の非規範的使役は，使役形態素の意味的機能から派生した構文であり，規範的使役とも本質的には同じであることがいえる。すなわち，非規範的使役の統語構造は意味とミスマッチがあるが，使役形態素と意味は合致

しており，その点で規範的使役と同じなのである．両言語のこのようなメカニズムを統一的に記述するために，ここでは「折り紙モデル」を提案した．このように規範的使役と非規範的使役を同様の意味的基盤の上で説明すると，両言語における両構文の統一的な扱いが可能になることを示した．

　最後に，本章では一貫して使役形態素の付加と意味的他動性の観点から分析を行った．ところが，なぜ統語構造では折り紙モデルのようにもう一つの過程を折ってしまわなければならないのか，また(受身構文でもなく)使役構文に脱焦点化された被使役者(動作主)が現れうるのか，といった疑問に答えるまでには至らなかった．この問題の解決は，動詞中心の分析を超えて名詞句の意味を考慮したときに到達できる．それは第6章まで待たなければならない．

第三部

動詞基盤の文法から名詞基盤の文法へ
―新たなパラダイムを求めて―

第5章

日本語における自他交替とサセ
―― カテゴリーの拡張と語彙的欠如の動機づけについて ――

5.1 はじめに

　本章は，日本語の自他交替と使役(サセ)の二つの文法領域のカテゴリー化に関する研究である。本章の目的は次の二点である。一つは，自他交替とサセの二つの領域において観察される，カテゴリーの拡張および語彙的欠如の問題を取り上げ，その動機づけを明らかにすることである。もう一つは，従来のように，主として動詞の意味だけを考察の対象にする分析では，これらの問題は十分に取り扱えないことを主張することである。したがって，本章では，動詞の意味よりもむしろ名詞句(が指し示す存在物)の認知レベルでの意味解釈が事態構造の変化をもたらし，それがカテゴリーの拡張およびその動機づけに直接的に関わってくることを明らかにする。

　ところが，従来の研究では，主として動詞の意味のみを基準にこの二つの領域に属するものを分類し，しかもこの場合，自他交替と使役の二つの領域が離散的(一方を許容すれば，他方は許容できない)であるかのように捉える傾向があった。また，語彙的欠如に関しても，日本語の語彙の中にたまたま存在する偶然のギャップであるというような見方があった(Shibatani 1976a：261, 1976b：35, 寺村 1982)。

　これに対して，本章では，自他交替と使役は離散的でなく，二つの領域の境界には参与する動詞の重なりがあり，さらなるカテゴリーの拡張も見られ，連続的であることを主張する。また，自他交替において見られる語彙的欠如も(説明不可能な)偶然のギャップではなく，説明可能な意味的な動機づけがあることを主張する。

5.2 従来の捉え方

　自他交替の現象に関して言語学的に主な関心の一つは、どのような自動詞が他動詞と対応し、またしないのかについて、動詞の意味の観点から言語一般の状況を把握し、それに原理的な説明を与えようとしたことであった[1]。とりあえず、これに応えられるものとして、世界の 21 言語の 31 個の動詞を調べた Haspelmath(1993) の研究がある。その調査の結果は、ごく大雑把に言うと、状態変化を表す自動詞には対応する他動詞があるが、人間の行為を表す自動詞には対応する他動詞がない (ので、使役と対応する)、という一般化でまとめられている (Haspelmath 1993：94 および、2.4 節参照)。日本語に関しては、早津 (1989) の無対他動詞・有対他動詞の分類がこれとほぼ同じ結論として提出されている。この状況を要点のみしぼって、表 1 のように動詞の例をあげて簡略に示してみよう (便宜上、有対自動詞 (対応する他動詞がある) は自動詞(1)、無対自動詞 (対応する他動詞がない) は自動詞(2) と表記する。自動詞(2) は使役と対応する)。

自動詞(1)	他動詞	自動詞(2)	使役
開く	開ける	歩く	歩かせる
溶ける	溶かす	笑う	笑わせる
沸く	沸かす	遊ぶ	遊ばせる

表 1

　しかし実は、表 1 と同様の一般化は、Haspelmath や早津よりも一世紀半以上も前に、すでに本居春庭 (1828) の『詞の通路』でも得られていた (島田 1979、渡辺 1995 も参照)。その状況は、Shibatani(2000) と Shibatani & Pardeshi(2002：86) によって表 2 のようにまとめられている (「おのずから然る(1)」は上の自動詞(1)に、「みずから然する(2)」は自動詞(2)に大体対応する)。

---

[1] この問題に関して、理論的には、関係文法および生成文法の理論的な枠組みの中で議論されている、非対格仮説が関わってくる (Perlmutter 1978, Levin & Rappaport Hovav 1995, 影山 1993, 1996 など)。しかし、これらの仮説および用語は、本章のようなアプローチにはそぐわないので、この仮説に基づく用語は導入しない。なお、非対格仮説の問題点については、第 2 章を参照されたい。

	他動詞	使役	受身
おのずから然る(1)	○	×	×
みずから然する(2)	×	○	○
他動詞		○	○

表2

　表2から一層明らかなように，このような一般化では自動詞が動作動詞か変化動詞かによって完全に二つに分類できるもののように捉えられている。同時に，自他交替と使役(表2では，受身も)も，領域の境界が明らかなもののように，離散的に捉えられていることがわかる。

　次に，自他交替の領域において観察される語彙的欠如の問題がある。これは，Shibatani (1973a, 1976a : 260-262) と寺村 (1982 : 293-296) などで取り上げられたことがある。たとえば，次のようなことである。

(1) a. 太郎が立つ。
    b. *太郎を立てる。
    c. 太郎を立たせる。
(2) a. 家が建つ。
    b. 家を建てる。
    c. *家を建たせる。
(3) a. 凍る／腐る。
    b. 凍らせる／腐らせる。

　すなわち，「家を建てる」は語彙的に存在するが，「*太郎を立てる」は存在しない[2]。また，「凍る」や「腐る」は(状態変化動詞であるにもかかわらず)他動詞が欠如し，サセが対応する。この状況を表3のように示しておく。

　このような語彙的欠如の問題について，Shibataniと寺村はidiosyncraticな事情による日本語の語彙の問題であると考えた。つまり，日本語の語彙の中にたまたま対応する語彙がない偶然のギャップなので，説明できないものとされたのである。

---

[2] ただし，「顔を立てる」の意味では存在する。

自動詞	他動詞	使役形	自動詞	他動詞	使役形
立つ	×	立たせる	凍る	×	凍らせる
建つ	建てる	×	腐る	×	腐らせる

表3

本章では以上のような捉え方に対して問題提起を行い，これについて検討することになるが，この議論に入る前にもう一つ，宮川(1989)の研究を取り上げる必要がある。

5.3 宮川(1989)の問題点[3]

宮川(1989)はサセの成立，とりわけ被動者主語を取る動詞に，対応するサセが存在する(または，パーマネント・レキシコンに登録される)ことについて，阻止(Blocking)という現象(「本来存在すべきである語彙が，同じ意味を担う語彙が他に存在するためその存在を妨げられるという現象(p.188)」)を援用して説明を試みた。

彼によると，(4)のように，対応する他動詞が存在する場合は，サセは阻止されるので，存在しない。一方(5)のように，対応する他動詞が存在しない場合は，阻止されないので，サセは存在する。しかしながら(6)のように，対応する他動詞がある場合もあり，かつサセも存在する例がある。すなわちここでは，阻止されているにもかかわらず，(4)と違い，サセは存在する。その理由について宮川は，(6)は(4)と違い，対応する自動詞の主語が「花子が倒れる」のように，動作主でも許されるから，という。したがって，もし被動者主語(彼の用語では，対象格)を取る「椅子が倒れる」ならば，(4)と同じように阻止されてしまうので，サセは存在しないはずである，と説明する。

(4) a. ＊沸かせる(沸かす)
 b. ＊乾かせる(乾かす)
 c. ＊われさせる(わる)

---

[3] 宮川の問題点については，すでにKuroda(1993)の批判的な論文がある。生成文法の枠組みの中で語彙論の立場を取る宮川に対して，Kurodaは変形論の立場から徹底的に反論している。

(5) a. 野菜を腐らせる
　　b. 花を咲かせる
(6) a. たおれさせる(倒す)
　　b. 落ちさせる(落とす)
　　c. 現れさせる(現す)

　またこの説明とともに，宮川は，使役の意味——直接使役と間接使役——を導入した説明も試みた．つまり，動作主主語を取る自動詞と対応するサセは，間接使役を表すことができるから，対応する他動詞の有無とは無関係に，すべて存在する．これに対して，被動者主語(対象格)を取る自動詞は，間接使役を表すことができないため，サセはすべて存在しない(はずである)．ただし，対応する他動詞がないものに限っては，直接使役を表すことができるため，阻止されず，サセが存在するのである．言い換えれば，対応する他動詞があれば，サセは直接使役を表すことができないから(また，間接使役を表すこともできないから)，存在できなくなる．その理由は，すでに存在する他動詞が直接使役を表すため，同じ意味を表す語彙が二つも存在することは妨げられるからである．したがって，(5)は対応する他動詞がないため，サセは直接使役の意味を表すことができ，よって，存在するということになる．

　このような説明に基づくと，さし当たって，次のような動詞はどのように説明すればよいか．(7)は，他動詞の有無を基準にした阻止や動作主主語・被動者主語を基準にした阻止，そして使役意味を基準にした阻止のいずれとも，適切な説明は与えられないからである．つまり，これは宮川の説明と矛盾する，反例となるのである(Kuroda 1993：42-46および5.4節も参照)．

(7) a. 固まる(固める，固まらせる)
　　b. 縮む(縮める，縮ませる)
　　c. 流れる(流す，流れさせる)

　ここでもう一つ，確認しておきたいのは，このような説明も，結局は上記の表1，2にまとめたような見方と基本的には変わらない，ということである．すなわち，阻止という一見システマチックに見えるものを援用してはいるものの，内容的には，対応する他動詞の有無の状況と動作動詞かそうでないかという動詞の意味情報を根拠に(それに，直接使役・間接使役という使

役構文の意味も導入し），サセの成否が説明できるとしているのである。このことを見ると，日本語の語彙において，(5)のような動詞にはなぜ他動詞が欠如することになるのか，に対する問題意識はなく，Shibatani (1973a,b, 1976a,b) と寺村 (1982) と同様，語彙的欠如という捉え方をしていることがわかる。つまり，語彙の問題なので説明できないものとして認識されているのである。

一方「*太郎を立てる」のような語彙的欠如の問題に関しては，宮川は直接的には触れていない。しかし，上記の説明から鑑みると，その背後に非対格仮説があり (p.208 参照)，よって自動詞の主語が動作主の場合はサセと（のみ）対応する，という説明になるだろうということがわかる (Kuroda 1993：40-42 も参照)。また Haspelmath (1993) に従っても，動作主主語だから他動詞は対応しない，という説明が与えられよう[4]。しかしながら，これも「花子が舞台に上がる」に対する「花子を舞台に上げる」と「花子を舞台に上がらせる」のようなペアがあることを考慮すると，不十分であることがわかる。これについては，5.5.5 節で取り上げる。

---

[4] 実際，鷲尾 (1997：81-82) はそのように示唆している。

[5] 分類の際に常に問題となるのは，「笑わせる」と「笑わす」，「泣かせる」と「泣かす」のような関係であろう。すなわち，一方は使役，もう一方は他動詞なのか，それとも二つとも使役なのか，ということである。ここでは，松下 ((1930[1977：149])) 以来文体（または方言）の差として知られているように，この場合の「さす」形は他動詞と見なさず，「させる」の異形態と考える。松下は「散らす」「枯らす」などは四段活用で他動，「走らす」「帰らす」などは下二段活用の動助辞「す」が付いたもので，使動であるという（森田 2002：198-199 も参照）。Kuroda (1993) は他動詞の「さす」と使役の「さす」を区別できるテストとして二重使役と尊敬のテストを考案して，経験的に示している。宮川 (1989：204) は，「腹をすかせる」と「腹をすかす」のように，「させる」形のイディオムが「さす」と自由に交換できる場合は異形態とし，一方「不平をならす」と「*不平をならせる」のように，サセと交換できない場合は異形態でなく，他動詞であるとして区別する。「食べさせる」と「食べさす」のように，「させる」形が「さす」形に自由に交換できる例については，森田 (2002) を参照されたい。

5.4 考察

ここでは，5.2 節と 5.3 節の先行研究を基にして，それに不十分なところを補い，とりあえず動詞のみを基準にして次のように分類してみる[5]。

[サセのみ許容する場合]

(A) 動作主主語を取る自動詞

(8) 走る(走らせる)，歩く(歩かせる)，遊ぶ(遊ばせる)，踊る(踊らせる)...

(B) 被動者主語を取る自動詞

(9) a. 降る(降らせる)，吹く(吹かせる)

b. 光る(光らせる)，匂う(匂わせる)，輝く(輝かせる)

c. 咲く(咲かせる)，凍る(凍らせる)，しみ込む(しみ込ませる)，腐る(腐らせる)

他動詞と対応せず，サセとのみ対応する動詞としては，まず(8)の動作主主語を取る動詞がある。これらには，サセは制約がない。次に，被動者主語を取る動詞にもサセとのみ対応するものがある。(9a)のように動的な自然現象(とくに気象現象)，(9b)のように光，匂いなどの放出動詞，(9c)のように気温の変化に伴いその対象物も変化するような自然界の変化現象などが大部分である。

[他動詞のみ許容する場合]

(A) 動作主主語を取る自動詞；なし

(B) 被動者主語を取る自動詞

(10) 沸く(沸かす)，乾く(乾かす)，開く(開ける)，割れる(割る)，溶ける(溶かす)...

(10)の状態変化動詞は，普通サセとは対応せず，他動詞とのみ対応するものとして知られている。一方，動作動詞の場合は，サセと対応せず，他動詞とのみ対応する例は存在しない。

[他動詞とサセの両方を許容する場合]

(A) 動作主主語を取る自動詞

(11) a. 上がる(上げる，上がらせる)

b. 入る(入れる，入らせる)

　　　　c. 出る（出す，出（で）させる）
(B) 被動者主語を取る自動詞（(7)と同じ。）
　(12) a. 固まる（固める，固まらせる）
　　　b. 縮む（縮める，縮ませる）
　　　c. 流れる（流す，流れさせる）

　他動詞とサセの両方と対応する場合は，まず，動作主主語を取る動詞の中には，(11)のような移動動詞がある。一方，被動者主語を取る動詞の中には，(12)のような状態変化動詞がある。これらを見る限り，状態変化動詞といってもサセと対応できなくはない，と言える。また，動作動詞といっても他動詞と対応できなくもない，ということも言える。つまり，他動詞と使役の二つの領域は，動詞の意味だけで明快に分類できるほど単純ではないことがわかる。

　とりあえず以上の考察を表4のように示してみよう。「上がる」は，「物価が上がる」では被動者主語，「子供が二階に上がる」では動作主主語であることを表す。

	自動詞	他動詞	使役
被動者主語	溶ける	溶かす	×
	固まる	固める	固まらせる
	凍る	×	凍らせる
	光る	×	光らせる
	吹く	×	吹かせる
動作主／被動者主語	上がる	上げる	上がらせる
動作主主語	歩く	×	歩かせる

表4

　表4からは，二つの疑問が浮かび上がる。第一に，「凍る」と「溶ける」は同じ変化事象であり，しかも，状態変化の逆の側面を表しているように思われるが，なぜ異なるふるまいをするか？　第二に，「上がる」と「固まる」は，一方は動作主主語（の場合），他方は被動者主語なのに，なぜ同じようにふるまうことができるか？

　以下では，このような疑問を追究できるような分析をする。

5.5 分析
5.5.1 サセのカテゴリー化と潜在能力

　ここではサセのカテゴリー化，すなわち，サセは世界のどのような事象をカテゴリー化する形式なのか，という観点から分析する。前節までは（これまでの先行研究でも大体），動詞の意味情報のみにより分類を行った。しかしここでは，それだけでは不十分であることを提示する。

　次の例を見られたい。これらはすべて，動詞の意味だけではサセの成否が判断できない。(13)-(16)は Shibatani(1973a, b)，井上(1976(下))，青木(1977)，寺村(1982)などを参照した。

(13) a. 粘土を {固めた／*固まらせた}。
　　 b. ゼリーを冷蔵庫に入れて {固めた／固まらせた}。
(14) a. 注意書を {回した／*回らせた}。
　　 b. 風車を {回した／回らせた}。
(15) a. ゴミを下水に {流した／*流れさせた}。
　　 b. 汚染した水を川に {流した／流れさせた}。
(16) a. ガスを {止めた／*止まらせた}。
　　 b. エンジンを {止めた／止まらせた}。

　(13)-(16)は同じ動詞であるが，目的語の名詞句がそれぞれ異なっており，それにより，サセの容認性も異なってくる。この違いを左右するものは，さし当たって，名詞句が指し示す存在物の意味要素しか見当たらない。具体的にいうと，「固まらせる」という事象には，粘土は普通不適切だがゼリーは適切である。また，「回らせる」という事象にも，風車と注意書で判断が異なってくる。風車については，人間が直接コントロールしなくてもみずからの性質により回るものだ，という理解が可能である。それに，動力の原因（風）がすでに語彙化されていることも見逃せない。このような状況が注意書とは異なり，風車にはサセを認可したのであろう。(15b)の水と(16b)のエンジンも，存在物そのものの内的性質がそれぞれの事象を成り立たせていると理解できる（エンジンに関する説明は，4.3.3節を参照）。これに対して，ゴミやガスは，それら自身の内的性質により，ゴミが流れる，またはガスが止まる，などのような事象は普通起こらない，と理解される。すなわち，人

間が直接関与しコントロールしなければ，これらの事象は普通，起こらない。

この状況を次のようにまとめてみよう（ただし，ゼリーや風車などのように，直接関与しなくても当該の事象を引き起こすことができる場合，これは間接関与とする。以下参照）。表5を見ると，変化事象においてサセの成立は，存在物の種類によって決まることがわかる。

事象	存在物	直接関与	他動詞	間接関与	サセの成否
固まる	粘土	○	○	×	×
	ゼリー	○	○	○	○
回る	注意書	○	○	×	×
	風車	○	○	○	○
流れる	ゴミ	○	○	×	×
	水	○	○	○	○
止まる	ガス	○	○	×	×
	エンジン	○	○	○	○

表5

以上の分析から，サセの成否には，名詞句が指し示す存在物の意味性質とともに，その存在物への我々の関与の仕方も深く関わっていることが理解されよう。後者の関与の仕方に関しては次節で取り上げることにして，まず前者について述べる。

ここで，とりあえず上記の表5のように，ゼリーや風車，エンジンなどにはあって，粘土や注意書，ゴミなどにはないと思われる存在物の意味性質を「潜在能力」(potent)としよう。

実は従来の研究でも，本稿の「潜在能力」に大変近い用語がある。まずは，井上(1976)の自発性があげられる。しかしこの用語にはサセだけでなく，他動詞の一部(-as形)も含まれるので，本章の潜在能力より広い概念である。たとえば，「私は妹を壇から降りさせた」や「ゼリーを早く固まらせるには…」とともに，「氷を溶かす」にも「自発性」があるとされているのである。その一方で，「太郎はジョンに財布をなくさせた」のように被使役者が経験者の場合は，自発性をもたないとされるので，統一的に適用できないという不都合もある(井上1976(下)：67-69)。すなわち，有生の被使役者に対して

―――― 5.5 分　析 ――――

は，意志性がなければ自発性も同時に消えるものとされるが，本来意志性のない無生物であれば，自発性は意志性とは独立に存在するものとして捉えられているのである。また久野(1973:87)の［＋自制的(self-controllable)］もあるが，これは有生物主語を前提とする用語なので，無生物主語は排除されることとなり，都合が悪い。

　次に，日本語の観察からではないが，Levin & Rappaport Hovav(1995:90-110)が用いる「内的要因」(internal cause)がある。これは *laugh*, *play*, *speak* のような動作動詞のみならず，情動反応を表す *blush*, *shudder*, *tremble*, そして *buzz*, *flash*, *smell* のように，対応する他動詞がない自動詞を特徴づける概念として用いられる。これらの動詞は，外的要因がなくても，<u>存在物(彼女らの用語では，arguments)の内的性質(internal properties, または inherent properties)により事態が生起するものとして概念化されている</u>，という共通点をもつとされ，そのような意味において内的要因であるとされる(p.91)。これに対して *break*, *dry*, *melt*, *freeze* のように対応する他動詞が存在する自動詞は，「外的要因」(external cause)によって事態が生起するものとして特徴づけられる。すなわち，事態の生起が内的要因によるか，外的要因によるかによって二つに分類できるとする。またこの「内的要因」は，少なくとも上の下線の部分をみる限り，名詞句(が指し示す存在物)が持っている意味性質として特徴づけられていることがわかる。その点では，本章の「潜在能力」に非常に近い概念であるように思われる。しかしながら，表4に見られるように *melt* と異なって *freeze* に対応する日本語の動詞は英語とふるまいが異なる(注16も参照)。このような点まで説明できるようにするためには，やはり日本語の観点から捉えなおす必要があるように思われる。

　一方，潜在能力(potent)という用語そのものは，むしろ受身ラレのパラメータに用いられることがある。Shibatani(1998)は日本語自動詞の受身の成否を animate & potent で説明しているのである[6]。しかしながら，5.2節

---

[6] Shibatani(1998:100)が提示した animate & potent の範囲は，次の a ～ e までであるので，当然 f には potent がないとされる。
　（i）a. 太郎は，急に花子に走られた。（花子が走る）
　　　b. 太郎は，犬に一晩中吠えられた。（犬が吠える）

の表2からもわかるように，受身の成否は使役の成否と（大体）一致することが示されている（これに関しては佐久間1936[1983]，三上1953[1972]も参照）。このことを考慮すると，受身と同じパラメータをサセのパラメータに用いることは有効かつ有益であろう。実はShibatani(1976a：256)もヲ使役で，かつ非意志的な被使役者が関与する許容使役の状況では，内在的潜在能力またはプログラムされた潜在能力(inherent or programmed potentiality)によってその過程が引き起こされると見ている。しかしながら，ここでいう潜在能力は先ほどの定義からわかるように，許容使役という限定された状況においてのみ適用される。

本書では，次のように定義する。ただし書き以下の内容は，従来の類似する用語と異なる，本書のオリジナルな考え方である。

(17) 潜在能力の定義

潜在能力は，存在物の内的性質であり，外からの直接的な働きかけがなくても，当該事象を自力で引き起こしうるものとして，その存在物に本来的に備わっている（と理解される）性質である。ただし，この性質により引き起こされたものと見られる事象は，その存在物の本来の（存在）目的に見合う，合目的性があるものでなければならない。

すなわち，注意書と異なり，生産物として風車は初期状態から自力で回れるように設計されている。また，ゼリーもその成分であるゼラチンの凝固する性質を利用して製品化されたものなので，ゼリーが固まることは，生産物としてゼリーの本来の存在目的に見合った，合目的性から理解されうる事象である。これに対して，粘土はそれ自身の凝固する性質を利用した生産物であるとは理解されえない。粘土には水分と粘性が本来的に備わっているものであるため，粘土が固まることは水分が蒸発することと理解され，むしろ，粘土として存在価値がなくなることを意味する。念のために断っておくが，このような知識は，我々が存在物に対する科学的・専門的知識をもっている

---

c. 太郎は，花子に死なれた。（花子が死ぬ）
d. 太郎は，雨に降られた。（雨が降る）
e. 太郎は，夏草に生い茂られた。（夏草が生い茂る）
f. *太郎は，急に戸に開かれた。（戸が開く）

からでなく，我々の日常的な経験的知識に基づいてわかるものと考える。

　以上をまとめると，存在物の合目的性にそぐわない事象には，サセを付加できないという，意味と形式の対応関係が見られ，それをここでは，潜在能力という概念に基づき定義したということである。したがって，風車やゼリーでも「*風車を割れさせた」や「*ゼリーを回らせた」のような表現は，普通不適切だと理解されるのである。

　この定義に基づくと，サセのカテゴリー化は次のように説明できる（鄭 1999, 鄭 2000b）。

　　(18)　サセのカテゴリー化
　　　　　サセは，動作主主語と共起する動詞を意味基盤にして，そこから「風が吹く」,「雨が降る」のような動的な自然現象を含み，さらに，潜在能力を持つ変化動詞へと広がる。

　この分析には，カテゴリーの構成要素として上の三つの成員があることと，そして，その成員が表す存在物の意味性質として，少なくとも潜在能力がなければサセは付加できない，ということが主張されている。さらに進んで，サセのカテゴリー化には，むしろ潜在能力が基本的意味であり，したがって，サセのすべての成員には潜在能力がある，という解釈も不可能ではない[7]。この考え方に基づいて，(18)の内容を次のように分析してみよう。

　　(19)　サセのカテゴリーを構成する意味要素（サセの概念カテゴリー）
　　　　　サセのカテゴリーを構成する意味要素として，動作動詞と共起する主語名詞句には［意志性］［活動性］［潜在能力］の三つの要素が必要であり，自然現象の動詞には［活動性］［潜在能力］の二つの要素が必要であり，そして，サセを許容する変化動詞には［潜在能力］がなければならない。

(19)では，［意志性］の概念によって動作動詞が同定され，変化動詞，とりわけ状態変化動詞は［活動性］の概念，すなわち，［活動性］がないことによって同定されると考える[8]。この場合，［活動性］は外から観察されうる

---

[7] カテゴリーの構成要素すべてが共有するような，基本的意味を仮定する本書の考え方に近いものとして，天野（2002：第8章）がある。

[8] この点において，位置変化動詞は中間的である。なぜなら，動作動詞としてもふるまうことができるからである。5.5.5節を参照。

動的な活動を指すので，内的な［潜在能力］とは対照的である。なお，「風が吹く」のような動的自然現象は，外的な［活動性］と内的な［潜在能力］の表裏一体の関係であると考える。

(18)(19)の分析を受け入れると，サセのカテゴリーの内部構造および典型性についても，次のように説明できよう。サセの典型的な例は動作動詞であり，状態変化動詞はサセの周辺的な例である。この主張の根拠として，動作動詞のように典型的な例には，サセの付加に対する制約がまったくなく，サセの成否に関与する意味要素の数も多い。しかし，変化事象のように非典型的な例には，サセの付加に対する制約があり，関与する意味要素の数も少ない，ということがあげられる。

また以上のような分析を受け入れると，潜在能力の典型例として動作動詞があり，周辺的な例として変化動詞があることも言え，名詞句が指し示す存在物の意味性質の観点から，サセのカテゴリー化を捉えなおすことができる。

5.5.2 事象への関与の仕方と間接性

ここでは，同じ変化事象であり，しかも，状態変化の逆の側面を表しているように理解される「凍る」と「溶ける」は，なぜ異なるふるまいをするか，について考察してみる。ちなみに，英語の *melt*, *freeze* はふるまいが同じなので，日本語と異なる。

さっそく前節の(18)(19)の分析に基づいて考えてみよう。これらは二つとも変化動詞なので，「凍る」の主語名詞句(が指し示す存在物)は潜在能力をもつとされるが，「溶ける」は常に潜在能力をもたないものが主語名詞句にくると予測される(この予測に反する例は5.5.3節を参照)。

(20) a. アイスクリームを｛溶かす／＊溶けさせる｝。
b. 鉄を｛溶かす／＊溶けさせる｝。
(21) a. アイスクリームを凍らせた。
b. 川を凍らせた。

すなわち，上の(20)に対応する自動詞「溶ける」は，溶けやすいアイスクリームも溶けにくい鉄も同様に取り扱われ，両者ともサセは許容しない。し

5.5 分析

たがって(19)によると,これらは常に潜在能力がないものとされる。一方,「凍る」はサセのみ許容するので,(21)のアイスクリームは潜在能力があるものとされる。

このように,同じアイスクリームでも「溶ける」と「凍る」ではふるまいが異なってくることがわかる。これについて,潜在能力の他に,どのような説明が可能であるか,ということを考える必要があろう。

以下では,この点について検討することになるが,これについては存在物の意味性質以外の要素として,当該事象に対する我々の関与の仕方を考慮する必要があることを見ていく(表5を参照)。

実はこの二つの変化事象も,前節の(13)-(16)と同様,直接コントロールできるかどうか,という当該事象に対する我々の関与の仕方を考慮に入れると,その違いは明らかである。

(22) Ⅰ 「凍る」は,「雨が降る」「風が吹く」「花が咲く」などと同様に自然現象であり,したがって,人間が直接コントロールできない事象である。→ 間接的に関与

Ⅱ 「溶ける」は,「お湯を沸かす」(「お湯が沸く」)などと同様に,人間が直接関与して引き起こすことができる,すなわち,直接コントロールできる事象である。→ 直接的に関与

すなわち,川を凍らせることは,雨を降らせるなどと同様,我々人間のコントロールの外にある自然力(たとえば異常気温,梅雨前線など)によるものである。そして,冷蔵庫などで氷を凍らせるときも,我々がその事象に直接関与できるのは,せいぜい冷凍室に水を入れておくことぐらいであろう。その後の変化プロセスには,我々は直接関与できない。これに対して氷を溶かすことならば,手で持つなどして体温でもできる。アイスクリームならば舌で舐めて溶かすこともできる。

つまり,同じアイスクリーム(または氷)でも「凍る」と「溶ける」では存在物に対する我々の関与の仕方が異なるのである。言い換えれば,「溶ける」においてアイスクリームや氷は,舐めるなど直接働きかけて,継続的に当該の変化事象を引き起こしていくことができる。これに対して,「凍る」においてアイスクリーム(これは状況的に少し不自然だが)や氷は,当該の変化事

199

象の過程に直接働きかけて、継続的にその変化事象を引き起こしていくことは普通できない。そのような方法を我々は持っていないか知らない。このことが、(20a)と(21a)のような相違をもたらしたと考えることができよう。

つまり、ここには次のような原理が働いていると考えられる。

(23) 事象への関与の仕方の原理

Ⅰ 同一名詞句でも、動詞が表す事象の種類により、当該事象に対する我々の関与の仕方は異なりうる。例：(20a)と(21a)に対応する「凍る」と「溶ける」。

Ⅱ 同じ動詞でも、名詞句が指し示す存在物の種類により、当該事象に対する我々の関与の仕方は異なりうる。例：「固まる」に対する(13)の「粘土を固める」と「ゼリーを固まらせる」（および(14)-(16)のaと(14)-(16)のb）。

Ⅲ 同一名詞句・同一動詞によって表される事象でも、我々は当該事象に対して異なる見方で表現することができる。例：「ゼリーが固まる」に対する「ゼリーを固める」と「ゼリーを固まらせる」（および(14)-(16)のb）。

(23)の原理ⅠとⅡは、我々の当該事象に対する関与の仕方——直接関与か間接関与か——を問題にする。これに対して原理Ⅲは、当該事象に対して異なる見方で表現できることが述べられている。たとえば、「風車を回らせた」は風車の潜在能力を重視して、当該事象に間接的に関与したことを表す表現であると考える。一方「風車を回した」は風車の潜在能力を無視して、当該事象に直接的に関与したことを表す表現であると考える（井上1976（下）：68、柴谷1978も参照）。また、「ゼリーを冷蔵庫に入れて固めた」と「ゼリーを冷蔵庫に入れて固まらせた」のように、関与の仕方が客観的には同じであっても、潜在能力の認可を主体的に行う話者の見方の相違によって、より間接的にもより直接的にも表現することができる、と考える（これについては、下の(29)のⅠも参照）。これを「同一事象の同一存在物に対する話者の見方の相違」とよんでおく。これに対して、「固まる」における粘土とゼリーによる相違は「同一事象の異なる存在物に対する話者の見方の相違」とよんでおく。

ここで(22)に立ち戻り、当該事象に対する我々の関与の仕方と間接性の意

味の関係について述べる必要があろう。まず間接性(および直接性)は次のように定義する。

(24) 間接性(および直接性)の定義
間接性(および直接性)は，当該事象に対する我々の関与の仕方——直接的に関与してコントロールするか間接的に関与してコントロールするか——が表す，その状況から解釈される意味である。

次に，前節の表5でまとめてあるように，関与の仕方は存在物の意味性質としての潜在能力と深く関わっていることが示唆されている。すると，この二つの関係も言わなければならない。潜在能力と間接性の関係は，次のように仮定する[9]。

(25) 潜在能力と間接性の関係
潜在能力をもつ存在物によって引き起こされる事象は，外から当該事象に直接働きかけることはできない，という我々の関与の仕方を決定づけ，それにより，間接性の意味が解釈される。

ここで(25)の仮定に基づいて，前節の(18)のサセのカテゴリーを仮説的に説明してみよう。我々は，存在物のみずからの性質により引き起こされる事象には，直接関与はできず，間接的にしか関与できない，という当該事象への関与の仕方を知っている。たとえば，我々は普通，人の心や感情などのように自意識のあるものには，外から直接働きかけてそれをコントロールすることはできないことを知っている。同様に，人の意志的な行為も外から直接コントロールすることはできないことを知っている。さらに自然現象も，人間のコントロールの外にあるものであることを知っている。このような経験的知識から日本語の事実を見ると，潜在能力をもつ存在物の典型例に関しては，すべてサセが付加でき，そうでない動詞は普通対応しないことがわかる。このことから，変化事象に関しても，潜在能力が認められ，かつ間接的な関

---

[9] 本章でいう間接性(または直接性)は，従来の構文の意味としての間接使役(または直接使役)とは必ずしも一致するものではないので，注意されたい。本章の間接性は存在物の潜在能力の有無を基盤にしたものなので，サセが与えられたすべてが間接性をもつとされる。しかし，構文の意味ではサセが現れたすべてが間接使役であるとは解釈されない。随伴使役(同伴の状況，補助の状況，監督の状況)も表すことができる。これらの定義については，Shibatani & Chung(2002)，Shibatani & Pardeshi(2002)および3.4.2節，4.4.2節を参照されたい。

与の仕方しかないと理解されるような状況が見られれば、この場合も、サセの付加は妨げられない、と判断できる。

5.5.3　カテゴリーのさらなる拡張の可能性と動機づけ

本節では、サセのカテゴリーのさらなる拡張の可能性と動機づけについて考えてみる。そのために、これまでは（5.2節と5.3節の先行研究においても）サセを許容しない動詞として扱われてきた「沸く」と「溶ける」の二つの動詞を取り上げ、これらにも実は、サセを許容する場合があることを見ていく。またこの場合も、基本的には(17)と(19)(25)の提案におさめられうる、存在物の潜在能力の認可による拡張であることを確かめる。

まず、「沸かせる」が許容される例を取り上げる。次の例はGoogleの検索から拾ったものである[10]。

(26) a.　私の好奇心を沸かせる本、リスト一覧。
　　 b.　興奮する数学——世界を沸かせる7つの未解決の問題。
　　 c.　大会を沸かせたヒーローたち
　　 d.　強打と粘り強さでリングをわかせたベテランが、悲運の事故でこの世を去った。
　　 e.　…奥様をわかせた「ホット部門」。

使役を表す「沸かせる」は、「好奇心を沸かせる」、「世界(の人の心)を沸かせる(興奮させる)」、「大会を沸かせる(大会を盛り上げて人を興奮させる)」のように、人の心的状態を表す(ことに還元できる)語が目的語の位置にくる例が圧倒的に多い。これに対して「お湯を沸かせる」のような例は、筆者の調査の限りすべて可能用法であり、使役の例はGoogleでも見当たらない。(ただし5.5.4節を参照)。このことから、使役の「沸かせる」が許容されるのは、人の心的状態のように、自律的であり、我々が外から直接働きかけることができないものであることがわかる((25)参照)。

次に、「溶ける」を取り上げる。これまでは(20)のように、「溶けさせる」は存在しないと述べてきた。ところが、かなり自然な例として「溶けさせる」

---

[10]「沸かせる」の総ヒット件数は、19300件もあるが(2004年11月26日)、その大部分は「沸かす」の可能形であり、使役は少ない。

が用いられる場合がある。次の例も，Googleの検索から拾ったものである[11]。

(27) a. …焼く色をつけるならオーブンを使いますが，「チーズを溶けさせるだけでいい」という考えだったので，…。

b. 14. ほうれん草がしんなりしてきたら，長ねぎと梅ペーストを加え，よくあわせる。15. 仕上げにモッツァレラチーズをちぎって入れ，溶けさせる。→完成！！

c. 全身をこの感触で侵食されていく不安と陶酔が，脊髄の中を電流の如く駆け抜け脳細胞を溶けさせる。

d. ちょっとこってりした感じもありますが，レモンが入ってるからさっぱりでおいしかったです。でも，ゼラチンをうまく溶けさせることができなくて…。

e. そして，氷のような彼の心を溶けさせたのは，そこで逢った炭鉱夫たちの下世話な笑い話(あけっぴろげな体験談)だったようです。

筆者の個人的な調査からも，(27)の例に対する母語話者の許容度はかなり高い。Googleでは不自然なものも多いが，比較的自然であると思われる例の中で最も多く見られるのはチーズで，その他にもゼラチン，脳細胞，心などがある。ここで，心と脳細胞については(26)と同様に，自律的であり，外から直接関与することができないからであるとしよう。

では，(27a, b)のチーズと(20a)のアイスクリームとでは，いったい何が異なるのだろうか。とりあえず手がかりとして，我々の経験的知識を基盤に，下記の表6のように分析してみる(なお，この表にはバターも入れているが，これも「?* バターを溶けさせる」のように，アイスクリームと同じ程度で許容度は低い)。それから，この分析の結果を(23)の原理に基づき，適切に説明する方法を模索してみる[12]。

---

[11]「溶けさせる」の総ヒット件数は559件もある(2004年11月26日)。しかしながら，「溶かす」の168000件に比べるとはるかに少ない。

[12] 参考に，Google検索(2005年3月12日)の結果は次のようである。数字はヒット件数。

	アイスクリーム	バター	チーズ
溶かす	18	4360	1580
溶けさせる	なし	1	6

	アイスクリーム	バター	チーズ
①体温でも簡単に溶かすことができる	○	○	×
②室温でもすぐ溶ける	○	○△	×
③室温で溶けると，それを好ましいと思う	×	×	不適用
④オーブンのような，道具を使って溶かす	×	×△	○
⑤意図的に溶かすときは道具を使い，そのとき溶けると，それを好ましいと思う	×	△	○

表6

　さっそく表6をまとめてみよう。①②と④に見られるように，直接性(体温・道具)・容易さ(簡単に：存在物の性質による溶けやすさ)・時間的速さ(すぐ)に関しては，アイスクリーム≧バター＞チーズの順に左の方が直接的である(ただし表6の○△×は，程度性の表示として理解されたい)。なお，④は間接的な関与度のチェックである。この場合バターは，普通オーブンのような道具は使わないので，×であり，フライパンを使う場合はあるので，△にした。一方，③と⑤に見られるように，意図的な関与度と好ましさ(チーズは室温では普通溶けないので，③は不適用とした)に関しては，アイスクリーム≧バター＞チーズの順に左の方が意図的関与度が低く(意図しなくても起こりうる)，また，意図しなかったときに溶けると好ましくない事態として認識される。すなわちアイスクリームは，常温でもすぐ溶けてしまうので，非意図的な事象として生起されやすい。バターもこの点に関しては，若干差があるかもしれないが，ほぼ同じ程度と見てよいであろう。

　すなわちアイスクリームとバターは，①〜③でチェックされる直接性・容易さ・速さ・好ましさに関しては，ほぼ同じ程度であるが，チーズとは明らかに異なる。④と⑤に関しても，アイスクリームとチーズは対照的である。ここで中間的なバターを考慮してみると，道具の関与，とりわけフライパンとオーブンの相違は重要な意味をもつように思われる。なぜならば，オーブンとは異なり，フライパンは直接手に持って使うものであり，またそれ自身エネルギーを持っていないので，火の調節等で最後までその出来具合を見届ける必要があるからである。そのため，我々は常にその事象に直接関与していると理解されやすい。これに対して，オーブンは最初のセットのときにだ

け関与し，その後はそのまま放っておいてもよいので，より間接的に感じるのであろう。

これを見ると，存在物の意味性質とそれに関わる我々の関与の仕方の相違が，一方はサセを許容してもよいと判断し，片一方はサセを許容してはいけないと判断するに違いない。具体的に言うと，アイスクリームやバターのように，それ自身の性質（これは潜在能力を指すものではない。潜在能力は(17)のように，合目的性でなければならない。以下の説明を参照）によって，比較的に短時間で容易に変化事象が引き起こされてしまうような存在物は，サセは許されず他動詞とのみ対応する。言い換えれば，いとも簡単に起こってしまうため，我々がその事象に非意図的に関わり合う可能性が高いような事象には，普通サセは対応しない，ということであろう。これを「生起容易な（意図的・非意図的）変化事象」とよぶと，次のように一般化できる。

(28) 存在物の性質による，生起容易な（意図的・非意図的）変化事象には，普通サセを付加しない。

この一般化によれば，ガラスのように割れやすいと認識されるものは「（わざと，うっかり）ガラスを割った」は可能だが，「（わざと，うっかり）ガラスを割れさせた」は許容しないことが正しく予測できる[13]。一方，腹筋のように普段簡単には割れないものだが，一生懸命時間をかけて努力すれば，割れる可能性があると認識される生起困難なものに対しては，サセの容認度が高くなることも判断できる。実際に Google 検索でも「腹筋を割れさせるには…」や「音を割れさせるには…」，「反対派の票を割れさせるには…」のような例はかなりヒットする。

とりあえずここまでを整理してみよう。サセのカテゴリー化には存在物の性質として潜在能力が関与しなければならないが，「溶ける」において，チーズとアイスクリームには，一見，潜在能力と異なる次元に属するように

---

[13] 一方，「息子が戦争で死んだ」に対応する「息子を戦争で死なせた」は，非意図的な変化事象ではあるが，短時間でいとも簡単に引き起こされるようなものとして経験できるものではないので，これはむしろ他動詞が対応しない（cf. 益岡 1979, 天野 1987）。「息子を戦争で殺した」とは言わないのである。すなわち，非意図的事象として解釈可能なものすべてがサセと対応できない，ということを主張したことではない。

見える要素がある。(28)の生起容易さである。すなわち(28)によれば，サセは，当該事象をそう簡単には引き起こすことができない，と認識されるものをカテゴリー化している，ということになる。これに対して，他動詞に関与する存在物の性質は，当該事象を容易に引き起こすことができる，と認識されるものをカテゴリー化している，ということになる。とりあえずこれを(我々がその事象に関与するさいに経験することになる)「生起容易さ」と「生起困難さ」として区別しておこう。

　ここで，以上のような分析結果を(23)の原理に当てはめて考えてみよう。原理Ⅱによれば，同じ動詞でも名詞句が指し示す存在物の種類により，当該事象に対する我々の関与の仕方は異なりうる，とされる。この点については，さっそく表6のチーズとアイスクリームを比べてみると，チーズはアイスクリームやバターに比べて，より間接的な関与を許すことが認められる。一方(18)(19)に基づけば，サセを許すチーズには潜在能力も認めなければならない，とされる。

　ここには二つの問題がある。(ⅰ)(25)によれば，間接性は潜在能力に含まれる概念だが，(28)の生起容易さ，言い換えれば生起困難さは，潜在能力とどのように相関するのか。(ⅱ)(27a, b)においてチーズの潜在能力は何を根拠に，どのように認められたのか。我々は次に提案する(29)を仮定すれば，これも説明できると考える。これを「同一事象(の同一存在物および異なる存在物)に対する話者の見方の一般的傾向」とよんでおく。

　(29) 同一事象(の同一存在物および異なる存在物)に対する話者の見方の一般的傾向

　　Ⅰ　意図的に，かつ，直接的に関与して引き起こした(変化)事象でも，時間がかかり，しかも，当該事象を引き起こすことがそれほど簡単でないと認識されるような状況が見られれば，我々は普通，その理由を，行為の相手(対象)である存在物の固有の性質(の潜在能力)に転嫁する傾向がある(これを「なすりつけ」とよぼう)。

　　Ⅱ　存在物の固有の性質(潜在能力の場合)は，その存在物に本来的に備わっている内的プログラムなので，我々は，外からそれに

直接働きかけることはできない，と理解する傾向がある。

((25)も参照)

Ⅲ　もし道具の使用が可能な事象であれば，それを直接手に持って使うような道具は，そうでない道具より，直接関与の状況として認識される傾向がある。また，それ自身がエネルギーをもっているなど，より自律的な道具は，そうでない道具より，間接関与の状況として認識される傾向がある。

すなわち(29)の仮定を受け入れれば，「生起困難さ」は潜在能力を持つものと結びつき，「生起容易さ」は潜在能力を持たないものと結びつく，ということが言えよう[14]。すると，アイスクリームは室温でもいとも簡単に溶けてしまうので，潜在能力が認められず，他動詞とのみ対応する。しかし，チーズは普通オーブンのように自律的な道具を使う。この場合，当該事象は使役者と離れたところで起こり，かつ比較的時間もかかり，その過程の中で生起困難さとして経験されることもありうる，ということである。もしこのような状況が潜在能力の認可に繋がれば，サセの付加も不可能ではないと考えられるのである[15]。

さらにこの分析は，(17)の「潜在能力」の定義とも矛盾しない。すなわちアイスクリームは「溶ける」性質を利用して作られた生産物ではなく，むしろ溶けてしまうとアイスクリームとしての存在価値はなくなる。そのよう

---

[14] 潜在能力の典型例が示す状況から見ても，被使役者が意志性を持つ動作主(潜在能力を持つ)の場合は，無生物目的語(潜在能力を持たない場合)を取る他動詞より，使役者がその事象を引き起こすことが困難であることが言えよう(これについては第4章も参照)。また被使役者が動作主の場合は，普通二つのイベントとして理解されるので，一つのイベントとして理解される他動詞より，時間的に幅があることも言えよう。つまり，生起困難さと時間的幅をもつ事象は，潜在能力と相関関係があると言える。

[15] 付言すると，(29)はサセの概念化，その中で「潜在能力」の認可にかかわる問題と考える。たとえば「チーズを溶かす」と「鉄を溶かす」は，現実の状況では明らかに鉄のほうがチーズより簡単でなく困難な状況があり，時間もかかるはずである。しかしチーズと異なり，「鉄を溶けさせる」とは言えない。このような状況を説明できるのは，(17)で提案した合目的性の概念に基づく「潜在能力」であろう。すなわち，時間がかかり，そう簡単ではない，と認識されるような状況さえあればすべてサセの付加に繋がるものではない。それらは，潜在能力を認可する要素の一つではありうるが，合目的性を認可するものではないからである。

な性質をアイスクリームの存在目的に見合う，合目的性であるとは言えない。したがって，潜在能力が認められず，サセは付加できない[16]。これに対してチーズは，とくに料理に使う場合は，普通溶かして食べるものなので，合目的性に合っている。よって潜在能力の概念と矛盾しない。このような状況と，アイスクリームが他動詞とのみ対応し，チーズにはサセも付加できる，ということとは強い相関関係がある，と言えるのである。

以上，サセのさらなる拡張のさいにも潜在能力は必要であり，この場合潜在能力の認可は合目的性，間接関与の状況，生起困難さに動機づけれらていることを述べた。

5.5.4 文脈の補充によって認可される潜在能力

今度は，サセのカテゴリー化において最も周辺的な例を取り上げる。これまでとは異なり，これらの例は潜在能力がなくても許容される。言い換えれば，普通は許容されないが，適切な文脈さえ与えられれば，サセは制限されず，すべての動詞がサセを許す，とも言える現象である。これについては，すでに定延(1991)とKuroda(1993)による指摘がある。本章では，この場合どのように文脈が作られるか，という観点からこれらの例を検討する。結論は，適切な文脈とは，他ならぬ潜在能力の認可のために要請されたものであることを以下で述べる。

定延(1991)は，「注意書を回らせる」「曲を終わらせる」「椅子を倒れさせる」のような例は，普通は不可能であるとされるが，次のように表現すると，自然さが上がり，受け入れられることを指摘している。

(30) 『ご存じのように当自動車レース同好会では，いつもレース前には注意書の回覧を行い，会員に安全運転を呼びかけています。し

---

[16] Levin & Rappaport Hovav(1995:100)によれば，meltのような動詞は「内的要因」(5.5.1節参照)と「外的要因」の両方とも表現が可能である。そのため，言語間の差もある。そしてmeltが「内的要因」として扱われる言語では，その主語としては，氷やアイスクリームのようなもののみ発見されるであろうと推測する。ところがこれは，日本語の事実と異なる判断である。これをみると，彼女らの「内的要因」には合目的性の概念が欠けているため，日本語のような事実を捉えられないばかりか，本章の「潜在能力」とも明らかに異なる概念であることがわかる。

かし最近は注意書が，回覧途中で紛失したり，また回覧が非常に遅滞したりと，まともに機能しなくなってきています。次回のレースでは，会員の皆さんの良識に期待しております』 事務局からこのような通知を受け取った会員たちは，次のレースでは全員一致団結して，注意書をなんとか正常に<u>まわらせた</u>。

(31) そのピアニストたちは 20 時間コンサートと題して，全部弾くのにざっと一日かかる《ヴェクサシオン》という曲を交代で引き続けることにした。演奏は順調に進んだが，最後の奏者の指が急にもつれ，一瞬，曲がとだえそうになった。(たのむ，《ヴェクサシオン》をなんとかうまく<u>終わらせてくれ</u>)と，舞台裏の皆は一心に祈った。

(32) 太郎は何十キロもある荷物を 2 階から勢いよく床に落とし，落下地点の近くに置いてあった椅子をそのはずみで<u>倒れさせた</u>。

　定延(1991)は，(30)と(31)に関して，これらの文が許容される理由を，次のように説明した。簡略に言えば，この二つの文には，「注意書の会員間の一巡」と「曲全体の演奏完了」という抽象的なテーゼがある。このテーゼは抽象的な認識世界の過程である。たとえば，(30)では会員たちの直接的な働きかけの過程が具体的・即物的出来事としてあり，その後抽象的・認識的な過程として「注意書の会員間の一巡」が成就するまでの過程がある，とされる。そして，これらの文のように，構成員が多くなり，時間的にも長時間に及ぶほどテーゼとして捉えやすくなり，そのような場合は，サセも自然になる，という。ただし，テーゼと認知される必要十分条件は不詳であるとした(詳細は，定延 1991：126-27 を参照)。

　つまり，定延は抽象的な認識の過程としてテーゼが関与することにより，被使役者は潜在能力(彼の用語では，被使役者の能力)がなくても，間接的な状況が認知され，サセが可能になる，と考えたのである。

　しかし，本書の考え方は定延と異なる。まず(25)によれば，間接性と潜在能力は分離できる概念ではない。次に(29)から見ると，間接的な状況には被使役者の潜在能力も認められなくはない。すなわち，上の二つの文は，次の点において文脈の作り方が同じである。(i)使役者が意図的に，かつ直接的

に関与している。(ⅱ)事象成立までに，かなりの時間がかかる。(ⅲ)しかしながら，そう簡単には当該の事象を引き起こすことができない，という困難な状況が与えられている[17]。このような場合，我々は(29)に基づき，当該の事象が引き起こされた理由を存在物の性質(潜在能力)に転嫁するという話者の見方の一般的傾向に求めることができる(4.3.3節も参照されたい)。平たく言えば，一生懸命やっているのに，なかなか当該の事象が起こらなかった場合，我々は普通，その責任を相手(ここでは主意書と曲の性質)のせいにする傾向がある。潜在能力の認可は，このような「なすりつけ」によって与えられた，と考えられるのである。

　ここで，(30)(31)のように，文脈の中に困難な状況などを作り上げることによって，間接性および潜在能力が認可されその文の自然さが上がることを，文を超えたテキストによる「なすりつけ」としよう。すると次の(32)は，文中の他の要素('はずみ')の作用により，自然さが上がることがわかる。これを，文中の他の要素の補充による間接性および潜在能力の認可と考えると，これは「のりうつり」とよぶことができよう。すなわち，サセを許容するための適切な文脈の作り方には，「なすりつけ」や「のりうつり」による間接性および潜在能力の認可がある。

　次の文も「のりうつり」による間接性および潜在能力の認可として捉えることができる。つまり(33)の椅子は，このままでは潜在能力がないので，サセを付加できない。しかし文中には潜在能力をもった他の要素，すなわち磁力や念力などがある。その動力が椅子にのりうつり，両者が一体化すると，サセの付加も可能になる，と言えるのである。

　(33) a.　磁力／念力で椅子を倒れさせた。
　　　　b.　磁力／念力で椅子を舞台に上がらせた。(定延 1991：143)

　定延(1991：129)は，(33)の椅子には潜在能力があったとは理解しにくいという(だから間接性しか認めない)。客観的にはそのとおりであろう。しか

---

[17] 定延(1991)のテーゼは，このように時間がかかる困難な状況の裏返しないしは，そこから付随的に理解される解釈に過ぎないと考えられる。すなわち，サセの成否を決定する要素は，テーゼがあるからでなく，時間がかかる困難な状況があるからであり，結局このような状況により間接性および潜在能力が認可されたからであろう。

しここでは，文脈の補充による潜在能力の認可も可能であると考える。むしろ，(25)の提案によれば，潜在能力と間接性は密接に関わるので，両者を別々に捉えることはできないと考える。したがって本章では，この二つの要素の相互作用によってサセが付加される，と主張する。さらに，カテゴリーの境界に見られる周辺的な例についても同様に，この二つの緊密な相互関係は維持される，と主張する。つまり，以上のような文脈が要請される理由は，そもそも潜在能力が認可できなければ，サセは付加できないからであろう。

一方 Kuroda(1993：42-45)によれば，許容ないし放任使役の状況もサセは制限されない。すなわち，ピサの斜塔がそのままで自然に傾いたり，ヴェニスが自然に沈んだり，勝手にお湯が湧くような状況さえ考えられれば，次のような表現は可能である。

(34) a. 傾くままに傾かせておくより仕方がない。(ピサの斜塔について)
　　　b. ヴェニスは沈むままに沈ませておくより仕方がない。
　　　c. あのお湯は湧くままに湧かせておくより仕方がない。

つまりここでは，自力でそうなるという解釈が可能なコンテクストがあれば，サセは制限されないということである。しかも，ピサの斜塔やヴェニス，勝手に湧くお湯などのように，使役者がそれを直接関与してコントロールすることができないものばかりであることにも注目されたい。

以上，文脈の補充によって認可される潜在能力には三つのパターンがあり，したがってサセのカテゴリーの拡張には，名詞句(が指し示す存在物)の意味性質として潜在能力が重要に関わってくることを述べた。このことは，サセのカテゴリー化を捉えるには，動詞よりも名詞句の意味情報の方がより有効であることを意味する。

5.5.5　自他交替と語彙的欠如の問題

5.2節と5.3節では，自他交替における語彙的欠如の問題として「*太郎を立てる」のような例を取り上げた。そこで，主な先行研究では，これは語彙の問題なので説明できないとしたが，Haspelmath(1993)の一般化に従えば，その理由は，「太郎が立つ」は動作主主語だから他動詞と対応しない，

と説明できそうであることを述べた．本節では，この説明も不十分であることを述べ，このような欠如に対する積極的な理由を探ってみることにする．次の例から見てみよう．

(35) a. 母親が子供たちを二階に上げた．（指示）
b. 母親が子供たちを二階に上がらせた．（指示）

(36) a. *子供を挨拶に回した．（青木 1977）
b. 赤星はファーストに，金本はセカンドにそれぞれ回した．

(35a)の子供たちは，(35b)の使役文と同様に，動作主としてみずから歩いて二階に上がることもできる[18]．すなわち，(35a)は他動詞文であるにもかかわらず，目的語が動作主として理解される．また(36)では，(36a)は不適格であるが，(36b)のように，ローテーションの解釈が出るようにすれば，このような状況では，他動詞文も成り立つ．しかも，赤星と金本は実際に動作を行う動作主であるとして理解される．

このことから，日本語の他動詞文には次のような意味制約があるとしよう（日本語における動作主目的語を成立させる意味条件とも言える）．

(37) 日本語の他動詞文における動作主目的語に対する意味制約
日本語の他動詞文において，その目的語が動作主として理解されるためには，その文が表す状況から一定の距離の移動が解釈されなければならない．

(37)に基づくと，動作主目的語は移動動作主に限り許されることとなる．したがって，たとえ移動動詞であっても，その文が表す状況から一定の距離の移動が解釈されなければ，その他動詞文の目的語は移動動作主としては解釈されない，と予測される．実際，(38)は予測どおりである（ただし，(38d)は移動動詞ではない）．

(38) a. 母親が子供を机の上に上げた．
b. 僕は太郎を箱に入れた．
c. 太郎が次郎を机の上から下ろした．
d. 母親が子供をベッドの上に横たえた．

---

[18] この文は，母親が子供を抱いて二階に上がる，操作の状況も可能である．

5.5 分析

すなわち，これらの文には着点句があるが，これらはむしろ位置変化の着点として理解され，この文が表す状況から一定の距離の移動は解釈されない。したがって，これらの文の目的語は移動動作主としては理解されず，操作の状況としてしか解釈されないと説明できる。

以上，日本語の他動詞文では目的語が動作主として理解されるためには，その文が表す状況から一定の距離の移動が解釈されなければならない，とした。ところが，一定の距離の移動が「その文が表す状況から」解釈される，とはしたものの，それが具体的にどこから解釈されるか，についてはまだ何も述べていない。

以下では，この点について若干説明を行う。我々は，(38)で見たように，単に着点句が表現されているか否かによっては，一定の距離の移動があると解釈されるかどうかが判断できない，と考える。そこには，「慣習化された目的」(conventionalized purpose, 以下 CP。Shibatani 1973a, 1976a, b 参照)から読み取れる文の意味や，主語と目的語の社会・家族関係の役割がわかる「社会・家族関係役割語」(socio-family relational role word, 略して「関係役割語」。6.2.4 節参照)の機能，そして理想認知モデル(以下，ICM。Lakoff 1987 参照)などが関わっていると考える。

このような状況をよく表している例として，(39)を見られたい。

(39) a. 監督が女優を舞台に出した。
     b. 運転手がお客さんを駅の前に降ろした。

(39)の目的語は移動動作主として理解されるが，そこには，我々が主体的に意味を解釈する，次のようなプロセスがあると考える。まず，語彙項目の中から，主語と目的語の二者間の社会・家族関係の役割を表す関係役割語が発動する(もし関係役割語が発動しなければ，個人として解釈される，と考える)。これにより，ICM が喚起され，そこから適切な CP が読み取れる。すると，これらの文の目的語は，一定の距離を移動する動作主として解釈されることになる(関係役割語，ICM，CP の関係に関する詳細は，第 6 章を参照)。たとえば，(39b)であれば，運転手とお客さんという関係役割語が発動すると，運転手は目的地の駅前までお客さんを運び，お客さんはみずから乗り物から降りる，ということが正しく理解される。

このように考えると，実は，上記の(35a)と(36b)も同様に説明できる。すなわち，(35a)には家族関係を表す関係役割語が用いられ，(36b)には個人名を用いた阪神所属の野球選手と監督という関係役割語が発動していることがわかる。

ここで，「*太郎を立てる」について考えてみよう。(37)の制約は，日本語の他動詞文全体に関わるものなので，当然この文に対しても適用されなければならない。すると，「*太郎を立てる」が成立しない理由は，移動動作主として解釈されないからであると説明できる。しかし，もし「太郎を立てる」から(37)の意味条件を満たせるような状況を見出すことができれば，その場合は，この他動詞文を許さなければならない，ということも同時に予測されなければならない。そして実際予測どおりである。

(40) a. *太郎を宮殿の前に立てた。
　　　b. 太郎を宮殿の前に見張りに立てた。
　　　c. 宮殿の前に見張りを立てた。

(40a)は，不適格な文であるが，(40b, c)は適格である。この場合(40a)と(40b)の間には，個人の太郎か見張りの太郎か，という相違しか見当たらない。このことから，(また(40c)も考慮すると)見張り(関係役割語)には「ある特定の位置へ移動して任務に当たる」というICMがあり，そこからCPが読み取られ，移動動作主であるとともに，ある一定の距離の移動が解釈される，という解釈が得られると説明できる。別の言い方で説明すれば，(40a)と(40b)には，同じように「宮殿の前」という場所名詞句があるが，(40a)には関係役割語がなく，したがってICMもCPも喚起されないので，移動の着点としては解釈されず，不適格と判断された，と説明できる[19]。同様に，(38a, d)のような例も，ここでは一応は関係役割語が発動しているものの，ICMから適切なCPが読み取れなかったため，その結果，移動事象として解釈されず，動作主目的語の解釈は不可能になった，と説明できる。

上記の「立てる」は現代日本語では慣用的用法しかないので，移動動詞の

---

[19] 金水敏教授の個人談話によると，古典日本語には，見張りのような関係役割語が文中に現れなくても，移動動作主の解釈が可能である例が多く見られる。例は，「にほ鳥の葛飾早稲をにへすとも　そのかなしきを(曾能可奈之伎乎)外に立てめやも(万葉集, 3386)」(葛飾の早稲を捧げて斎こもる祭りの晩でも，あのいとしい人を家の外に待たせておこうか)。岡崎友子さんから例を提供していただいた。紙面を借りて御礼を申し上げる。

用法があることを直ちに理解できない読者がいるかもしれない。しかし、実は他言語の状況をみると、姿勢変化と特定の位置への移動を表す意味が同じ動詞で表されることは、決して珍しくない。鷲尾(1997:87)によれば、英語の stand も The firemen stood us to one side to let the ambulance through. のような文では、「特定の位置への移動」(move to a position)を表すと分析され、この場合に限っては、動作主目的語の解釈ができる他動詞用法が可能である。一方、姿勢変化を表す stand は The mother stood the child up. のように、他動詞用法はあるが動作主目的語の解釈はできない(Levin & Rappaport Hovav 1995 参照)。韓国語の se-ywu-ta も日本語の「立てる」、「建てる」、「止める」などに対応できるので、上記の「特定の位置への移動」を表す英語の文にも se-ywu-ta を対応させることができる。ただし、「子供たちを三時間も運動場に立たせておいた」のように姿勢の維持(maintain position)を表す文には、韓国語は他動詞の se-ywu-ta を用いることができるが、英語は(日本語も)他動詞文が対応できない(鷲尾1997:88-89)、という違いはある。また、韓国語には「子供が立った(立ち上がった)」、「そこに立ち止まれ！」にも同じ自動詞 se-ta が対応できる。現代日本語では化石的に「立ち止まる」の「立つ」が残っている。当然だが、これは歩行を中止して立つことなので、姿勢変化の「立つ」ではない。

　日本語が主として移動方向動詞であるのに対して、英語は jump, march, walk のような移動様態動詞も自他交替が許されるので、参与する動詞のサイズは異なる、と見るべきであろう(Levin & Rappaport Hovav 1995、影山 1996、2000、鷲尾 1997、丸田 2000 など参照)。しかし、韓国語では日本語や英語で許されない play, cry のような動作動詞までも可能なので、(37)の意味制約を超えている、と言える。すなわち、(37)の意味制約はすべての言語に一様には適用できないのである(第2章参照)。

5.6　おわりに

　以上の議論に基づくと、まず、自他交替と使役に関する Haspelmath や本居の一般化は、次のように修正して二つの関係を連続的に捉える必要がある。(ア)自他交替は、状態変化動詞を意味基盤にして、そこから動作主主語と共

起する動詞を受け入れる方向へと一般化する。(イ)サセは、動作主主語と共起する動詞を意味基盤にして、そこから状態変化動詞を受け入れる方向へと一般化する。

次に、他動詞文とサセの意味制約は次のようである。(ウ)日本語の他動詞文において動作主目的語が許容されるのは、一定の移動の距離が解釈される場合の移動動作主に限られる(ただし、言語ごとに意味制約は異なりうる)。(エ)サセの付加は、潜在能力と間接関与の状況(間接性)の相互作用によって認可される。サセのさらなるカテゴリーの拡張の際にも、基本的には、この二つの要素による制約を受ける。

最後に、本章のようなアプローチから明らかになったことは、従来のように、単に動詞の意味を考察するだけでは不十分であることを確認したことである。このことは、カテゴリーの境界においてはとくに明白に現れる。確認のために、もう一度例をあげておく。下記の例を見ると、名詞句を含む動詞句(または文全体、さらにはテキストを含むこともある)が表す事象構造を考慮しなければならないことがわかる。

(41) a. *アイスクリームを溶けさせる。
  b. チーズを溶けさせる。(cf. 27)
(42) a. *太郎を立てる。 (43) a. *ボールを流す。
  b. 見張りを立てる。   b. ボールを川に流す。

したがって、本章では一貫して、サセのカテゴリー化は動詞の意味より名詞句(が指し示す存在物)の意味性質の観点から捉えなおすべきであることを主張してきた。言ってみれば、サセはある事象における名詞句のカテゴリー化である。他動詞文も同様のことが言える。(42)のように、目的語がある一定の距離を移動する移動動作主として解釈される場合にのみ、適格となる。名詞句の意味機能により事象構造が変化したからである。さらに、(43b)のように「のりうつり」により適格性が変わることもある。これらの文に対する容認性判断は、すべて名詞句の意味解釈に依存している(序章も参照)。

本章で示したようなアプローチは、動詞中心の理論に対する説明力の貧困さを指摘すると共に、文法領域におけるカテゴリーの拡張(および縮小)に対する説明、それに伴う言語変化の説明にも有益であるように思われる。

第6章

社会・文化モデルと統語構造
―― 個体と関係役割語としての名詞句 ――

　「ヴィンウッド・リードはこの点についていいことを言っている」とホームズはいった。「彼のいうところによると，個人としての人間は不可解な謎だが，集団になると数学的な確実性というものを帯びてくる。たとえば，ある一人の人間の行動を予測することはできないが，平均的な数の人間が何をするかということになると，正確に予測できる。個人は変動するが，割合（パーセンテージ）は変化しない。統計学者はそういってるがね」――『四つの署名』第十章　　　　　（内井惣七著（2004）『推理と論理』p.46 から）

6.1　はじめに

　本章の目的は，「個体と関係役割語としての名詞句」を提案し，それによって社会・文化モデルと統語構造の関係を明らかにすることである。最終的には，名詞句の文法的地位を動詞がとる項としてしか扱わない現代の動詞（述語）中心の言語理論の限界を指摘することである[1]。

　「個体と関係役割語としての名詞句」とは，一つの名詞（句）が二つの機能――外界の指示物を個体として指し示すことと，社会的役割を担う社会的存

---

[1] 伝統文法・伝統論理学では，文は「主語＋述語」のように足し算的に考えられてきたが（森本 2004：20），それを述語関数的に捉えなおして――すなわち，主語と述語の概念をアーギュメントと関数に置き換えて――，空所を伴う述語に代入されるものとしてアーギュメントの概念を設けたのは，フレーゲのアイディアとして知られている（フレーゲ 1988，野本 1988 参照）。したがって G. フレーゲによれば，たとえば「シーザーはガリアを征服した」という文は，「シーザー」と「……はガリアを征服した」に分解される。この場合後者の部分は不飽和で，空所をもっている。この空所にアーギュメントのシーザーが満たされると，完結した意義が現れるとされる。現代の理論言語学はこのような数学的論理学ないし形式主義の上に成り立っている。これに対する正当な批判は，Lakoff（1987：14 章）を見られたい。

第6章
社会・文化モデルと統語構造

在として差し出すこと——を担い，両方とも対応関係をもつが，実際に文として実現するときにはどちらかが選択される，と仮定するものである。そして前者の個体と異なり，後者は社会・文化的な知識体系が書き込まれた単位，すなわち，理想認知モデル(Lakoff 1987 参照)を喚起させる単位として名詞句を導入するものである。

本章の構成は次のようである。まず6.2節では，語彙的使役構文が多義的に解釈される状況を考察する。そこで，構文の多義的意味が理想認知モデルを基盤とする名詞句の解釈に左右されることに注目し，「社会・家族関係役割語」(略して「関係役割語」)という名詞句単位を提案する。6.3節では，この関係役割語が機能するか否かによって，「個体モデル」と「社会モデル」のいずれかが対応することを明らかにし，この二つを変項とする「F- モデル」を導入する。これに基づき，使役構文のさまざまな意味現象および，韓日語の使役形式と統語構造の対応関係を説明する。6.4節では，統語現象だけに焦点を絞り，社会・文化モデルと統語構造の関係を立証する。ここでは，非規範的使役構文を「統語構造の短縮」と特徴づけるが，この短縮が「社会モデル」では頻繁に行われることを明らかにする。結論として，個体とみなすか，社会的役割を担う社会的存在とみなすかという，名詞句(が指し示す指示物)の解釈(construal)の相違が，言語化のさい統語構造の作り方に直接関与する，という結論を導く。

なお本章の「個体と関係役割語としての名詞句」の提案は，従来のように動詞(述語)中心の言語研究では説明できなかった問題——すなわち，第2章で扱った語彙的使役の生産性の問題，第3章の被使役者の文法的コード化の非階層性，第4章の非規範的使役構文の問題など——に対しても説明が与えられることはもちろん，介在構文や言語の歴史的変化の説明にも有効であることを見ていく。

6.2 個体と関係役割語としての名詞句
6.2.1 語彙的使役の多義性と理想認知モデル

次の文を見られたい。

(1) a. 金先生は落ちこぼれのわが息子を一生懸命指導して，大学に入

れた。(合格させた)
b. 田中さんは一人息子をやっと大学に入れた。(入学させた)
c. 守衛さんが書籍販売の営業マンを大学に入れた。(校門を通過させた)

　上記の「大学に入れた」は,「合格させた」「入学させた」「校門を通過させた」の三通りの解釈ができる。なぜこのような解釈ができるのだろうか。とりあえず,これらの解釈が表す意味の相互関連性に注目して,次のように考えてみよう。

　これらの多義性は「大学に入る」ことに対する社会・文化的な背景が理解されて初めて,適切に理解されるものである。すなわち,表1のように,言語以前の百科事典的な知識体系に依存して解釈される。

「大学に入る」ことに関する百科事典的知識体系(必要とされる行動に関する知識とその他の一般知識)

Ⅰ 大学に入るためには入学試験があり,まずはそれをパスする必要がある。

Ⅱ 試験にパスすると,入学金を払うなど一定の事務的な入学手続きをする必要がある。それにより大学生としての身分が与えられるとともに,講義を聞く権利や,大学の施設などを利用する権利も発生する。

Ⅲ 権利行使のために,週に何回か校門を通過する必要がある。校門の前には不審者など,関係者以外の出入りをチェックし警備に当たる守衛さんがいる。関係者ならここで許可を得る必要はない。

表1

　ここでは表1のように,一種のステレオタイプ的にパターン化された知識体系を,Lakoff(1987)に倣って理想認知モデル(idealized cognitive model,以下ICM)とよぶことにする。(類似の概念を表すものとして,シナリオ,スクリプト,フレーム,スキーマなどがある。これらについては,Lakoff(1987)と河上(1996),ウンゲラー・シュミット(1998),辻(2002),大堀(2002),松本(2004)などの解説を参照。本書でも説明の便宜を図ってこれらの用語も使う場合がある)。

　さて,上記の百科事典的なICMは,次のように,因果関係と手続きに関する知識構造の上に成り立っている,と分析してみよう。すると,表1は表

2のように、よりスキーマ的に捉えなおすことができる。

「大学に入る」ための前提条件の行動とその行動がもたらす結果に関する、スキーマ的な知識体系（因果関係と手続きに関するICM）
Ⅰ 入学試験に合格すれば、大学に入ることができる。
Ⅱ 入学金を払って一定の事務的な手続きをすれば、
　　大学に入ることができる。
Ⅲ 校門を通過すれば、大学に入ることができる。

始発点
から
終了点へ

原因から結果へ

表2

すなわち表2には、三つの過程がある。個々の過程は、それぞれの前提条件と結果という因果関係によって支えられている。また三つの過程の相互関係は、「手続き」によって関連づけられており、始発点から終了点までの過程を一つ一つ手続き的にクリアしていけば、最終的には「大学に入る」ことができる。要するに、「大学に入る」ことは、個々の前提条件 ──「合格する」、「入学金を払う」、「校門を通過する」── から導かれた個々の結果でもあり、同時にICMの全体の終了点でもあるのである。

この分析に基づけば、我々の知識構造は、因果関係と手続きに関するICMに依拠しており、そのために多義的意味が容易に読み取れると同時に、ICM全体のシナリオも喚起される、ということになる。

より具体的に言えば、(1)では「大学に入る」という結果に言及しているが、実際の意味は「合格する」、「入学する」、「校門を通過する」という、結果をもたらした原因の行動を指すものである。すると、これらの文の多義性は、次のように解釈されていることを表すものとなる。すなわち、結果を表現してそれを根拠に原因を探し当てる、という逆方向の推論と同時に、原因からも結果を推論によって導かなければならない、という相互依存的・循環論的な論理構造に依拠して解釈されるということである。これを、次のようにまとめてみよう。

　(2) 因果関係と手続きに関するICMに基づく多義性の解釈
　　　a. (1)の多義性は、手続き的な内部構造をもつICM（表2）によって支えられている。

b. 個々の内部構造は，因果関係に関する ICM から理解される。
　　　c. 原因と結果は相互依存的な関係であり，循環論的である。したがって，原因からは結果が推論でき，結果からも原因を取り出すことができる。

　つまり，因果関係と手続きに関する ICM は，一見多義性の解釈を説明する確実なモデルのように見える。が，実は，それ自身の ICM の中に自己完結しており，循環論的である。そのため，三つの原因要素(前提条件)はそもそもどこから喚起され，取り出されたかに関して，このモデルは何も示唆することができない，という結論が導かれる。

6.2.2　集合体モデルと慣習化された目的

　今度はこのように考えてみよう。表1の百科事典的な ICM は，表2のように時間軸に並べられたスキーマ的な ICM ではなく，次の表3のように，離散的な命題(概念)によって表されるモデルの集合体である。

「大学に入る」ことの集合体モデル(命題モデル)
Ⅰ　試験モデル：大学の入学試験に合格することは大学に入ることである。
Ⅱ　入学モデル：大学に入学することは大学に入ることである。
Ⅲ　通学モデル：大学の校門を通過することは大学に入ることである。

表3

　そして，これらの離散的な個々の命題モデルは，一つの「慣習化された目的」(CP)が与えられたときに統合されると考えてみよう。すなわち，一つの慣習化された目的を中心にして，独立した三つのモデル(cf. Fillmore のフレーム，Langacker の認知領域)がその周辺に集まってくる。要するに，我々の知識構造は，表2のような因果関係と手続きに関する ICM ——アナログ式知識構造——ではなく，表4のように，ある慣習化された目的のもとに集まってくる集合体モデル——デジタル式知識構造——である，と考えることである。

　これを表4のように示してみよう。抽象的な概念の「慣習化された目的」が上位カテゴリーとして存在すると，その下には三つの下位カテゴリーが集まってくる，というイメージである。

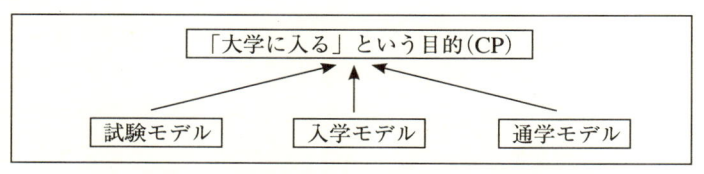

第6章
社会・文化モデルと統語構造

```
┌─────────────────────────────────────────┐
│        「大学に入る」という目的(CP)        │
│         ↑        ↑         ↑            │
│    試験モデル  入学モデル  通学モデル       │
└─────────────────────────────────────────┘
```
表4　慣習化された目的のもとに統合される集合体モデル

　すなわち，表4のような(デジタル式)知識体系は，次のように出来上がると考えられる。表3の集合体モデルは，離散的であるが，ある慣習化された目的が現れると，その目的に見合った行動に関する知識モデルへと再編成が要求される。すると，命題に関する静的な知識モデルから，行動に関する動的な知識モデルへと，瞬時に切り替えられ，一つの知識体系を作る。これを，表5のようにまとめておく。

―――――――――――――――――――――――――――――――
一つの「慣習化された目的」に統合化される集合体モデル(目的に見合った行動に関する知識モデルへの再編成)
　Ⅰ　試験モデル：大学に入るためには，入学試験に合格することが求められる。(表3のⅠから)
　Ⅱ　入学モデル：大学に入るためには，入学金を払い，一定の入学手続きをすることが求められる。(表3のⅡから)
　Ⅲ　通学モデル：大学に入るためには，校門を通過することが求められる。(表3のⅢから)
―――――――――――――――――――――――――――――――
表5

　では，この再編成された集合体モデルでは，何が個々のモデルを取り出す決め手となるのだろうか。前節の因果関係と手続きに関するICMでは，「大学に入る」という結果から，前提条件の「合格する」，「入学する」，「校門を通過する」という三つの原因要素が(逆方向の推論によって)取り出されるとされた。つまり，個々の前提条件そのものは，そもそもどこから取り出されるかに関して，このモデルはまったく追究できない。なおこのモデルでは，事態参加者(に関する意味情報)も，因果関係には何ら影響を与えないので，重要でないことになる。
　ところが，再編成された集合体モデルでは状況が異なる。表4と表5の三つの集合体モデルでは，共通の目的(CP)を達成するために独立したそれぞれのやり方(フレーム)がある。つまり，それぞれやり方は異なっていても，

その目的は同じなので一つに統合される。このように見てくると、ここでは事態参加者に関する意味情報は重要であり、しかもモデルごとにいかなる参加者が関与するかも推測できるようなモデルになっていることがわかる。なぜならば、個々のモデルの参加者（使役者と被使役者）は、「大学に入る」という目的（CP）を果たすために、十分に適格な存在かどうか——目的に見合った存在なのか——、また求められた行動を達成することができる存在かどうか——適格な動作主なのか——といった、参加者に関する意味情報が重要になってくるからである。

つまり、集合体モデルを基盤にすれば、「合格する」「入学する」「校門を通過する」という三通りの意味は、そもそもどこから取り出されたのか、あるいは、どこにそのような意味情報が書き込まれていたのか、に関して、事態参加者（名詞句）の観点から追究できる、という道が開かれるのである。

6.2.3　参加者のタイプと意味的透明性

上記の説明は、(1)をみると妥当に支持されることが判明する。すなわち、試験モデルでは先生と学生が参加者であり、入学モデルでは親と子が参加者である。また通学モデルでは守衛さんと関係者以外の人（営業マン）がそれぞれのモデルの参加者である。というよりも、むしろ先生と学生が参加者となる場合は、普通の状況であれば、試験モデルが喚起される。親と子が参加者である場合は、入学モデルが喚起される。また守衛さんと関係者以外の人である場合は、通学モデルが喚起される。なぜならば、我々は、モデルごとに最も適格な参加者が誰かに関する知識体系をすでに言語化以前にもっており、しかもそれぞれの目的は何か、またその目的に見合った形で要求される行動は何か、に関してもすでに知識をもっているからである。つまり、試験モデルでは試験に合格させる能力や責任のある先生が関わり、入学モデルでは普通入学金を支払う能力や責任のある親が関わり、校門を通過するときには関係者以外を管理する守衛さんの能力や責任が発揮される場所である、ということを知っているのである。

したがって、このようにモデルごとに容易に予想される、理想化された参加者でない場合は、我々の知識体系の中にある共有知識が利用できない。そ

のため，直ちに理解するには無理があろう，ということも予想される。たとえば守衛さんと営業マンの関係からは，入学モデルや試験モデルを喚起させるにはかなりの困難が伴われるであろう。もし守衛さんと営業マンを入学モデルや試験モデルの中で表現しようとすれば，まずは二人の参加者から最も容易に予想される——認知的に最も活性化されている——通学モデルを喚起させないようにする必要があろう。その後，意図する臨時モデル（ここでは，入学モデルや試験モデル）を明示的に言及しなければならない。つまり，臨時モデルは場当たり的に作り上げられる即席モデルなので，すべての状況を逐一言語化して意味的に十分透明にする必要がある。そうすることによって，意図した情報伝達が潤滑に行われるのである。したがって，そのためには，かなりコストのかかる長い（言語的）文脈が必要とされる。

「守衛さんがその学生を大学に入れた。」も同様に説明できる。これも我々がすでにもっている知識体系から容易に予想される普通の状況ではないので，どのモデルを用いたらよいか，にわかには判断が付かない。その学生は他大学の学生なので関係者以外の人なのか（通学モデル），守衛さんが善意で入学金を出してあげたのか（親代わりの入学モデル），あるいは守衛さんが意外にも実は親だったり（入学モデル），実は先生だったり（試験モデル）することもありうる（ドラマや小説はこのような意外性を材料に長い物語が作られる）。このように普通でない意外な状況の場合は，先ほども述べたように，当該の臨時モデルを明示的に述べる必要がある。またそのためにはそれを逐一言語化する必要があり，したがって文（コンテキスト）が長くなることも予想される。ただし，それは当該の臨時モデルに適格な参加者として作り上げるためであり，またそのような必要性から要請されたものに他ならない。

つまり，このように考えるわけである。ある一つのモデル内に，我々の知識体系に合致する理想化された参加者と，予想されない意外な参加者が対比された場合（たとえば，入学モデルにおける「田中さんが息子を大学に入れた。」と「守衛さんが営業マンを大学に入れた。」の対比を想像されたい），後者は文（コンテキスト）を長くする（つまり，守衛さんが営業マンの入学金を払うなど，入学手続きに関する内容を一々明示的に述べる）ことにより，当該の臨時モデルの意味を明示的に伝達することができる（3.4.3節

のShibatani(2004)の「機能的透明性の原理」と比較されたい)。一方前者は，我々の知識体系の中の共有知識に支えられているため，余計な説明は不要となり，その分コンテキストは短くなる。すなわち，共有知識(入学金を払うなど入学手続きに関する内容)を一々明示的に言語化する必要もないため，その分，意味的に不透明になる。

この関係について典型的な対応のパターンを次のように示しておく。

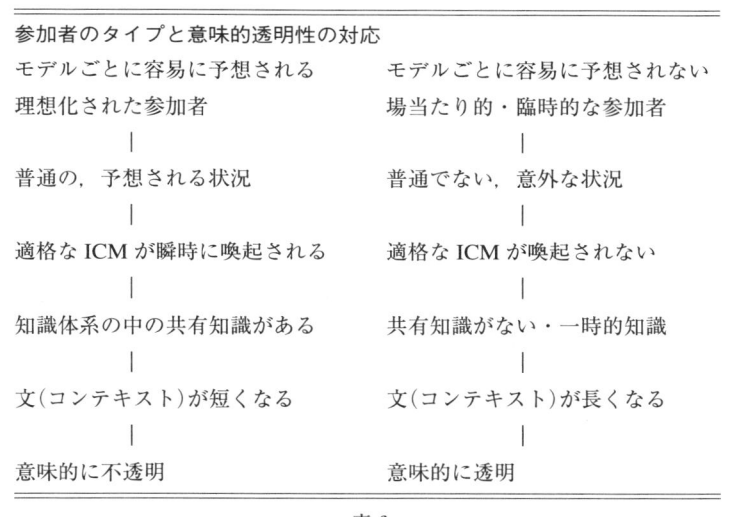

参加者のタイプと意味的透明性の対応	
モデルごとに容易に予想される	モデルごとに容易に予想されない
理想化された参加者	場当たり的・臨時的な参加者
|	|
普通の，予想される状況	普通でない，意外な状況
|	|
適格なICMが瞬時に喚起される	適格なICMが喚起されない
|	|
知識体系の中の共有知識がある	共有知識がない・一時的知識
|	|
文(コンテキスト)が短くなる	文(コンテキスト)が長くなる
|	|
意味的に不透明	意味的に透明

表6

6.2.4 デフォルト知識と関係役割語

前節の観察に基づいて，すでに知っていることなので逐一言語化しなくてもよい知識，すなわちICMとして，我々の知識体系の中にある共有知識のことを「デフォルト知識」とよぼう。すると，このデフォルト知識はどこに書き込まれているかというと，先生と学生，親と子，守衛さんと営業マンのように理想化された参加者，すなわち，二者間の社会・家族関係およびその社会的役割がわかるような名詞句に書き込まれている，と考えることができる。これを「社会・家族関係役割語」(socio-family relational role word，以下「関係役割語」)とよぼう。

「関係役割語」を以上のように定義し導入した段階で，次のような提案をしよう。まずは，Zipf(1935[1965])以来機能主義言語学の基本概念の一つである「身近な概念・普通の状況」に関することである(3.4.3節参照)。「身近な概念・普通の状況」とは，少なくとも使役領域では，関係役割語にパッケージされ書き込まれている意味情報であり，聞き手もそこからその情報を取り出すことができることがわかる。すると，従来のように使用頻度や使用状況等言語外の要素に求める前にまず，言語内の要素である関係役割語(名詞句)の機能にそれを還元すべきである，という提案である(3.4.4節も参照)。

次に，Shibatani(2004)の機能的透明性の原理と経済性の法則(3.4.3節の表13)の関係に関しても，次のように捉えなおす必要があることを提案する。すなわち，形式上の複合性を維持して(ここでは文を長くして)意味的透明性を維持しようとする機能的透明性の原理と，意味的には不透明であるが身近な概念に依拠して形(ここでは文)を縮小しようとする経済性の法則は，両方とも関係役割語の機能から説明できる，ということである。つまり，関係役割語が機能すれば，意味的には不透明であるが，文は短くなる。一方，関係役割語が機能しなければ，文は長くなるが意味的には透明である。

さらに，表4と表5のように「一つの慣習化された目的」から個々のモデルを取り出すことができるのも，関係役割語の機能によるものとして理解されよう。これは表7のようにまとめておく。

大学のICM(共有知識・デフォルト知識)に基づき，個々のモデルを容易に取り出すことができる「関係役割語」
Ⅰ　試験モデル：先生と学生の社会的関係およびその役割が解釈されることによって取り出される。
Ⅱ　入学モデル：親子の家族関係およびその役割が解釈されることによって取り出される。
Ⅲ　通学モデル：守衛さんと営業マンのような社会的関係およびその役割が解釈されることによって取り出される。

表7

以上に基づき，関係役割語から個々のモデルの取り出しまでの過程を示すと，概ね表8のようである。

6.2 個体と関係役割語としての名詞句

```
┌─────────────────────────────────────────────┐
│  関係役割語が機能する                        │
│          ↓                                  │
│  関係役割語のICM(集合体モデル)全体が喚起される │
│          ↓                                  │
│  慣習化された目的(CP₁)が読み取れる ＋ 述語の意味を加算 │
│          ↓                                  │
│  目的に見合った行動に関するICM(集合体モデル)が喚起される │
│          ⇓                                  │
│  慣習化された目的(CP₂)に見合った個々のモデルが取り出される │
└─────────────────────────────────────────────┘
```

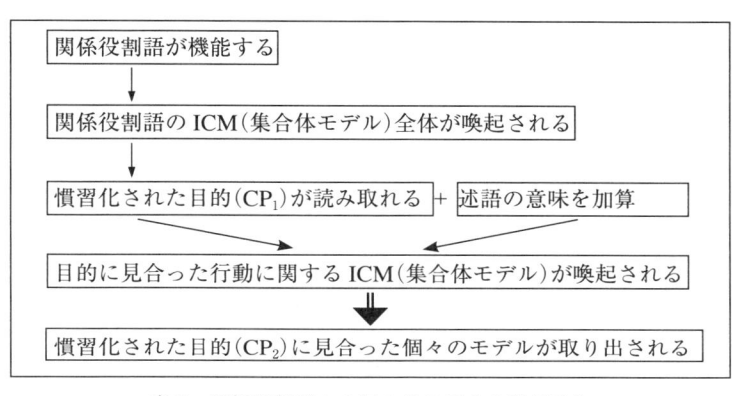

表8　関係役割語から個々のモデルの取り出し

　まず関係役割語が適切に機能すると，そこに書き込まれたデフォルト知識として，社会・家族関係やその役割に関する一般的な意味情報(関係役割語のICM全体)が喚起され，CP_1が読み取れる。たとえば，親は子供の世話や養育を担当するものであり，運転手は客を目的地まで安全に届けるべき社会的役割を担うものであり，営業マンはセールスのためにあちこちに歩き回る中で守衛さんと出会うこともあり，守衛さんは正門の出入りを管理・警備する任務がある，などの一般的知識およびCP_1を容易に読み取ることができる。そこに，述語(動詞)の意味が加算されると(これは一つに限定されるものであって，決して平等な1＋1の組み合わせではないことに注意されたい)，関係役割語から読み取れた慣習化された目的(CP_1)はさらに限定され，目的に見合った行動に関するICM(再編成された集合体モデル)を喚起させることになる。たとえば，親子の関係からは養育モデルや教育モデルなど一般的なCP_1が喚起され，そこに「大学に入る」という述語の意味が加算されると，入学モデルのみに限定される。これを述語による「世界の限定」とよぼう。すると，入学金を支払うなど，目的に見合った具体的な行動に関するICMが適格に喚起される。このようにして，最終的にはCP_2に見合った個々のモデルが取り出されるのである。

　以上により，ICMを喚起させ，集合体モデルから個々のモデルを取り出すことができる，デフォルト知識が書き込まれた単位(unit)として関係役割

語を認めることができよう[2]。ここで我々は「個体と関係役割語としての名詞句」の存在を提案するわけである。

6.3　F-モデルの導入：個体モデルと社会モデル

関係役割語が機能することによって取り出された個々のモデルを「社会的役割モデル」（Social-role model；以下「社会モデル」）としよう。すると，これに対立する「個体的役割モデル」（Individual-role model：以下「個体モデル」）も当然考えられよう。ここでは，この二つのモデルを変項とする「F-モデル」（Functional Model）を導入する。すなわちF-モデルは，この二つのモデルが同じ条件の下で一編に実現しないことを仮定するモデルである。

以下では，一つの語彙（動詞）が担う多義的状況をF-モデルの観点から説明する。それから，F-モデルと使役形式・使役構文・使役意味との対応関係を考察し，とくに中間領域の随伴使役について，新しい見方を提示する。

6.3.1　名詞句の表示レベルと機能レベル

本節では，（ⅰ）関係役割語は表示レベルと機能レベルの区別が必要であることを提示し，（ⅱ）この区別により多義的な使役状況が説明でき，さらに（ⅲ）「社会モデル」は機能レベルにおいてのみ成立するということを述べる。

次の文を見られたい。この文は個人名が用いられており，したがって表示レベルでは関係役割語は見当たらない。しかしながら，関係役割語が機能す

---

[2] 「関係役割語」の提案に当たり，GB理論におけるこの類の名詞句の取り扱いについて言及しておきたい。GB理論では，父，娘，首都のような名詞句はxの父，xの娘，xの首都のようになって初めて意味的に完結するとされるため，後者の名詞句がxの項をとるものとして形式化される。このアイディアは現代の記号論理学を創始し，分析哲学を切り拓いたG. フレーゲにすでに見られることであるが（注1参照），西山（2003：33）ではこのような名詞句を「非飽和名詞」とよんでいる。すなわち，西山では文法の一部として（語用論と厳格に区別して）意味論を設け，名詞（句）を飽和名詞と非飽和名詞に区別する。「非飽和名詞」とは，「この芝居の主役」や「太郎の上司」の「主役」と「上司」のように，単独では外延（extension）を決めることができず，「Xの」というパラメータを要求し，パラメータの値が定まらない限り，意味として完結しないものであるとされる。名詞句に関するこのような考え方を拡張していくと，動詞（述語）と機能的に似ている名詞句がある，ということを認めることとなるだろう。

る場合としない場合があり、その違いにより、多義的状況が観察される。例はShibatani(1973a：58)から引用。

(3) a. We brought Chomsky to Berkeley.(社会的指示)
    b. We brought Chomsky to our house.(随伴)

すなわち(3)は語彙的使役である。二つの文は同じ動詞を用いているが、一方は指示、他方は随伴という二つの使役状況を許す(ただし語彙的使役の指示的状況は、生産的使役の指示的状況と内容的に異なる。詳細は以下で述べる)。

Shibatani(1973a, 1976a：262-267)によれば、このような違いは慣習化された目的(CP)があるかないかによって説明される。CPがあれば、語彙的使役でも指示的状況を表すことができる。が、CPがなければ文字通りの操作(ここでは随伴)を表すことになる[3]。ところが、ここで説明されるCPはいったいどこから喚起され理解されるものなのか、については言及されない。

我々は前節で、CPを読み取ることができるのは、関係役割語が機能するからであると提案した(表8参照)。この提案によれば、Shibataniのいう指示と随伴の二つの状況は、関係役割語が機能するか否かと相関する。関係役割語が機能すれば、使役者と被使役者の関係は、言語学関係者としての我々と言語学者としてのチョムスキーとして理解される。つまり、(3a)では「社会モデル」が成立するわけである。すると、両者の関係から十分理解されうる慣習化された目的——たとえば講演のために——が理解されると同時に、その目的を達成するために慣習的に行われるやり方、たとえば招待状の公文書を送る、手紙を出す、直接電話で頼むなど、社会共有の何らかの指示的方法を使ってチョムスキーをバークレーに連れてきた(招待した)ことと理解される。このような状況を、生産的使役が一般に表す、文字通りの意味の「個体的指示」(Individual directive：下記の(5)を参照)と区別して、「社会的指示」(Social directive)とよぶことにする。この社会的指示の状況では、実際どのような方法が使われたかについては、普通不明である。

---

[3] *bring*が随伴の状況を表すのは、語彙的意味によるものである。これに対して、*march, run, jump, walk*などの他動詞用法が一般に随伴使役の解釈を受けるのは、語彙的意味からでなく、関係役割語の機能によるものと考えられる。6.3.3節を見られたい。

これに対して，関係役割語が機能しない場合は，個人名のチョムスキーとして理解され，個人のチョムスキーを(個人の)我々の家に連れてきた，という随伴の状況が解釈される。つまり，(3b)では「個体モデル」が成立するわけである。このような個体モデルでは，社会的指示として理解されないため——また個体的指示は語彙的使役ではなく生産的使役が担うため(6.3.2節参照)——，文字通りの意味の物理的状況として理解されると考えられる。

　すなわち，この二つのF-モデルはそれぞれ異なる概念空間(conceptual space)を対象にするものと考えられる。社会モデルは「社会的空間」(抽象的空間)を対象とし，個体モデルは物理的空間を対象とする。(3)では *Berkeley* と *house* のような場所名詞句が参照点となり，社会的空間なのか，個体的空間(物理的空間)なのかが決定され，関係役割語の機能の切り替えを潤滑にしてくれる。つまり，概念空間の異なる二つのF-モデルが適切に対応することによって，動詞の意味的あいまいさが回避されるのである。

　ただし(3b)も，社会モデルに当てはめて解釈することは不可能ではない。しかしその場合は，普通の状況ではないので，(3b)から普通に予想されるような単なる食事への招待ではなく，「講演会のために言語学者であるチョムスキーを我々の家に招待した」というような社会的活動を喚起させるような長い説明が必要とされる(それにしてもこの文は個人的活動のように理解されやすいが)。すなわち，このようなコンテキストをさらに明示的に付け加えなければならないのである。

　次に，社会モデルは(3)のように，普通は語彙的使役において成立する傾向が見られる。しかし，生産的使役でも不可能ではないことを見てみよう。次の文では，関係役割語が機能すれば，文字通りの意味解釈はできなくなることが観察される。

　　(4) a.　夫が妻を泣かせた。(間接的/社会的操作)
　　　　b.　太郎が次郎を泣かせた。(直接的/物理的操作)
　　　　c.　太郎が花子を泣かせた。(物理的操作，社会的操作)

(4a)のように，夫と妻という関係が表示されそれが機能すると，妻は実際には泣かなくてもよい。夫から妻への影響関係が具体的にどのような形であるかは不明であるが，よくありうる普通の状況が想像できる。夫が何か悪い

ことをして(たとえば浮気など)妻を悲しませた，という解釈が得られるのである[4]。これは社会的指示の状況ではない。一方(4b)のように，太郎と次郎という個人名が与えられると，(4a)のように間接的な影響関係は読み取れず，また文字通りに「次郎が泣いた」ことと理解される。すると，その使役状況は子供同士の喧嘩のように，「太郎が殴った」ことによって引き起こされた，物理的な影響関係による事態として理解される。一方，(4c)はあいまいである。太郎と花子の関係を男女関係としても解釈できるからである。したがって，(4a)と同様に間接的な影響関係，すなわち太郎が悪いことをして恋人の花子を悲しませた，という解釈もでき，また，(4b)と同様に個人名としても理解できる。その場合は物理的な影響関係の「太郎が殴った」ことによって「花子が泣いた」ことを表すようになる。

このように個体モデルが成立すると，文字通りの意味が解釈されると同時に，その使役状況も「個体的空間」における物理的な影響関係として理解されることになる。一方，社会モデルが成立すると，文字通りの意味は解釈されず，使役状況も「社会的空間」における抽象的な影響関係として理解されることになる。したがって，このような抽象化のために，使役状況は間接的に理解されると考えられる。すると，(4a)の間接性は，個体モデル(物理的・個体的空間)から社会モデル(抽象的・社会的空間)へのF-モデルの転換，すなわち概念空間の転換によって表出された意味として考えることができよう。ここで(4a)のような状況を，(4b)の物理的操作(または「個体的操作」)と区別して，「社会的操作」とよぶことにする。これは関係役割語の機能によって理解される抽象的な操作であり，意味的には(物理的空間における)遠隔操作の状況に似ていると考えられる。

ところが，上記の生産的使役文を次のように与格使役構文に直すと，今度は文字通りの意味しか表せなくなることがわかる。すなわち，ここでは表示レベルと無関係に，関係役割語は機能しなくなるのである。

---

[4] もちろん「夫が妻を殴って泣かせた」のように，物理的に泣かせたことも表せなくはない。しかしその場合は普通の状況ではないので，殴るという物理的操作の状況を明示的に示さなければ意図した意味は表せない。よって，(4a)より文が長くなる。

(5) a. 夫が妻に泣かせた。(個体的指示)
　　b. 太郎が次郎に泣かせた。(個体的指示)
　　c. 太郎が花子に泣かせた。(個体的指示)

　(5)の三つの文は，上記の(4)と異なり，名詞句の意味性質(参加者のタイプ)によって使役状況上の意味が変わることはない。使役者が被使役者に泣くように指示すると被使役者はその指示通りに泣く，という一貫した意味を表すのである。名詞句の意味性質に関わらず個体から個体への指示を表すこのような指示を「個体的指示」とよぼう。すると，生産的使役の与格使役構文は，基本的には個体モデルとのみ対応でき，社会モデルは成立しない，と判断することができる[5]。他方，(4)の対格使役構文の場合は，社会モデルも成立することがわかる。

　以上の観察から，まず名詞句には表示レベルと機能レベルの区別があること，そして関係役割語が適切に機能する，機能レベルにおいてのみ，社会モデルが成立することが認められる。これを表9のように示しておく。

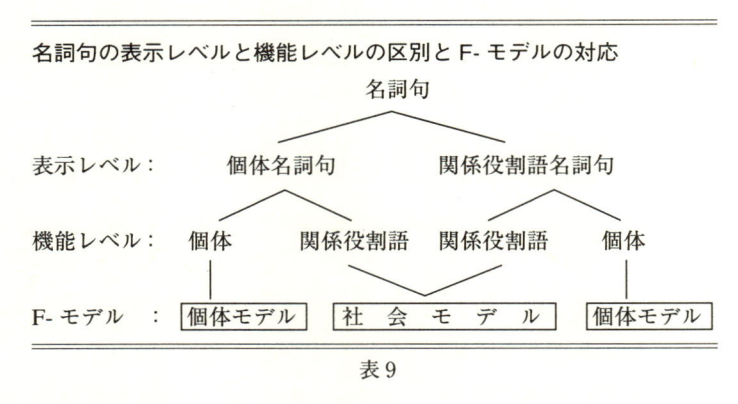

名詞句の表示レベルと機能レベルの区別とF-モデルの対応

```
                          名詞句
                         /      \
表示レベル：       個体名詞句    関係役割語名詞句
                    /    \         /     \
機能レベル：    個体   関係役割語  関係役割語  個体

F-モデル：   [個体モデル] [社 会 モ デ ル] [個体モデル]
```

表9

　また個体モデルと社会モデルの相違については，次のようにまとめておく。

---

[5] ただし他動詞基盤の与格使役構文の場合は，二重対格制約のため与格構文になるとされるものがある(3.3.2節参照)。とりあえずここではそれは考慮しない。

6.3 F-モデルの導入：個体モデルと社会モデル

	個体モデル	社会モデル
概念空間	個体的・物理的空間	社会的・抽象的空間
使役状況	個体的操作(物理的操作)	社会的操作(抽象的操作)
	個体的指示	社会的指示
意味解釈	文字通りの意味	文字通りの意味でない
意味的透明性	透明	不透明

表10　個体モデルと社会モデル

6.3.2　F-モデルと使役形式・使役構文・使役意味の対応関係

　さて，上記の(4)と(5)には，日本語では両方とも生産的使役のみ用いられるが，韓国語では次のように，語彙的使役と生産的使役がそれぞれ対応する。すなわち，(4)の社会的操作・物理的操作には(6)のように，語彙的使役が対応し，(5)の個体的指示の状況には(7)のように，生産的使役 -key hata のみ対応できる。つまり，両言語とも語彙的使役は，個体的指示を表せないという共通点があるが，これは(6)のように，韓国語では(自動詞に対応する)語彙的使役が与格構文を許容しない，という形で表されると考えられる。ということから，語彙的使役が表す指示的状況は，社会的指示のみ可能であると考えられるわけである。

(6) 語彙的使役の対格構文：(4)に対応

　　a.　namphyen-i　anay-{lul/??eykey}　wul-*li*-ess-ta.
　　　　夫-主格　　妻-{対格/?? 与格}　泣く-使役-過去-断定
　　　　'夫が妻を泣かせた。'（間接的/社会的操作）

　　b.　cheli-ka　　　yengswu-{lul/??eykey}　wul-*li*-ess-ta.
　　　　チョリ-主格　ヨンス-{対格/?? 与格}　泣く-使役-過去-断定
　　　　'チョリがヨンスを泣かせた。'（直接的/物理的操作）

(7) 生産的使役の与格構文：(5)に対応

　　a.　namphyen-i　anay-eykey　wul-*key ha*-yess-ta.
　　　　夫-主格　　妻-与格　　泣く-使役-過去-断定
　　　　'夫が妻に泣かせた。'（非強制的/個体的指示）

b.　cheli-ka　　　　yengswu-eykey wul-*key ha*-ess-ta.
　　　　　チョリ - 主格　ヨンス - 対格　　泣く - 使役 - 過去 - 断定
　　　　　'チョリがヨンスに泣かせた。'(非強制的 / 個体的指示)
　一方生産的使役の場合は，与格構文も対格構文も制約されることなく，自由に許容できる。対格構文に関しては，次を見られたい。(7)は非強制的な個体的指示を表すのに対して，(8)は，とりあえず(7)と対比される意味であり，泣けと命令して泣いたことを表す，強制的な個体的指示であるとしておく。これを生産的使役の対格構文(Ⅰ)とする。対訳の日本語にも注目されたい。
　(8)　生産的使役の対格構文(Ⅰ)
　　　a.　namphyen-i　anay-lul　　wul-*key ha*-yess-ta.
　　　　　夫 - 主格　　妻 - 与格　泣く - 使役 - 過去 - 断定
　　　　　'夫が妻を泣かせた。'(強制的 / 個体的指示)
　　　b.　cheli-ka　　　　yengswu-lul　 wul-*key ha*-ess-ta.
　　　　　チョリ - 主格　ヨンス - 対格　泣く - 使役 - 過去 - 断定
　　　　　'チョリがヨンスを泣かせた。'(強制的 / 個体的指示)
　というのは，生産的使役の対格構文は，強制的な個体的指示だけでなく，間接的な物理的操作(遠隔操作)の状況も表すことができるからである。したがって前者の強制的な個体的指示は，(7)の与格構文と対比される意味を表すが，後者の間接的な物理的操作は(6b)の語彙的使役と対比される意味であることがわかる。この二点については，もう少し詳しく見てみよう。
　まず前者に関しては，従来から言われているように，生産的使役の与格構文は非強制的な意味を表すのに対して，対格構文は強制的な意味合いをもつとされるものである。ここに，前節の F- モデルの考え方を取り入れると(表10参照)，次のように整理できる。生産的使役の与格構文と(それに対比される)対格構文の意味は，強制的か非強制的かによる相違はあるものの，両者とも個体的指示を表す点では同じである。すなわち(7)と(8)は両方とも，使役者と被使役者の参加者のタイプとは無関係に——すなわち，名詞句の意味に影響されずに——，使役者が被使役者に泣くように(強制的もしくは非強制的に)命令して，その結果被使役者が泣く(涙を流す)，という個体モデルにおいてその事態が成立する，個体的指示の状況を表す。

次に後者に関しては，次の例を見られたい。(9)(10)のように，物理的操作の状況を明示的に示すと，語彙的使役では，殴ったことが泣かせた手段・方法として捉えられる。これに対して，生産的使役では，殴った結果泣いた，という時間的前後関係に焦点が当てられた因果関係の表現として理解される。つまり，(9)の語彙的使役と(10)の生産的使役は，直接的か間接的かによる相違はあるものの，両者とも，個体モデルにおいて成立する，物理的（ないし個体的）操作の状況を表す点では同じであることになる。またこの場合，韓国語の生産的使役では，日本語と異なり，対格だけでなく，被使役者に主格を与えることもできる(3.3.2節も参照)。それぞれの対訳の日本語に注目されたい。

(9) 語彙的使役の対格構文

  a. namphyen-i anay-lul ttaylyese (anay-lul/*ka) wul-*li*-
    夫 - 主格　妻 - 対格　殴って（妻 - 対格 /* 主格）泣く - 使役 -
    -ess-ta.（直接的 / 物理的操作）
    過去 - 断定 '夫が妻を殴って，泣かせた。'

  b. cheli-ka　yengswu-lul　ttaylyese (yengswu-lul/*ka)
    チョリ - 主格 ヨンス - 対格 殴って （ヨンス - 対格 /* 主格）
    wul-*li*-ess-ta.（直接的 / 物理的操作）
    泣く - 使役 - 過去 - 断定
    'チョリがヨンスを殴って，泣かせた。'

(10) 生産的使役の対格構文（Ⅱ）と主格構文

  a. namphyen-i anay-lul ttaylyese (anay-lul/ka) wul-*key ha*-
    夫 - 主格　妻 - 対格　殴って（妻 - 対格 / 主格）泣く - 使役 -
    yess-ta.（間接的 / 物理的操作）
    過去 - 断定
    ① '夫が妻を殴って，泣かせた。'（対格構文）
    ② '夫が妻を殴って，妻が泣くように仕向けた。'（主格構文）

  b. cheli-ka　yengswu-lul　ttaylyese (yengswu-lul/ka) wul-
    チョリ - 主格 ヨンス - 対格 殴って（ヨンス - 対格 / 主格）泣く -
    key ha-yess-ta.（間接的 / 物理的操作）

使役 - 過去 - 断定
① 'チョリがヨンスを殴って，泣かせた。'
② 'チョリがヨンスを殴って，ヨンスが泣くように仕向けた。'

　まず(10)の対格構文と主格構文の意味的な相違は，強制的か非強制的(自発的)か，に求めることができよう。次に，語彙的使役と生産的使役が表す直接的か間接的かという相違は，次のように確かめることができる。たとえば，チョリがヨンスを殴って，それから10分後(殴られたことを改めて思い出して悔しさのあまり)ヨンスが泣いた，という状況があったとしよう。この状況を描写するときに，(11a)は不適格であるが，(11b)の生産的使役は，対格構文と主格構文両方とも許されるのである。

(11) a.　語彙的使役の対格構文
　　　　＊cheli-ka　　yengswu-lul ttaylyese 10pwunhwu-ey wul-*li*-
　　　　チョリ-主格　ヨンス-対格　殴って　10分後に　　泣く-使役-
　　　　ess-ta.
　　　　過去-断定 'チョリがヨンスを殴って10分後泣かせた。'
　　b.　生産的使役の対格構文(Ⅱ)と主格構文
　　　　cheli-ka　　yengswu-lul ttaylyese 10pwunhwu-ey
　　　　チョリ-主格 ヨンス-対格　殴って　10分後に
　　　　(yengswu-lul/ka)　　wul-*key ha*-yess-ta.
　　　　(ヨンス-対格/主格)　泣く-使役-過去-断定
　　　　'チョリがヨンスを殴って，(ヨンスを/ヨンスが)10分後泣くようにさせた。'

　一般に物理的操作といえば，直接使役の意味を表し，語彙的使役形が用いられ，無生物被使役者をとる，という典型的なパターンだけが考慮される傾向がある。しかし，生産的使役も物理的操作を表すことができ，かつ無生物被使役者をとることも不可能ではない。なおこの場合も，韓国語では主格構文が許される。(12)を見られたい。語彙的使役と生産的使役が両方とも無生物被使役者をとり，直接的か間接的かによる相違こそあるものの，物理的操作の状況を表す点では同じである。仮に(12)には，足で蹴って，それから10分後(その影響のため)塀が倒れた，という客観的状況があったとしよう。

6.3 F-モデルの導入：個体モデルと社会モデル

そして，話者にもそのように時間的間隔をもつ因果関係の出来事として認識されたとしよう。このような状況下では，(12a)の表現は不自然になってしまうが，(12b)のように生産的使役を用いた表現は，自然であるのである（例の提示は省略）。

(12) a. 語彙的使役の対格構文

chelswu-ka pal-lo cha-se tam-ul/*i mwunetteli-
チョルス-主格 足-道具格 蹴る-て 塀-対格/*主格 倒す-
ess-ta. （直接的/物理的操作）
過去-断定 'チョルスが足で蹴って塀を倒した。'

b. 生産的使役の対格構文（Ⅲ）と主格構文

chelswu-ka pal-lo cha-se tam-ul/i mwuneci-
チョルス-主格 足-道具格 蹴る-て 塀-対格/主格 倒れる-
key ha-yess-ta. （間接的/物理的操作）
使役-過去-断定
'チョルスが足で蹴って，塀を/塀が倒れるようにさせた。'

日本語も，(13)(14)のように，対格使役構文は，韓国語と同様に，語彙的使役と生産的使役が対比された場合は，前者は直接的な状況（直接操作）を，後者は間接的な状況（遠隔操作）を表すのに用いられることがわかる（第5章も参照）。したがって，(15)のように，与格構文になると，語彙的使役は成立させないこと，一方生産的使役は個体的指示の状況に入れ替わることがわかる。ただし日本語では主格構文は成立しない。

(13) a. 太郎は穴を掘って花子を落とした。（直接的/物理的操作）
b. 太郎は穴を掘って花子を落ちさせた。（間接的/物理的操作）
(14) a. 水を下水に流した。（直接的/物理的操作）
b. 水を下水に流れさせた。（間接的/物理的操作）
(15) a. *太郎は穴を掘って花子に落とした。（個体的指示）
b. 太郎は穴を掘って花子に落ちさせた。（個体的指示）

以上に基づき，F-モデルと使役形式・使役構文・使役意味の対応関係を図式的に示すと次のようである。ただし，ここでは自動詞基盤の使役構文の

第6章
社会・文化モデルと統語構造

みを考慮する。また主格構文は韓国語に限られる（6.4節も参照）[6]。

```
   個 体 モ デ ル       社会モデル        個 体 モ デ ル
   （物 理 的 空 間）     （社会的空間）     （個 体 的 空 間）
   物理的・個体的操作 ══ 社会的操作 ══ 個 体 的 指 示
   強制的/非強制的       社会的指示  ══ 強制的/非強制的
   直接的 ←─────────────────────────→ 間接的
```

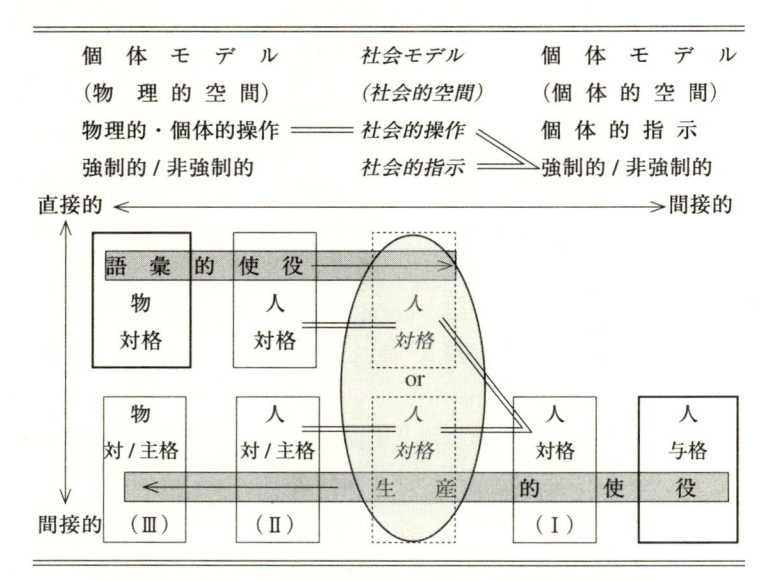

表11　F-モデルと使役形式・使役構文・使役意味の対応関係

　表11の中の══は，隣接領域間の近い意味関係を表し，またその方向は個体モデル（物理的）から社会モデル（抽象的）に向いていることを表す。またそこには，次の二つの側面がある。（ⅰ）二つのモデルの機能領域（functional domain）が連続的関係——連続性——であること。（ⅱ）二つのモデルの概念空間が鏡像的関係——相等性——であること。後者については少し先取りにしていえば，社会モデルでは，表現の意味は直接使役と等価であり，客観的状況

---

[6] ここでいう「強制的/非強制的」の概念は，被使役者の本来の性質や現在の状態が問題にされた場合に出てくる意味である（4.3.3節参照）。したがって一般的には生産的使役に適用される意味であるが，語彙的使役にも適用され，普通の状況では非強制的であるが，普通でない状況では被使役者の現在の状態が問題となり，強制的な意味を帯びることがある。たとえば，「老人を先にバスに乗せましょう」は普通の状況（社会モデルが対応する）では老人を優先して待遇するという意味なので，強制的な意味はない。しかし，普通でない状況，たとえば老人が先に乗らないと拒否しているにもかかわらず，老人の気持ちを考えずに使役者が勝手にそれを決めた場合は，強制的な意味が現れる（個体モデルが対応する）。またこの場合は，強制的操作を表す生産的使役Ⅱに意味的に近づくことになる。

は間接使役と等価であるという，つまり，個体モデルの左右両側から一方は表現の意味が，片一方は客観的状況が選択的に映し出され，社会的空間においてミックスしている，ということが起こっていると言える(6.3.3節-6.3.5節参照)。比喩的にいえば，社会的空間には鏡の歪みがあるため，一種の「ねじれ現象」が起こっている領域であることになる。また社会モデルの中に埋っている 'or' は，社会モデルが担う機能領域を語彙的使役と対応させるか，生産的使役と対応させるか，については選択の可能性があることを表す。

ここで両言語の共通点と相違点を，表12のように整理しておく。この表が表しているのは，大きく次の三点である。(ⅰ)個体モデルでは(主格構文を除けば)言語間の相違は見られないが，社会モデルでは見られる。そして(ⅱ)社会モデルは，語彙的使役とのみ対応する韓国語型と，語彙的使役と生産的使役の両方とも対応できる日本語型がある(6.3.4節参照)。(理論上は，生産的使役とのみ対応する第三言語型もありうるので，通言語的には三つの類型が考えられる。)(ⅲ)社会モデルは，自動詞基盤の使役構文に限っていうと，両言語とも対格構文のみ可能で，与格構文は対応できない。

		使　役　状　況		構文
		語彙的使役	生産的使役	
個体モデル		物理的操作(直接的)	物理的操作(間接的)	対格(主格)
			個体的指示(強制的)	対格
			個体的指示(非強制的)	与格
社会モデル		社会的操作(韓/日)	社会的操作(日)	対格
		社会的指示(韓/日)	社会的指示(日)	対格

表12　両言語の共通点と相違点

6.3.3　随伴使役と社会モデル

前節の表11は，奇しくもShibataniの70年代の直接使役と間接使役の二分類と，それから約30年後に提案された使役連続性へのパラダイムの変換を連想させる(3.4.2節参照)。というのは，直接使役と間接使役の二分類は，個体モデルと対応するように見える。また，Shibatani & Pardeshi(2002)とShibatani & Chung(2002)で提案された，中間領域の随伴使役(Sociative causation)は，社会モデルと重なるように見えるからである。具体的には，随伴使役の同伴行為，補助，監督の三つの状況は，一見社会モデルの社会的操作・社会的指示の状況にそのまま対応するかのように見えるのである。

しかし両者の決定的な相違はそれぞれの定義にある。随伴使役は直接性の軸に沿って，時間的・空間的オーバーラップがあるかどうかを基盤に定義される（3.4.2 節と 4.4.2 節を参照）。それは存在論的空間（物理的・個体的空間）を想定するものであることがわかる。これに対して，社会モデルは存在論的空間と対比される（または鏡像的関係の）社会的空間を想定するものであるからである。

以下では，個体モデルと連続性だけを基盤にする随伴使役は，連続性と相等性の両方を仮定する社会モデルの一側面を捉えることはできるが，全体を捉えるには不十分であることを見ていき，F-モデルの有効性を示す。

まず英語の例を見られたい。(16)は Levin & Rappaport Hovav(1995：80, 111)，影山(2000：54)からの引用である。

(16) a. The general *marched* the soldiers to the tents.
  b. The rider *jumped* the horse over the fence.
  c. He *walked* a sick man.

上記の例は，随伴使役の同伴行為（または補助）の状況を表すとされるものである（2.4 節参照）。しかしこれらは，(3b)の *We brought Chomsky to our house.* が随伴使役の状況を表すものと異なり，動詞の語彙的意味によって同伴行為の状況が解釈されるものであるとは思えない。それぞれの状況を的確に理解するためには，将軍と兵士，騎手と馬，看病人と患者のような関係役割語の機能から喚起される適切な知識がなければならない。このような名詞句が提供する普通の状況に対する意味情報を的確に読み込むことによって，同伴行為の状況が解釈されると考えられる。またこれが表 11 の個体モデルの直接使役（物理的操作の状況）と連続的関係であると言えるのは，その状況が指示よりも操作に近く，また二つの事態（使役事態と被使役事態）が時間的にオーバーラップしている，同伴行為を表すからである。

次に，韓国語の例を見よう。(17)では，母親が赤ん坊の身の回りの世話をする，という意味が解釈されるので，随伴使役の補助の状況であることがわ

かる。ところが(18)を見られたい。(17)と同じ動詞(語彙的使役)が用いられるが，随伴使役の同伴行為・補助・監督のいずれとも対応せず，随伴使役の定義では捉えきれないことがわかる。しかも，個体モデルの物理的操作や個体的指示の解釈もできない。すなわち，(18)は個体モデルでもなければ，随伴使役でもない。日本語の対訳語を見ると，(17)は，日本語では語彙的使役とも対応できるが，(18)は生産的使役とのみ対応する，という違いもある。

(17) emeni-ka aki-lul os-ul ip-*hi*-ko,
母親-主格 赤ちゃん-対格 服-対格 着る-使役-てから，
pap-ul mek-*i*-ko, cam-ul ca-*ywu*-ess-ta. (補助)
ご飯-対格 食べる-使役-て，寝-対格 寝る-使役-過去-断定
'母親が赤ちゃんに服を着せ，ご飯を食べさせ，そして寝かせた。'

(18) nwu-ka nehuytul-ul mek-*i*-e-cwu-ko, ip-*hi*-e-cwu-ko,
誰-主格 お前達-対格 食べる-使役-やる-て，着る-使役-やる-て，
ca-*ywu*-e-cwu-n-ta-ko sangkakha-ni?(社会的操作)
寝る-使役-やる-現在-断定-引用 考える-疑問
'誰がお前達を食べさせて，着させて，寝させてくれていると思う？'

(18)の文には，誰かが財政的なサポートをし，それによって衣食住が提供され，そのために実際に(個々のレベルにおいて)食べて，着て，寝ることができる，という意味がある。この場合「誰か」に該当する使役者は，意味的にまったく不明な個人ではなく，普通に予想できる社会的人物である。たとえば普通ならば家長の父親であり，孤児院ならば院長，北朝鮮ならば金正日将軍様という答えも可能であろう。つまり，この文から理解される使役状況は社会的操作と見ることはできても，随伴使役の同伴行為・補助・監督のいずれかに当てはまるとは思えないのである。

もし(18)が表す状況を存在論的に——個体モデルとして——解釈するならば，間接使役と見なされても仕方がない。なぜならば，財政的なサポートにより衣食住が提供され，それから実際に食べて，着て，寝るという出来事が行われるまでには，時間的にかなり隔たりがあるはずだからである。それに，財政サポートから，個々のレベルでは実際に衣食住の世話をする人，たとえば

母親や保母さんのような介在者も存在するはずである。が，この表現ではそのような状況はまったく無視されている。

つまり(18)では，因果関係の中間段階にある介在者を省略して，始発者の「社会的使役者」と終了点の被使役事態のみを直接的に結び付けているため，表現の意味は直接的であると理解される。ここで，表現の意味と現実の事態との間にミスマッチが生じるわけである。が，このようなミスマッチの背景には，社会モデルがかかわっているということである。すなわち，関係役割語が機能することにより，実際(存在論的)には間接的状況であるが，その使役状況の中間段階をどさっと短縮することが許され，表現の意味としては直接的となる。これは，連続的関係にある隣接領域のように，個体的空間から社会的空間に向かったときに起こる，ちょっとした屈折(時間的・空間的オーバーラップ)とは異なる。

もし，(18)を(19)のように生産的使役に入れ替えると，個体的指示の状況を表すことになり，社会的操作は表せなくなる。当然ここでは中間段階の短縮もなく，介在者もいない。

(19) # nwu-ka　　 nehuytul-ul　 mek-*key ha-ko*,　　　　　 ip-*key ha-ko*,
　　　　誰 - 主格　お前達-対格　食べる-使役-やる- て，着る-使役-やる - て，
　　　　ca-*key ha-n-ta-ko*　　　　　　　　sangkakha-ni? (個体的指示)
　　　　寝る - 使役 - やる - 現在 - 断定 - 引用　考える - 疑問
　　　　'誰がお前達に食べさせて，着させて，寝させていると思う？'

ここで，(16)(17)のように，個体モデルと連続的関係にある社会的操作・社会的指示(同伴行為・補助・監督)の状況を社会モデルAとし，(18)のように，個体モデルと鏡像的関係にある社会的操作・社会的指示の状況を社会モデルBとしよう。すると，社会モデルBの領域は，次のように特徴づけることができる。

(20) 社会モデルB(個体モデルと鏡像的関係)の特徴づけ
　　　Ⅰ　存在論的には，間接的状況である。
　　　Ⅱ　表現の意味は，直接的である。
　　　Ⅲ　関係役割語が機能し，社会的使役者が関与する。
　　　Ⅳ　使役状況の中間段階が短縮され，意味的に不透明である。

V 個体モデルとは鏡像的関係であり,社会的操作・社会的指示の状況を表す.

類型論的観点から,(18)の状況を見ると,社会的操作の状況を,語彙的使役と対応させる韓国語型の言語と,生産的使役と対応させている日本語型の言語があることになる(表12 も参照).すると,社会モデル B の領域を担う使役形の選択において,表現の意味をより重視すると語彙的使役を用いる韓国語型が成立し,存在論的状況をより重視すると生産的使役を用いる日本語型が成立する,という説明ができそうである(表12 に見られるように,実際は,日本語は混合型言語である.5.5.5節および6.3.4節を参照).

以上から,社会モデルと随伴使役の関係は,表13のように示すことができる.すなわち,社会モデルの全領域は,連続性に基づく社会モデル A(=随伴使役)と相等性に基づく社会モデル B を併せ持つものである.当然ながら社会モデル B の領域は,Shibatani & Pardeshi(2002)と Shibatani & Chung(2002)で提案された,(存在論的)連続性の概念だけでは不十分である.したがって,より広範囲の現象を捉えるためには,「個体モデル」と対比される「社会モデル」の導入が必要である.

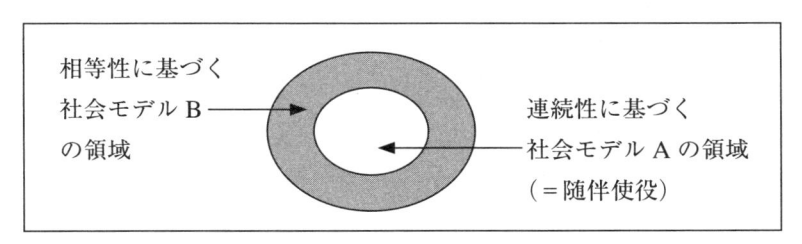

表13　社会モデルと随伴使役の関係

6.3.4 語彙的使役の生産性と社会モデル

以上に基づくと,日本語より語彙的使役の生産性が遥かに高い韓国語は,その生産性が社会モデルを担うために動機づけられている,という主張ができそうである.一方日本語の語彙的使役は,Shibatani & Chung(2002)によれば,韓国語と異なり直接使役のみ可能であり,随伴使役を担うことはできないとされる(3.4.2節の表9を参照).ところが,実は,日本語の語彙的使役も社会モデル(B の領域)を担うことができる.以下では,語彙的使役の生

産性に対する上記の主張は，日本語からも支持されることを見ていく。

その前に，F-モデルの導入に伴い，語彙的使役の機能領域を改めて整理しておく。従来の理解と大きく異なる点は，社会モデルが担う機能領域である。

(21) 語彙的使役の機能領域
  I 個体モデル：直接使役の意味を表し，間接使役の意味は表せない。すなわち直接的な物理的操作の状況に限る。
  II 社会モデル：随伴使役の状況および，間接的状況も表すことができる。ただし社会的操作・社会的指示の状況に限る。

では，次の文を見られたい。Shibatani(1973a, 1976aなど)によれば，(22)は語彙的使役ではあるが，慣習化された目的(CP)があるために，指示的用法を表すことができるとされるものである。またこれらの例を，Shibataniはおそらく直接使役の一種として分類すると考えられる(Shibatani & Chung 2002参照)。しかし，本章の分析によれば，社会モデル，とりわけBの領域の社会的指示を表すものであることがわかる。

(22) a. 太郎は通りがかりの通行人を止めた。（社会的指示）
   b. 母親は子供たちを二階に上げた。（社会的指示）
   c. 運転手がお客さんをバスから降ろした。（社会的指示）

すなわち(22a)は，個体的指示のように「止まってください！」という完全な指示であるというよりも，むしろ「あの，ちょっと」とか「すみません」というだけで十分である。また子供たちを二階に上げる際にも，母親は「寝る時間だよ」とか「お客さんがきたよ」など，（いつもの通りの）何らかのサイン（約束事）を送ればよいわけである[7]。同様に運転手とお客さんの場合も，互いに社会的役割を全うしている限りでは，社会的約束を果たしていることなので，目的地に客をきちんと降ろしたという読みと，客はいつもの通りみずからバスから降りたという読みが同時に解釈される。しかし，社会的役割を全うできなかった状況，たとえばトラブルがあったりすると，社会的約束はもはや果たせなくなる。またこの場合は個人的感情が噴出している

---

[7] この場合社会的指示は，教育モデルによって解釈されると考えられる。また，この文は直接操作の状況も解釈できるが，それは養育モデルから理解されると考えられる(Lakoff 1987参照)。

6.3 F-モデルの導入:個体モデルと社会モデル

と理解されやすくなるため,強制的な読みも出てくる。つまり,この場合は社会モデルでなく,個体モデルへと転換すると考えられるのである。

次の例は,表面的(表示レベル)には無生物被使役者をとっており,その点では(22)とは異なるものであるように見える。しかしながら(23a)を除けば,これらの例も社会モデルの解釈が可能である。

(23) a.　花子は車を止めた。(物理的操作)
　　 b.　花子はタクシーを止めた。(社会的指示)
　　 c.　審判が試合を中止した。(社会的指示)

すなわち,(23a)は普通直接車をどこかに止める,という物理的操作の状況を表すが,(23)のbとcは社会的指示の状況を表す。というのは,タクシーが止まる,試合が中止する,という被使役事態を引き起こすために,手をあげる,ホイッスルを鳴らす,もしくは「タクシー」とよぶなど,社会共有の何らかのサインさえ送ればよいからである。この場合(23)のaとbには,車とタクシーの相違しかないが,なぜこのような意味の相違がでてくるのだろうか。車は個人所有のものとして理解されやすいので,普通個体モデルが対応する。しかし,タクシーには社会的交通手段としてのICMがあり,そこから二人の参加者,すなわち運転手と客が読み取れるので,社会モデルが対応するからである。

ここで,タクシーのICMによって喚起される参加者を,タクシーという名詞句がとる参加者であるとしよう[8]。すると,(23b)の花子は個人名でなく,客という社会的使役者として機能することが理解されよう。これに対して,(23a)の花子は個人名であり,また車によって喚起される参加者も花子だけである。これを(24)のように表記し,簡略にその使役連鎖を示してみよ

---

[8] これと近い考え方として,Pustejovsky(1995)がある。Pustejovskyのクオリア構造の中の主体役割(agentive role)によれば,たとえば,*book* という名詞は,それを生み出す動作や原因,出所などの情報が書き込まれたものとして捉えられる。つまり,名詞 *book* には *write* という動詞(イベント)を喚起させる情報と,この人工物(*book*)を作った人として作家ないし作者,すなわち,動作主を喚起させる情報が書き込まれている。したがって,*book* が与えられると,自動的にこの二つの要素も喚起され解釈されるわけである(影山1999:44, 影山2002 も参照)。本章の観点から言えば,社会モデルの動作主は作家であり,個体モデルの動作主は作者と対応するのではないかと思われる。

う(正式には次節を参照)。すると、(23a)は(24a)のように、形式と使役状況が完全に対応し、文字通りの意味であることを表す。これに対して、(23b)は、中間段階の(24b)Ⅱの使役状況が短縮され、形式には表示されないので、文字通りの意味でないことが判明する[9]。ただし名詞句がとる参加者は、[ ]で表記する。形式に現れず短縮される使役状況は、<< >>の中に括る。

(24) a. 物理的操作の使役連鎖：(23a)の場合
　　　　　名詞句がとる参加者の数：車 [花子：個人]
　　　　　Ⅰ　使役者(花子：個人)が車を直接操作して止める
　　　　　　　⇩
　　　　　Ⅱ　(力が車に伝達され)車が止まる
　　b. 社会的指示の使役連鎖：(23b)の場合
　　　　　名詞句がとる参加者の数：タクシー [運転手，花子：客]
　　　　　Ⅰ　社会的使役者(花子：客)が社会共有の何らかのサインを送る
　　　　　　　⇩
　　　　　Ⅱ　<< 運転手がサインを受け取って、タクシーを直接操作して止める >>　⇩
　　　　　Ⅲ　(力が車に伝達され)タクシーが止まる

(23c)も同様に分析できる。「試合」のICMにより、二人の参加者、選手と審判(または監督)が読み取れ、審判が何らかのサインを送れば、選手が試合を中断し、試合は中止する。ここでも選手が試合を中断する状況は短縮され、表現されない。しかしもしこれらの状況を短縮せずに、すべて表現の中に取り込めば、次のように生産的使役を用いなければならない。またこの場合は、社会的指示から(強制的か、非強制的かによる相違はあるが)個体的指示へと移行していくと考えられる。

(25) a. 花子が運転手 {をして／に} タクシーを止めさせた。

---

[9] 使役状況の中間段階の短縮とそれにより表現されない参加者(介在者)は、Talmy(2000：263)の「阻止された項」(blocked complement)に通じるところがある。Talmyによれば、たとえば*I spent $50 for this book[*from/by/to/for…the clerk] at that store last Friday.* のように、述語の語彙的特性によって現れない意味的参加者があり、それを「阻止された項」という。本書によれば、このような短縮が可能なのは、社会モデルの大きな特徴である。

    b. 審判が選手 {をして／に} 試合を中止させた[10]。

　このように名詞句の ICM を利用した分析は，メトニミー分析より説明力が高いと言える。というのは，後者は近接性の連想に基づいて「タクシー」と運転手,「試合」と選手の二つの関係が「認知的なまとまり」をなし，認知的に際立つ方が他方を表す関係とされるのにとどまるからである (Langacker 1993, 河上 2000：186-189)。しかし，前者は「タクシー」や「試合」が ICM を喚起させると，そこから関係役割語および事態参加者を呼び起こすことができる。すると，(被使役者の)運転手や選手だけでなく，(使役者の)花子や審判も喚起され，しかもこれらが個人名であるか，役割名であるか，ということまで導き出すことができる。すなわち ICM が喚起されれば，役割名が起動することになるのである。

　最後に，社会モデルによって語彙的使役の生産性が動機づけられていることを示す，より直接的な根拠となる例をあげよう。(26)は同じ動詞であるが文の適格性が異なってくる。すなわち(26)の a, b は同じように個体モデルであるが，ここでは無生物被使役者のみ許される。しかし，(26c)では有生物被使役者も適格である。(26b)と(26c)は，個人名の太郎か，見張りの太郎か，という相違しかない。

  (26) a. 宮殿の前に銅像を立てた。(物理的操作)
       b. *宮殿の前に太郎を立てた。(物理的操作)
       c. 宮殿の前に太郎を見張りに立てた。(社会的指示)

　すなわち(26c)は(26b)と異なり，「見張り」という関係役割語の機能により，「ある特定の場所を見張るために，当該の場所に移動して任務に当たる」という ICM が読み取れる(5.5.5 節参照)。この場合使役状況は極めて不透明であり，命令・指示などの状況は明らかに表現されない。が，それは関係役割語から喚起される社会一般の共有知識(暗黙の了解)によって補われる[11]。すなわち，関係役割語によって喚起される ICM により，社会的使役者があ

---

[10] この文は，審判を監督に入れ替えれば，「選手をして」に対する微妙な違和感は少なくなる。審判と選手の関係より，監督と選手の関係の方がより直接的な支配関係として理解されるからであろう。

[11] ただし，このような共有知識は，時代の変化によって忘れ去られることもあり，その場

ることや，ある組織化された命令体系が背景にある，という理解が得られるのである。

　以上，日本語の語彙的使役も物理的操作だけでなく，社会的指示も担うことができることを指摘した。とくに社会モデル B の領域は，客観的には間接的状況であるが，表現の意味は直接的であるので，語彙的使役がそのような機能領域を担うことは，理論的にもまったく無理がない（次節も参照）。

6.3.5　鏡像的関係の個体モデルと社会モデル

　これまで我々は，社会モデルの領域，とくに B 領域では，しばしば使役状況の中間段階の短縮が行われ，いわゆる「ねじれ現象」が見られる，と指摘した。本節では，3.3.3 節で取り上げた「介在構文」も社会モデルの導入によって統一的に説明できることを見ていき，社会モデルにおいて使役状況の中間段階が短縮されるメカニズムを明らかにする。

　次の例を見られたい。これも実は(23)とまったく同じように分析できる。

(27) a.　太郎が次郎を殺した。（物理的操作）
　　　b.　ヒトラーが何百万人ものユダヤ人を殺した。（社会的指示）

すなわち，(27a)は普通その行為が直接的であることを表すのに対して，(27b)は間接的であることを表す。というのは，前者と異なり，後者には明示的に表現しなくても「兵士にさせて」という読みが（我々の知識構造から勝手に取り出され）強制的に含まれてしまうからである。

　したがって(27b)は，短縮された中間段階の使役状況，すなわち実際に事態を引き起こした介在者を，(29a)のように付加詞被使役者として導入し，意味をより明示的に伝えることもできる。また生産的使役の与格構文にすると，社会的指示から個体的指示へと移行する。

(28) a.　太郎がネット上で知り合ったある男にさせて，次郎を殺した。
　　　b.　太郎がネット上で知り合ったある男に，次郎を殺させた。
(29) a.　ヒトラーが兵士にさせて，何百万人ものユダヤ人を殺した。

合は言語変化が起こるであろう。言語変化については 6.4.3 節を参照。この例は，とりあえず慣用的な用法として残っている。

b. ヒトラーが兵士に，何百万人ものユダヤ人を殺させた。

　ここで注目されたいのは，(27a)は，(28)のように表現すると参加者の数が異なり，よって異なる意味になってしまうが，(27b)は(29)のように表現しても，参加者の数もまたそれが指し示す使役状況も同じである，という点である。すなわち(27b)は，現実世界の事態では(29)と同じように使役連鎖が広がり，ヒトラーとユダヤ人の死は間接的に結ばれることになる。これは(30)を見られたい。ここで，勝手に取り込んでしまう「兵士」のような介在者を，「社会的道具」(social tool)という意味で，社会的エージェントないし社会的エキスパートとよぼう[12]。また使役連鎖についてはLangacker(1991)，Croft(1991)，Talmy(1985)などで提案されたビリヤードボールモデル(または，動力伝達モデル)を援用して表示する。

(30) 社会モデルにおける語彙的使役の使役連鎖(社会的道具が介在する場合)：(27b) の場合

　Ⅰ　ヒトラーが <<兵士に命令をする>>
　　　　　　　⇩
　Ⅱ　<<兵士がその命令を受け取った状態である>>
　　　　　　　⇩
　Ⅲ　<<兵士が>> ユダヤ人を殺す
　　　　　　　⇩
　Ⅳ　ユダヤ人が死ぬ

(30)の << >> の中には，短縮された使役状況が括られており，その中の事態参加者は社会的エージェントである。典型的な社会モデルでは，言語化されないが，意味を明示的に示すためには，(29a)のように付加詞被使役者として導入することができる。しかし(29b)のように，動詞の必須項として言語化される場合は，生産的使役を用いなければならない。またそのときは個

---

[12] 社会的エージェントという用語は，片桐(1997)から借りてきた。彼は，情報提供・情報収集・コンサルティング・秘書業務・売買代理実行など，一定の社会的機能を人間に代わって果たす人工知能をもつ機械のことを，社会的エージェントとよぶ。ここでは，理髪師のように専門性のあるものは社会的エキスパート，下女のように身分階級によるものは社会的エージェントとし，一応概念的な区別はしておく。しかし，実際の使い方は厳密ではない。

体モデルに転換する。ここで，(28a)のように個人が社会的道具として臨時的に使われる場合を，「即席社会的エージェント」としておく。

では，なぜ社会モデルでは事態参加者を言語化せずに省略でき，使役状況の中間段階を短縮することが可能であろうか。ここでは相等性の観点から，そのメカニズムを考えてみる。

次の(31)は，個体モデルの物理的操作を表す例である。括弧の中は，言語化しても言語化せずに省略しても構わない付加詞句である。これを，上記の「社会的道具」と区別して，「物理的道具」としよう。すると，(32)のように使役連鎖を示すことができる。

(31) a. 人夫が(ハンマーで)岩を割った。
  b. 太郎が(鍵で)ドアを開けた。
  c. その男は(刃物で)一人暮らしの老人を殺した。

(32) 個体モデルにおける語彙的使役の使役連鎖(物理的道具が介在する場合)：(31a)の場合

 Ⅰ 人夫が《ハンマーを握る》
   ⇩
 Ⅱ 《ハンマーが人夫からエネルギーをもらった状態である》
   ⇩
 Ⅲ 《エネルギーをもらったハンマーが》　岩を打つ
   ⇩
 Ⅳ 岩が割れる

つまり，個体モデルの物理的道具も，認知的に重要でない場合は言語化せずに省略してもよい。この点では上記の(27b)と(29a)の関係と類似することがわかる。すなわち，社会的道具と物理的道具は相等性に基づいて関連づけられ，それにより，社会的エージェントが実際には被使役者であるにもかかわらず，その使役状況を短縮することができたと考えるわけである。言い換えれば，異なる概念空間に存在する二つの道具(動力の媒体)を同じように認識する，すなわち，社会的道具を物理的道具に依拠して理解するという，相等性に基づく概念化によって可能になったと考えるわけである。

しかしながら(30)と(32)には，当然異なる側面もある。社会的道具は自分

6.3 F-モデルの導入：個体モデルと社会モデル

で被使役事態を遂行する能力をもつものであるのに対して，物理的道具はそうでない。よって物理的道具は，人夫が岩を叩き，岩が割れるという出来事の中に介在されても，決して間接的に理解されることはない。つまり，使役事態と被使役事態が時間的・空間的に離れているようには理解されないのである。これに対して，社会的道具の場合は，客観的状況から見ると間接的であり，その点では個体的指示の状況と一致するのである。

最後に，現代の社会・文化と密接にかかわっている介在構文を取り上げよう。(33)の文には，普通，現実世界の事態では大工や散髪屋，写真屋，看護師などの社会的エキスパートが介在する，と理解される。

　(33)　家を建てる／頭を散髪する／顔写真を撮る／注射をする。

ところが，このような社会モデルは，どの社会・どの時代でも普遍的に成り立つとは考えられない。つまり，社会・文化によって，時代によって変わりうると考えられる。もし社会的エキスパートが未発達の社会があれば，その言語では(33)は社会モデルの解釈が成立しないはずである。たとえばモンゴルの遊牧民族やエスキモー人は自分で直接家を建てたと理解するだろう。無人島のロビンソン・クルーソーも，自分で髪の毛を切るしかない。

しかしその一方で，社会的エキスパート・社会的エージェントがより発達した社会や時代も想像できよう。たとえば「足を洗う」や「ご飯を食べる」「服を着る」なども，社会的エージェントが介在する時代や社会があるかもしれない。実際に我々は，幼い子供や患者さんから「足を洗った」「ご飯を食べた」「服を着た」と言われたときに，母親や看護師にしてもらった状況であろう，と理解することがある。養育モデルや看護モデルが喚起されたからであろう。また引越しの状況であれば，「パパ，お母さんがピアノを二階に上げたよ」と普通に言える。この場合も，お母さんは自分で直接ピアノを運搬したのでなく，引越し屋を介して二階に上げてもらった状況である。

このような状況が示唆するのは，次のような点である。(ⅰ)社会・文化モデルは言語(社会)によって異なりうる。時代によっても変化しうる。よって(ⅱ)語彙的使役の生産性も，言語ごとに異なりうる。また一言語内でも時代によって変化しうる。その背後には，(ⅲ)F-モデルの変化(社会モデルから個体モデルへ，またはその逆も可能。あるいは，社会モデル内の解釈モデル

の変化等)が関与する，ということが有力な仮説として浮上する。このようなことに対する，社会言語学的観点からの類型論研究も極めて興味深いところであるが，それはすべて今後の課題である。

　以上，社会モデルにおいて形式と意味の対応関係は，ビリヤードボールモデル式の使役連鎖からは導き出せないものがある。それは，ビリヤードボールモデルが個体モデルのみを想定するものであることに尽きる。つまり，ビリヤードボールモデルでは，理論上は無限の玉突きが可能であり，言語表現は玉突きの個数に合わせて決まる(Fillmore 1968 も参照)。しかし使役連鎖の中間段階が省略できるかどうか，また省略できればどのような条件の下で可能であるかに関しては，理論的な提案がない(Talmy 2000：274-276 に若干考察がある。注9参照)。ところが，本章で提案する社会モデルでは，使役連鎖の中間段階をすべて短縮でき，そのとき短縮された使役状況(に関する情報)は関係役割語名詞句の中に書き込まれる，という提案である。したがって，(24)および(27)のaとbのように，玉突き(参加者)の個数は異なるが，言語形式(動詞の形態)は同じであるものが現れうる[13]。このように，想定される参加者の数よりも，言語形式で表示される参加者の数が少なく，その意味情報を名詞句の中に仕舞い込んでいる，このようなメカニズムを説明する理論を「くりこみ理論」(Nesting theory)とよぶことにする[14]。

　次節では，非規範的使役構文に現れる統語現象を通して「くりこみ理論」のもう一つの姿を考察する。

---

[13] 定延(1998，2000)が報告する「奥さんを三回変えた」という度数表現にもこの現象が起こっていると言える。すなわち，定延によれば，合理的に考えれば四人の奥さんがいるはずであるが，実際に母語話者の意味解釈では三人いると理解する人が多いという。これを本章の考え方から説明すれば，個体モデルでは名詞句「奥さん」によって呼び起こされる参加者が奥さんだけであり，よって奥さんのみ数えることになるので，四人が必要である。しかし社会モデルでは，名詞句「奥さん」によって呼び起こされる参加者は二人(奥さんと主人)であり，よって奥さんのご主人の変化の度数を数えることになるので，奥さんの数は三人でよいのである。

[14] 統語構造が何らかの形で意味に関与するという認識に立って，「くりこみ」(nesting)という概念を言語学に初めて導入したのは，おそらく Weinreich(1963：130-142)である。Talmy(2000：299-300) にも「くりこみ(nest)という用語が見られるが，本書のような内容のものではない。

6.4　F-モデルと統語現象
6.4.1　社会モデルと統語構造

　次の文を見られたい。(34)は非使役形の他動詞 *ssista* '洗う', *kkakta* '切る' '剃る' を用いた文であり, (35)はその語彙的使役形 *ssis-ki-ta*, *kkak-ki-ta* を用いた文である。この場合新しく導入されるのは, 使役者ではなく, 被使役者の項であり, しかもその被使役者は属格をもらって現れるため, 結合価を増加しない非規範的使役構文(これを短縮構文Ⅰとする)を作ることがわかる(4.2.1節参照。日本語については3.3.2節参照)。

(34) 非使役形の他動詞構文

    a.　emeni-ka　　pal-ul　　　ssis-ess-ta.
　　　　母親-主格　　足-対格　　洗う-過去-断定
　　　　'母親が足を洗った。'

    b.　cangkwun-i　meli-lul　　kkak-ass-ta.
　　　　将軍-主格　　頭-対格　　切る-過去-断定
　　　　'将軍が頭を散髪した。'

(35) 語彙的使役の属格構文：短縮構文Ⅰ

    a.　emeni-ka　*ai-uy*　　　pal-ul　　ssis-*ki*-ess-ta.
　　　　母親-主格　子供-属格　足-対格　洗う-使役-過去-断定
　　　　'母親が子供の足を洗っ(てやっ)た。'(補助)

    b.　emeni-ka　*ai-uy*　　　meli-lul　kkak-*ki*-ess-ta.
　　　　母親-主格　子供-属格　頭-対格　切る-使役-過去-断定
　　　　'母親が子供の頭を散髪させた。'(補助, 社会的指示)

    c.　cangkwun-i　*pwuha-tul-uy*　　meli-lul　kkak-*ki*-ess-ta.
　　　　将軍-主格　部下-複数-属格　頭-対格　切る-使役-過去-断定
　　　　'将軍が部下達の頭を散髪させた。'(社会的指示)

　ここで新しく導入される(35)の属格被使役者は, 単なる意味的被使役者であり, 文法的には被使役者でないと思われるかもしれない。しかし, それは省略可能性をチェックしてみると判断できる。次のように, 属格被使役者は省略すると, 情報の欠如感があり, 完結文としては不適格である。したがって, 属格被使役者は文法的被使役者であると判断できる。

(36) 語彙的使役構文：属格被使役者を省略した場合
  a. ?* emeni-ka   pal-ul   ssis-*ki*-ess-ta.
   母親 - 主格 足 - 対格 洗う - 使役 - 過去 - 断定
   '母親が足を洗っ（てやっ）た。'
  b. ?* cangkun-i   meli-lul   kkak-*ki*-ess-ta.
   将軍 - 主格 頭 - 対格 切る - 使役 - 過去 - 断定
   '将軍が頭を散髪させた。'

一方，文法的に要求される被使役者とは別に，意味的に導入される被使役者もある。それは付加詞として言語化される社会的エキスパートのことであるが，これについては6.3.5節で述べたとおりである。すなわち，付加詞句の意味的被使役者は，文の中に導入されても（されなくても），動詞の形態を変化させて使役構文を作ることはない。つまり，（動詞の）文法には何の影響も与えないのである。(37)を見られたい。

(37) 非使役形の他動詞構文：付加詞句の意味的被使役者を取り込む場合
  a. manim-i   *hanye-lul*   *sikhye*   pal-ul   ssis-ess-ta.
   奥様 - 主格 下女 - 対格 させて 足 - 対格 洗う - 過去 - 断定
   '奥様が下女にさせて，足を洗っ（てもらっ）た。'
  b. cangkwun-i   *ipalsa-ul*   *sikhye*   meli-lul   kkak-ass-ta.
   将軍 - 主格 理髪兵 - 対格 させて 頭 - 対格 切る - 過去 - 断定
   '将軍が理髪兵にさせて，頭を散髪し（てもらっ）た。'

語彙的使役文も同様である。(35)の語彙的使役の属格構文も，動詞の形態を変えずに，さらに付加詞句の意味的被使役者を文の中に取り込むことができる。(38)を見られたい。これを(35)の属格構文と区別して，語彙的使役の付加詞構文としておく。この構文には，二つの被使役者がある。文法的被使役者は属格名詞句が担い，現実世界にある社会的エージェントは意味的被使役者として導入するために，付加詞句が用いられるのである。

(38) 語彙的使役の付加詞構文：付加詞句の意味的被使役者を含む場合
  a. emeni-ka   *hanye-lul*   *sikhye* ai-uy pal-ul ssis-*ki*-
   母親 - 主格 下女 - 対格 させて 子供 - 属格 足 - 対格 洗う - 使役 -

ess-ta.(社会的指示)

過去 - 断定

'母親が下女にさせて子供の足を洗ってもらった.'

b. emeni-ka *ipalsa-lul* *sikhye* ai-uy meli-lul

母親 - 主格 理髪師 - 対格 させて 子供 - 属格 頭 - 対格

kkak-*ki*-ess-ta.(社会的指示)

切る - 使役 - 過去 - 断定

'母親が理髪師にさせて子供の頭を散髪してもらった.'

c. cangkwun-i *ipalpyeng-ul* *sikhye* pwuha-tul-uy meli-lul

将軍 - 主格 理髪兵 - 対格 させて 部下 - 複数 - 属格 頭 - 対格

kkak-*ki*-ess-ta.(社会的指示)

切る - 使役 - 過去 - 断定

'将軍が理髪兵にさせて部下たちの頭を散髪してもらった.'

ここで，上記の語彙的使役が担う構文の意味について若干考えてみよう。まず(35)は，普通に解釈した場合(すなわちデフォルト解釈では)，(35a)は母親が直接子供の足を洗ってあげる，補助の状況を表すが，(35b)では母親が直接散髪してあげる補助の状況も，また社会的エキスパートの理髪師を介して子供の髪の毛を切ってもらう，社会的指示の状況も表し，二通りの解釈ができる。これに対して(35c)では，理髪兵に命令して部下たちの髪の毛を切ってもらう，社会的指示の状況のみ解釈され，将軍が部下たちの髪の毛を直接切ってあげる補助の状況は，普通解釈されない。

すなわちこのような解釈は，母親と子供，将軍と部下という関係役割語の機能から，二つのICM——養育モデルと管理・監督モデル——が喚起されたからであると考えられる。具体的には，養育モデルを取り出すと，母親が直接子供の身の回りの世話をする補助の状況が解釈され，一方管理・監督モデルを取り出すと，社会的指示を遂行する適格な人物(社会的エージェント)を自動的に読み込んでしまうと考えられる。

さて，このように勝手に読み込まれてしまう，社会的エージェントを文の中に取り込む場合は，普通(38)のように付加詞句 *-ul sikhye* '- をさせて' を用いて，意味的被使役者として導入する，ということである。この場合(35a)

も(38a)のように，付加詞被使役者が挿入できるが，この場合は養育モデルから管理・監督モデルへと解釈モデルが移行すると考えられる。すなわち，意味的被使役者は文法的には何ら影響を与えないが，解釈モデルを変更する機能はある[15]。また(35c)のように，元々管理・監督モデルの解釈を受ける場合は，意味的被使役者を言語化するにせよ，しないにせよ，現実世界における参加者の数は変わらないので，意味解釈の変化はない。

ところが(38)の付加詞構文を，(39)のように，付加詞を与格に入れ替えて，与格構文を作ることもできる。このとき(38)と(39)の間に，意味的に変化したという感じはあまりない。なお(35)の属格構文と比較した場合，ここの与格被使役者は動詞によって導入されたとも考えられない。

(39) 語彙的使役の与格構文

  a. emeni-ka hanye-eykey ai-uy   pal-ul ssis-*ki*-ess
    母親-主格 下女-与格 子供-属格 足-対格 洗う-使役-過去
    -ta.(社会的指示)
    -断定　'母親が下女に子供の足を洗わせた。'

  b. emeni-ka ipalsa-eykey ai-uy   meli-lul kkak-*ki*-
    母親-主格 理髪師-与格 子供-属格 頭-対格 切る-使役-
    ess-ta.(社会的指示)
    過去-断定　'母親が理髪師に子供の頭を散髪させた。'

  c. cangkwun-i *ipalpyeng-eykey* pwuha-tul-uy   meli-lul
    将軍-主格 理髪兵-与格 部下-複数-属格 頭-対格
    kkak-*ki*-ess-ta.(社会的指示)
    切る-使役-過去―断定
    '将軍が理髪兵に部下達の頭を散髪させた。'

ではなぜ，(39)のような与格構文が許されたのだろうか。さし当たって

---

[15] 意味的被使役者の導入による解釈モデルの変更は，使役構文でなくてもよく起こる現象である。本文の(34)と(37)を見られたい。他にも「父親が叔父に手紙を書いた／送った」「父親が夕食を作った」と言えば，普通は父親が直接その行為を行ったと理解されるが，「父親が息子にさせて，叔父に手紙を書いた／送った」「父親が息子にさせて，夕食を作った」と言えば，代理行為であると理解される。しかし「父親が息子にさせて，ご飯を食べた／小便をした／1キロ歩いた」などは不自然であり，代理行為の解釈はできない。

(38)を根拠に，社会的エージェントである付加詞句の意味的被使役者が，文法的被使役者へと移行したと考えてみよう。しかし，この考え方には一つの困難な問題がある。それは，(39)の与格被使役者は省略可能であるように見えるからである。つまり，与格使役者を省略すると，この構文は(35)の属格構文に戻ることができ，不適格文にはならないので，その判断が極めて困難である。
　ということで，今度は(39)を生産的使役の与格構文と比較してみよう。(39)の文を生産的使役 -key hata に入れ替えると，意味的には(39)と異なり，社会的指示から個体の指示へと移行することになる。両構文のこのような意味的相違は，次のように受益構文を用いたときに明らかになる。すなわち，語彙的使役の被使役者は，与格で標示されても，機能的には管理・監督モデルをもとにした社会的エージェントであると理解されるため，受益構文とは相性が悪くなるという予測ができる。実際予測通り，(40a)の語彙的使役は不自然であり，(40b)の生産的使役は自然である。

(40) a.　語彙的使役の与格構文：受益構文を用いた場合
　　　　　??emeni-ka　　**hanye-eykey** ai-uy　　　pal-ul ssis-*ki*-e
　　　　　母親 - 主格　下女 - 与格　子供 - 属格　足 - 対格　洗う - 使役 -
　　　　　cwu-ess-ta.　（社会的指示）
　　　　　やる - 過去 - 断定　'母親が下女に子供の足を洗わせてやった。'
　　b.　生産的使役の与格構文：受益構文を用いた場合
　　　　　emeni-ka　　**hanye-eykey** ai-uy　　　pal-ul　　ssis-*key ha*-ye
　　　　　母親 - 主格　下女 - 与格　子供 - 属格　足 - 対格　洗う - 使役 -
　　　　　cwu-ess-ta.　（個体的指示）
　　　　　やる - 過去 - 断定　'母親が下女に子供の足を洗わせてやった。'

　しかしながら，もし(40a)の不自然さが社会的エージェントだからという意味的な理由だけならば，(38)も受益構文を用いた場合は不適格でなければならない。しかし，実際はその反対に適格である。むしろ，付加詞構文は属格構文と同様にふるまうのである。それは(41)を参照されたい。

(41) a.　語彙的使役の属格構文：受益構文を用いた場合
　　　　　emeni-ka　　***ay-uy***　　　pal-ul　　ssis-*ki*-e-cwu-ess-ta.
　　　　　母親 - 主格　子供 - 属格　足 - 対格　洗う - 使役 - やる - 過去 - 断定

'母親が子供の足を洗ってやった。'
b. 語彙的使役の付加詞構文：受益構文を用いた場合
emeni-ka ***hanye-lul sikhye*** ay-uy pal-ul ssis-*ki*-e-
母親-主格 下女-対格 させて 子供-属格 足-対格 洗う-使役-
cwu-ess-ta.
やる-過去-断定
'母親が下女にさせて子供の足を洗ってやった。'

　つまり，このように考えられる。属格構文と付加詞構文では，属格名詞句が文法的被使役者であり，付加詞句は単なる意味的被使役者に過ぎない。しかし与格構文では，与格名詞句が文法的被使役者であり，それに意味的には相変わらず社会的エージェントであるため，受益構文と意味的衝突が起こり，不自然になった，と説明できる。要するに，語彙的使役の与格構文は，生産的使役の与格構文と異なり，社会的エージェントを文法的被使役者として導入するときに，作られる構文であると言える。

　この分析によれば，(42)(43)のような与格構文も無理なく説明できる。すなわち，(43)は個体的指示を表すため，被使役者に恩恵の意味を与える受益構文を適格に受け入れるが，(42)の場合は社会的指示を表すため，受益構文と相性が悪い[16]。

(42) 語彙的使役の与格構文：社会的指示の場合
a. sensaygnim-i ***haksayng-eykey*** chayk-ul ilk-*hi*-ess-ta.
先生・尊敬-主格 学生-与格　　本-対格 読む-使役-過去-断定
'先生が学生に本を読ませた。'
b. ?sensaygnim-i ***haksayng-eykey*** chayk-ul ilk-*hi*-e-cwu
先生・尊敬-主格 学生-与格　　本-対格 読む-使役-やる
-ess-ta.
-過去-断定
'先生が学生に本を読ませてやった。'

---

[16] Lee(1975：17-24)によれば，韓国語の語彙的使役には受益構文と共起できるタイプと，受益構文とは相性が悪いが *sikhita* 'させる' の意味(本章の社会的指示に対応する)と相性がいいタイプの二類型がある。

6.4 F-モデルと統語現象

(43) 生産的使役の与格構文：個体的指示の場合
 a. sensaygnim-i ***haksayng-eykey*** chayk-ul ilk-*key ha*-yess-ta.
  先生・尊敬-主格 学生-与格 本-対格 読む-使役-過去-断定
  '先生が学生に本を読ませた。'
 b. sensaygnim-i ***haksayng-eykey*** chayk-ul ilk-*key ha*-ye
  先生・尊敬-主格 学生 - 与格 本 - 対格 読む - 使役
  -cwu-ess-ta.
  - やる - 過去 - 断定
  '先生が学生に本を読ませてやった。'

ところが与格使役構文には，次のように補助の状況を表す場合もある。この場合は，被使役者は社会的エージェントでないので，(42)と異なり，受益構文を適格に受け入れる。

(44) 語彙的使役の与格構文：補助の場合
 a. emeni-ka ai-eykey pap-ul mek-*i*-ess-ta.
  母親 - 主格 子供 - 与格 ご飯 - 対格 食べる - 使役 - 過去 - 断定
  '母親が子供にご飯を食べさせた。'
 b. emeni-ka ai-eykey pap-ul mek-*i*-e-cwu-ess-ta.
  母親 - 主格 子供 - 与格 ご飯 - 対格 食べる - 使役 - 過去 - 断定
  '母親が子供にご飯を食べさせてやった。'

以上，本節ではF-モデルを仮定することによって，さまざまな意味現象や統語現象がうまく説明できることを述べた。結論としては，統語構造(構文)は解釈モデル(construal model)と対応している，すなわち，解釈モデル(意味)は統語構造(構文)を決定する，という結論が導かれる。具体的にいえば，社会モデルでは，統語構造の短縮もでき，参加者を過剰に具現し，しかも与格被使役者として導入することすら可能である。これらの現象はすべて名詞句の機能によって引き起こされるものである，ということである。

この対応関係を次のように示しておく(ただし表14は非使役形が他動詞の場合である。網掛けは非規範的な使役構文であるが，その中で属格構文と対格構文は短縮構文である。脱焦点化は次節を参照。日本語では，ここの語彙的使役形が担う構文(社会モデルの場合)には，主として生産的使役形式が対応する)。

第6章
社会・文化モデルと統語構造

解釈モデル	参加者	項	構文	被使役者	使役形式	受益構文
個体モデル	2	2	対格		非使役形	
社会モデル	2/3	2	対格/付加詞		非使役形	
養育モデル	3	2	属格	必須項	語彙的	OK
	3	3	与格	必須項	語彙的	OK
管理・監督モデル	3	2	属格	必須項	語彙的	OK
	4	2	付加詞	付加詞	語彙的	OK
	4	3	与格	必須項	語彙的	NO
	2 or 3	2	対格	脱焦点化	語彙的	NO
個体モデル	3 or 4	3	与格	必須項	生産的	OK

表14 解釈モデルと韓国語の構文の対応関係

表14に基づけば，次の文に対しても適切な説明が与えられる。

(45) 語彙的使役の与格構文

 a. ?emeni$_i$-ka **ai$_j$-eykey** pal$_{i/j}$-ul ssis-*ki*-ess-ta.
  母親 - 主格 子供 - 与格 足 - 対格 洗う - 使役 - 過去 - 断定
  '母親が子供に（母親/子供の）足を洗わせた。'

 b. emeni$_i$-ka **ai$_j$-eykey** pal$_{*i/j}$-ul ssis-*ki*-e-cwu-ess-ta.
  母親 - 主格 子供 - 与格 足 - 対格 洗う - 使役 - やる - 過去 - 断定
  '母親が子供に（子供の）足を洗ってやった。'

 c. celmun emma$_i$-ka **ai$_j$-eykey** caki$_{i/*j}$ pal-ul ssis-*ki*-ess-ta.
  若い 母親 - 主格 子供 - 与格 自分 足 - 対格 洗う - 使役
  '若い母親が（自分の）子供に自分の（母親の）足を洗わせた。'

(45)は三つとも，統語的にはまったく同じように語彙的使役の与格構文であるように見える。しかし，各構文は解釈モデルが異なる。そのため文の適格性の判断も異なってくる。まず(45a)は，関係役割語の機能からは養育モデルが喚起されるが，子供に与格が与えられている。この場合，もし補助の状況が解釈されればこの文は適格になるはずである。しかし，この動詞は補助の状況を属格構文で表すものである((35a)参照)。よって，この構文の被使役者は養育モデルとしては解釈されず，管理・監督モデルの社会的エージェントとして解釈されるため，不自然な文になるのである。しかし，もし

この文を生産的使役文に入れ替えれば，まったく自然である。次に(45b)は，養育モデルの解釈を受け，しかも補助の状況を表すことができるため，自然である。この場合被使役者標示の与格は，恩恵を表す *cwuta* 'やる'動詞によって付与されたものである。最後に(45c)では，「若い母親が(他ならぬ自分の)子供に自分の足を洗わせた」という，普通ならばありえない，すなわち養育モデルではない，という文脈を作り上げることによって，管理・監督モデルを喚起させることができたから，自然である。したがってこの場合の子供は，社会的エージェントとして解釈を受けることになる。ここでは受益構文との共起も当然できない。なお，(45c)が，もし「母親の足」でなく「子供の足」であれば，生産的使役を用いなければならない。

6.4.2 統語構造の短縮

さて，前節の属格構文と異なり，被使役者の項をまったく導入しない非規範的構文もある(4.4.2節参照)。それを短縮構文IIとしよう。ここでは，日本語の例をあげてみよう。

(46) a. 非使役形の他動詞構文[17]
   警察がその女を自分の家に監禁した。
   ①警察(個人)が自分の家にその女を監禁した状況。

   (物理的操作)
   ②警察官(公人)がその女を自宅監禁した状況。(社会的操作)

b. 非規範的使役構文：短縮構文II
   警察がその女を自分の家に監禁させた。
   ①警察(個人)が自分の家に，強く抵抗するその女を監禁させた状況。(物理的操作)
   ②警察官(公人)が強く抵抗するその女を，自宅監禁させた状況。(社会的操作)
   ③警察(当局)がその女を自宅監禁させた状況。(社会的指示)

---

[17] これは，形態上での分類であり，意味上の分類ではない。非規範的使役構文を作る場合の「する」文は状態変化を表す使役他動詞が多いので，意味的には語彙的使役に分類できる(3.2.1節, 3.2.2節を参照)。

上記の構文の意味は，次のように，総合的に分析しなければ意味の全体像は把握されない。（ⅰ）解釈モデルを喚起させる関係役割語名詞句が機能しているか否か。すなわち(46)では，使役者が個人である場合は個体モデルの解釈を受け，物理的操作の状況を表す。が，使役者が単なる個人ではなく管理・監督をする社会的使役者である場合は，社会モデルの解釈を受け，社会的操作ないし社会的指示(による自宅監禁という社会的措置)の状況を表すのである。（ⅱ）動詞の形態的側面の使役形態素が付加されているか否か。すなわち(46a)と(46b)の①②では，二つの構文が一見同じ物理的操作・社会的操作の状況を表すように見えるが，実はそこには他動性の観点に基づく意味的相違があるわけである。「する」文の場合は，一般他動詞文と同じように普通被使役者の抵抗はないと解釈され，非強制的・直接的な状況として理解される。これに対して，「させる」文の場合は，被使役者の強い抵抗があると解釈され，強制的・より間接的な状況として理解されるのである（4.2.2節の表5も参照）。

つまり，上記のように短縮構文Ⅱを作る場合の「する」文と「させる」文は，(46)の①②が表すように，名詞句の意味解釈からは同じモデルが取り出されても，他動性の観点から見ると，両構文は意味的に区別できる。ところが(46b)③は，関係役割語名詞句の機能がより重要である。というのは，脱焦点化された被使役者の存在は，警察当局という関係役割語名詞句の機能から理解されると考えられるからである。要するに，関係役割語名詞句の機能によって導入される脱焦点化された被使役者は，動詞から導入される項と異なり，使役状況においてのみ存在する意味的被使役者に過ぎないので，言語化しなくても，まったく自然な文である，ということである。

しかし，次の文を見られたい。ここでは被使役者を明示的に言語化することができる。しかも，被使役者に与格を与えて文法的に導入することができる。ところが，この場合は(46b)の社会モデル(社会的指示)から(47)の個体モデル(個体的指示)へと移行するので，両者は意味的にも文法的にも別の構文であると考えるべきである[18]。すなわち，生産的使役の与格被使役者は関係役割語名詞句が与える意味的被使役者ではなく，動詞が与える文法的な項

---

[18] 金(2003:143)は，韓国語の「漢語動詞 + sikhita」には，被使役者が必須項でありながら

である。

 (47) 生産的使役の与格構文
  a. 警察がある男にその女を自分の家に監禁させた。(個体的指示)
  b. 父親が息子に事務室をソウルに移転させた。(個体的指示)
   (cf. 父親が事務室をソウルに移転させた。(社会的指示))

これに対して(46a)の「する」文は、(48)のように付加詞句を用いて意味的に被使役者を挿入することはできるが、(49)のように文法的に与格被使役者を導入することはできない。

 (48) 非使役形動詞の付加詞構文
  a. 警察がある男にさせてその女を自分の家に監禁した。
  b. 父親が息子にさせて事務室をソウルに移転した。

 (49) 非使役形動詞の与格構文
  a. *警察がある男にその女を自分の家に監禁した。
  b. *父親が息子に事務室をソウルに移転した。

被使役者を導入する際に見られる以上のような制約は、韓国語も基本的には日本語と同じである。ただ一つ注意されたいのは、日本語の「させる」に対応する使役形式が、韓国語には二つもある、という点である。すなわち、*hata*'する'には、語彙的使役 *sikhita* と生産的使役 *ha-key hata* 'する‐させる' が対応する。このような状況からみると、(47)には(50)と(51)のような二つの構文の意味が含まれている可能性がある(構文の意味については表14を参照)。

 (50) 語彙的使役の与格構文
   apeci-ka atul-eykey samwusil-ul sewul-lo icen-*sikhi*
   父親‐主格 息子‐与格 事務室‐対格 ソウル‐向格 移転‐させる

も、表面に現れない場合があるとし、それを「隠れ項」(covert argument)と名づけた。しかし本書ではこう考える。表面に現れず、かつ文脈に含意されるだけの場合は意味的被使役者であり、よって必須項ではない。一方、与格をもらって言語化する場合は、文法的被使役者として導入される。したがって、二つは文法的に異なる構文である。短縮構文と項が増加された構文の関係については、定延(1998, 2000:113)も参照されたい。

-ess-ta. （社会的指示）
- 過去 - 断定
‘父親が息子に事務室をソウルに移転させた。’
(51) 生産的使役の与格構文
apeci-ka　　atul-eykey　samwusil-ul sewul-lo　　icen-ha-key ha
父親 - 主格　息子 - 与格　事務室 - 対格　ソウル - 向格　移転 - する - させ
-yess-ta. （個体的指示）
る - 過去 - 断定
‘父親が息子に事務室をソウルに移転させた。’

　ここで改めて，(46b)③の場合と(47)の統語構造を比較してみよう。動詞の形態だけを基準にすれば，両構文とも被使役者を必須項として導入することができると言える。しかしながら，社会モデルではその被使役者を言語化せずに短縮することができる。言い換えれば，個体モデルでは被使役者が必須項として要求されるが，社会モデルでは必ずしもそうではない。(46b)③のように使役状況においてのみ存在する意味的参加者があり，それは言語化しなくても非文法的な文にはならないのである。
　以上から，社会モデルには三つの短縮パターンがあることがわかる。一つは介在構文に見られる使役状況の短縮である(6.3.4節 -6.3.5節参照)。残りの二つは，短縮構文に見られる統語構造の短縮である。次のようにまとめておく。

使役状況の短縮 （介在構文）	使役状況では必然的に存在する意味的被使役者を，言語化しない：付加詞被使役者の切捨て
統語構造の短縮 （短縮構文）	① 短縮構文Ⅰ（属格被使役者） 　個体モデルであれば対格または与格の被使役者として導入すべきところを，属格被使役者として切り上げて言語化する：属格への切上げ ② 短縮構文Ⅱ（脱焦点化された被使役者） 　個体モデルであれば与格被使役者として導入すべきところを，言語化しない：与格被使役者の切捨て

表15　社会モデルにおける三つの短縮パターン

　短縮構文については，第4章に詳細な記述がある。ただしそこで提案された「折り紙モデル」は，統語構造と意味のミスマッチのメカニズムを理解し

てもらうための，単なる記述モデルに過ぎなかった。本章では上記の三つの短縮パターンすべてに対する説明理論として，関係役割語名詞句の機能に基づいた「くりこみ理論」を提唱するわけである(定義は6.3.5節を参照)。

6.4.3 歴史的変化：韓国語の場合

韓国語の場合，文献資料から言語変化を追跡できるのは精々15世紀までであるが，わずか六百年弱の歴史の中でもかなり目立った変化が見られる。まずは，語彙的使役から生産的使役へと使役形式の交替現象が見られる。次に被使役者の文法的コード化において変化が見られる。以下では，この二点について比較的簡単に述べ，このような言語変化に対して機能的観点からその動機づけを考えてみたい。

許(1975[1995])が提供する資料によれば，中世韓国語(15世紀)では現代語より遥かに語彙的使役が生産的であった(有1982, 柳1998も参照)。そして被使役者標示も，文中に明らかに表示されている場合を見ると，-lo(道具格)，-ul haya '-をして'，-ul sikisya '-をさせて'，-ul '-を'など多様なパターンがある。しかし，与格標示の被使役者は一例も見当たらない，という特徴が見られる(有1982, 柳1998, Park 1994も参照)[19]。次は許(1975[1995：151-174])から引用した例である。以下，注釈はすべて筆者による。

＜中世韓国語＞

(52) a. ***ahi-lo***　　 hwuenhi　tungeli　kulk-*hi*-ko = 令児快掻背
子供-道具格　気持ちよく　背中　　掻く-使役-て
'子供に気持ちよく背中を掻いてもらって'　　(杜詩諺解 15：4)
'Lit.(父親が)子供をして気持ちよく(自分の)背中を掻かせ'

b. ***kyecipcyong-ul haya***　yak-ul　　pwupuy-*i*-teni = 使婢丸薬
下女-を　　　して　薬-対格　揉む-使役-回想
'下女をして，薬を丸めさせて'　　　　　　　(内訓 1：61)

---

[19] 権(2001：138-147)によれば，中世語に与格構文そのものが存在しなかったわけではない。*nilta*'言う'，*kalota*'曰く'のような発話行為動詞には与格標示が見られる。しかし，*cwuta*'やる'も15世紀では対格のみで，16世紀以降になってからやっと与格が現れ始める。

c. puthe-y　***hanani-l sikisya***　lahula-uy　　meli
　　仏陀 - 主格　阿難 - を　させて　羅睺羅 - 属格　頭
　　kas-*ki*-si-ni
　　剃る - 使役 - 尊敬 - 語尾
　　'仏陀が阿難をさせて羅睺羅の頭をお剃らせになさり'

　　　　　　　　　　　　　　　　　　　　（釈譜詳節 6:10）

(53) a.　seng pask-uy nilkwup tyel il-e ***cywung*** sal-*i*-si-ko
　　　　城　外 - に　七つ　　寺　建て　僧（対格）住む - 使役 - 尊敬
　　　'（王が）城の外に七つの寺を建てて、僧が住むようにさせてあげて'
　　　　　　　　　　　　　　　　　　　　（月印釈譜 2:77）

　b.　pwumo-i　***na-lul***　　pwukpang ssalam-ul el-*i*-si-ni
　　　父母 - 主格　私 - 対格　北方　　　人 - 対格　嫁ぐ - 使役 - 尊敬 - 語尾
　　　'父母が私を北方の人と婚姻させて'　　　（月印釈譜 10:23）

　c.　***ne-lul***　　　stong　chuy-*ywu*-lye-homun
　　　あなた - 対格　ウンコ　片付ける - 使役 - しようとするのは
　　　'あなたにウンコを片付けさせようとするのは'
　　　　　　　　　　　　　　　　　　　　（月印釈譜 13:21）

まず上記の動詞の中で、語彙的使役が現代語まで残っているのは(52c)だけである。(53b)は本動詞も消滅した。(53c)は現代語では生産的使役 -key hata がさらに付加された形の chi-wu-key hata になった。その他は語彙的使役が衰退し、生産的使役形に入れ替わった[20]。次に、被使役者標示をみると、とりあえず道具格 -lo は現代語では使用できない。一方 -ul haya '- をして' は現代語では -lo hayekum '道具格 - して' に変わり、そして生産的使役とのみ共起でき、しかも文語体である（この点は日本語の '- をして' と同じである）。-ul sikisya '- をさせて' は、(52c)のように語彙的使役の場合は、短縮可能な付加詞被使役者である。対格は、基本的には現代語でも許される。

---

[20] 金(1999:134-138)が提供する資料によれば、(52)(53)の動詞の中で sal-i-ta（住む - 使役）は 18 世紀には sal-li-ta に変わり、その後消失、つまり生産的使役に入れ替わったと見られる。el-i-ta（嫁ぐ - 使役）は 17 世紀まで存在し、18 世紀には生産的使役へと変わるが、現代語では本動詞の消滅に伴い、なくなった。ただし格標示は、18 世紀も中世語(53b)と同様である（柳 1998:第 3 章も参照）。

たとえば，(52a)は現代語では(54b)のように表現される。語彙的使役が生産的使役に交替されており，また中世語には使われなかった与格標示も使用できる。ただし生産的使役になると(52c)と異なり，付加詞句の *-ul sikhye* '－をさせて' も必須項の標示に用いられる場合がある(54b)。

<現代韓国語>

(54) a. *apeci-ka   *ai- {eykey/lul}*   tung-ul   kulk-*hi*-ess-ta.
   父親 - 主格　子供 - {与格 / 対格}　背中 - 対格　掻く - 使役 - 過去 - 断定
   '父親が子供{に / を}背中を掻かせた。'

b. apeci-ka   *ai- {eykey/lul/lo hayekum/lul sikhye}*
   父親 - 主格　子供 - {与格 / 対格 / 道具格 - して / をさせて}
   tung-ul   kulk-*key ha*-yss-ta.
   背中 - 対格　掻く - 使役 - 過去 - 断定
   '父親が子供{に / をして / にさせて}，背中を掻かせた。'

以上から，中世語と現代語を比較してみると，次のようなことがわかる。(i)15世紀以降，多くの語彙的使役が生産的使役に交替された。(ii)被使役者に与格標示が用いられたのは，少なくとも15世紀以降のことである。金(1998：326)によれば，すでに近世韓国語(17世紀から19世紀)において，語彙的使役から生産的使役への交替が多く見られるが，被使役者標示は主として *N haye*(kom) 'N- をして' の形で実現されたという。すると，与格標示の登場は現代語まで待たなければならなかったと言える。

また有(1982)によれば，15世紀にも生産的使役そのものが存在しなかったわけではない。金(1998：310)も，使用頻度の高い一部の動詞を除くと，語彙的使役形がない動詞を中心に *-key hata* が用いられたという。それは(55)を見られたい。例は有(1982：63, 65)から引用。(55b, c)から確認されるように，生産的使役でも被使役者標示は与格ではなく，(55a)の語彙的使役と同様に対格が用いられていることに注目されたい。

(55) a. yangsik-ul cwu-e   *emi-lul*   mek-*i*-kenul (月印釈譜 2：12)
   糧食 - 対格　やる - て　母親 - 対格　食べる - 使役 - 語尾
   '糧食を与えて母親を食わせ'

b. pyengkohaya　　*atul-ul*　　　cwu-e　　mek-*key ha*-ya
　病気になったので　息子-対格　やる-て　食べる-使役-て
　nil-otey　i　kacang tyohan yak-ini　　（月印釈譜 17：19）
　いわく　これ　最も　良い　薬-であるなりに
　'病気になったので，息子に（薬を）与えて飲ませ，曰く，これは一番良い薬なのに'

c. ...*salam-ul* tut-*key ha*-sy-a　　　pem-ul　puthe seng-ul
　人-対格　聞く-使役-尊敬-て　凡-対格　から　聖-対格
　a-la ＝経是聖人之語　教人聞之　従凡悟聖（金剛経諺解序 6）
　知る-命令
　'人にお聞かせになさり，凡から聖を悟れ'

　以上の状況を総合すると，与格標示の被使役者の登場（とりわけ動作主の場合）は，語彙的使役の生産的使役への交替現象と深くかかわっており，おそらく生産的使役が定着した後に現れた可能性があるように思われる。

　語彙的使役の消滅（または生産的使役の使用範囲の拡大）の原因については，いくつかの議論がある（金 1979：191-192，裵 1988：92-95，朴 1989：258-259，権 1993：38，金 1997：134，柳 1998 など）。その中でとくに興味深いのは柳（1998）の説明である。柳（1998：49-76）によれば，生産的使役に交替された語彙的使役は，*ip-hi-ta* '着せる' や *mek-i-ta* '食べさせる' のように，使役者が被使役者の行為に直接関与できる動詞ではない。間接的にしか関与できないと理解される，*sal-i-ta* '住む-使役'，*kil-i-ta* '汲む-使役' のような動詞が衰退の道を歩み，生産的使役に交替されると説明する（裵 1988：94-95 も参照）。ではなぜ，間接的状況を表す語彙的使役が消滅するかについて，柳（1998：83-84，161-164）は，次のように語用論的・社会的要因をあげて説明する。要するに，時代の変化に伴い，使役者の絶対的権威が消失し，それによって使役者の被使役者に対する拘束性がなくなったからである，と説明する。言い換えれば，使役者の権威の弱化とともに，被使役者（の行為）を尊重する社会への変化があったことが，このような言語現象の背景にはある，という。

　このような主張は，次の状況を考慮すると理解できなくはない。（ⅰ）中世

語の資料では，王，仏陀，父親など，当時の社会的役割を反映し，絶対的権威をもつ人物が使役者である場合が多い。（ⅱ）動作主被使役者には，対格，道具格，'-をして'などの標示が用いられる。（ⅲ）内容的には保護すべき対象か，もしくは社会的エージェントが被使役者として登場する。一方（ⅳ）現代語では，動作主被使役者には普通与格標示が与えられる。そして（ⅴ）間接的状況を表す語彙的使役は生産的使役に交替されている。

しかしながら本書では，これまで言語外の要素として片付けられてきた，語用論的ないし社会文化的要素の一部は，実は言語的要素の関係役割語名詞句の機能に還元できるものである，と述べてきた（6.2.4 節参照）。

すると，本書の仮説に基づけば，上のような言語変化は，次のように捉えられる。すなわち，関係役割語名詞句が差し出す社会モデルの変化，つまり，社会モデルから個体モデルへの解釈モデルの変化がその背後にある。そして，このような転換を引き起こす動機づけについても，我々は，意味的透明性への要請という言語の機能的原理に求めることができる（Shibatani 2004，および 3.4.3 節，6.2.3 節を参照）。つまり，社会モデルは関係役割語名詞句の機能およびそれが担う ICM に支えられているため，統語構造や使役状況の短縮が多く（前節参照），そのため，社会・文化モデルが的確に理解されなければ，しばしば意味不明である。よって，個体モデルへの転換は意味を明示的に伝達するために要請されたものであり，語彙的使役から生産的使役への交替現象もこのような機能的原理の上で適切に説明できるものである。

6.5 おわりに

本章では，「個体と関係役割語としての名詞句」を提案し，使役構文の多義性を含め，さまざまな意味現象，統語現象のみならず，言語変化に対しても適切な説明が与えられることを示した。そして第 2 章から一貫した問題意識として語彙的使役の生産性の問題があった。これも，本章では社会モデルを提案することによって解決できた。つまり，語彙的使役の生産性は社会モデルに動機づけられており，よって随伴使役の意味範疇も社会モデルに還元できる，という結論が得られた。その上に立って，社会モデルを（ⅰ）語彙的使役が全面的に担っている韓国語型，（ⅱ）語彙的使役と生産的使役に分かれ

ている混合型の日本語型，そして(iii)生産的使役が全面的に担っている理論的にありうる第三言語型，という理論言語学と機能的類型論の両方において重要な提案を行った。

　最後に，統語構造に関する本書の考え方を述べたい。本章が提案する「名詞基盤の文法」によれば，動詞だけでなく名詞句も統語構造の形成に関与することが認められる。非規範的使役構文はまさにその現れであり，名詞句の意味機能により統語構造が短縮されたものである。すると，本章の主張は概ね次の二点において，現代の言語理論の弱点を指摘するものとなる。(ⅰ)現代の言語理論では，動詞と項の関係を関数的に捉え，形式的計算主義を基本に統語構造が組み立てられている。たとえば項を有するのは動詞であり，使役形式の付加は本来動詞がもつ項に新たな項を付け加えて一つ増加させるなど，数学的論理学モデルを基本にした述語中心の理論である(序章および本章の注1参照)。しかしこのような理論では，短縮構文など言語の多様な統語現象を十分に説明できない。(ⅱ)生成文法の基本的スタンスとして，意味は統語構造から解釈されるものである，とする理論的大前提がある。これも本章のF-モデル(個体モデルと社会モデル)に見られる豊かな多義性の生成メカニズムが説明できず，しかも統語的に表示されない参加者がなぜ意味解釈できるかに関しても説明できず，妥当性が弱い。生成文法で言語運用の部分とされている社会文化的要素は，実際は名詞句の機能を通して統語構造の形成に直接影響を与えていることが認められるからである。

　すなわち本書の提案は，(客観的状況を喚起させる)意味，具体的には名詞句の中に仕舞い込まれている意味情報，さらにいえば解釈モデル(construal model)から，統語構造(構文)が決定される(表14および序章の図1参照)，というものである。つまり，名詞句の中に世界に関する知識構造を仕舞い込み，そこに適格な動詞をくっ付け世界を限定すると，(「くりこみ」による統語的短縮が適用され)適切な統語構造が作り上げられると考えられるのである(表8参照)。

6.6　今後の展望

　では，本書の「名詞基盤の文法」の今後の発展可能性について，いくつか

———— 6.7 今後の展望 ————

思い当たるものを述べておく。

（ⅰ）言語の歴史的変化に関して，「名詞基盤の文法」では次のようなアプローチができる。すなわち，言語変化は個体モデルから社会モデルへ，または社会モデルから個体モデルへのシフトがその背後にあると仮定される。それは，言語共同体が共有する知識モデルの変化ないし消失にその原因があると考えられるからである。これによると，言語変化の動機づけは，経済性の原理と意味的透明性の原理に求めることができるという道が開かれる。というのは，機能主義によれば，言語は伝達の道具であり，使用上の変化が言語変化の要因であると言えるからである (cf. Langacker 2000)。すると，意味的透明性を優先するか（すると，形式的には長くなるが文字通りの意味が伝達できる。個体モデルが対応する），経済性を優先するか（すると，意味的には不透明になるが，形式を短くすることができる。社会モデルが対応する）という機能主義の観点から言語変化が追究できるのである (Shibatani 2004 および 3.4.3 節，6.2.3 節参照)。要するに，意味的透明性・不透明性の背後には理想認知モデルを背景にもつ個体モデルか社会モデルかという概念空間が関与すると仮定されるのである。

具体例を一つあげると，金水 (2006) によれば，日本語の人名詞句に用いられる存在動詞は，現代語では「あの人は奥さんがありますか。」から「あの人は奥さんがいますか。」へと言語変化が起こっている。この変化に対して，金水 (2006) は「空間的存在文」（二項動詞）と「限量的存在文」（一項動詞）の区別を行った後，上記の例は「限量的存在文」（所有文）であるとし，この場合の有生物主語の「ある」から「いる」への変化の推進力は，Langacker (2000) の動的使用依拠モデル (dynamic usage-based model) に説明を求め，人間を特別に扱う言語現象，すなわち人間の言語的卓立性が働いているからと考えられている。すなわち，人間の言語的卓立性が空間的存在文と限量的存在文の区別を解消し，主語の有生性だけで「いる」（有生物）と「ある」（無生物）が対立する体系まで進んで，この変化は収束すると説明するのである (金水 2006：110-114)。ところが，金水 (2006：21-22) が提供する「お父さんはもう {?? ありません / いません}。」（空間的存在文：所在文の一種とされる）と「お父さんは {ありません / いません}。」（限量的存在文：所有文の

一種とされる)を比較してみるとわかるように，(そして金水も正しく指摘しているように)お父さんが，前者の文では個体(金水では，個体を指す呼称としての「お父さん」)として用いられ，後者の文では関係役割語(金水では，普通名詞としての「父」)として理解されていることがわかる。すると，この変化の動因は，むしろ社会モデルから個体モデルへの変化，すなわち有生物主語を社会モデルからでなく，個体モデルから概念化を行うという解釈モデルの変化がその背後に潜んでいる，という分析の可能性も高くなる。また有生物と無生物の二項対立への変化の背後には意味的透明性への要請が関与している，ということもいえる。なお，金水が日本語の特質として取り上げている限量的存在文における項構造の省略可能性も，本書によれば，社会モデルにその動機づけを求めることができる。

(ⅱ)「発表させていただきます」のような敬語表現や「田中さんは最近奥さんに死なれた」のような迷惑受身の統語構造に関しても，「名詞基盤の文法」から説明できる可能性がある。前者は客観的状況から見ると，参加者は発表者(私)と聴衆(聞き手)の二人である。しかし表現の意味としては，誰かに許可を得て行う，ということであり，現実の状況よりも参加者が一つ多い。つまり，介在構文や非規範的使役構文の作り方とは逆に，これは言語表現の方に参加者の数を余計に取り込んでいるのである。すなわち，増えるはずの項の存在こそが日本語の敬語表現の統語構造を作り出すことに貢献しているのである。後者の迷惑受身文も，動詞が与えていない参加者を勝手に取り込むことにより，物理的被害ではなく，精神的被害の意味を表現できる。このように，日本語の敬語表現の統語構造の作り方および受身の統語現象も，個体モデルと異なる次元の社会モデルを仮定することによって，説明できる道が開かれるであろう。

(ⅲ)与格主語構文，二重主格構文などのいわゆる非規範的構文とされる構文に関しても，社会モデルの観点から再検討の余地があるように思われる。それにより，もし社会モデル優位の言語と個体モデル優位の言語があることが認められれば，統語構造の作り方に関して，機能的観点からの言語類型が提案できるであろう。

(ⅳ)「このカメラは写真がよく撮れる」「この川では魚がよく釣れる」など

のような，いわゆる中間構文(相当文)の成立可否を説明するにも，「名詞基盤の文法」は有効であるように思われる。「カメラは写真を撮る(ための / ことができる)ものである」とか「魚は釣る(？ための / ことができる)ものである」のように，行為の目的に見合ったものかどうか(5.5.1節の合目的性を参照)，そして誰にでもやれば簡単にできるものかどうか，という二点が名詞句の意味属性として存在すれば，すなわち経験的知識に基づく理想認知モデル(命題モデル)が成立すれば，その文は成立できると考えられるのである(cf. 高見1995の「特徴づけ」，柴谷1993，Pustejovsky 1995)。

（ⅴ）本書で提案した「名詞基盤の文法」が，真の意味で生成文法の「動詞基盤の文法」の代案となるためには，子供の言語習得の研究が必要であろう。というのは，言語の知識はいかにして獲得されるか，という生成文法のテーゼに関して，「名詞基盤の文法」では，生得説とモジュール性を退けさせる検証可能な方法論(反証可能性)を提示しなければならないからである。ここで，「名詞基盤の文法」における言語知識の獲得は，理想認知モデルに基づく知識構造の習得であるとすると，言語知識が急速に増加する時期とその内容に関して次のようなことが予想される。第一期は，個体モデルに基づく知識構造を習得する時期である。この時期は主に個体の属性の束を習得すると考えられる。第二期は，社会モデルに基づく知識構造を習得する時期であり，その知識を手に入れたときに，莫大な知識構造が構築されることが予想される。今後「名詞基盤の文法」の観点からの言語習得の研究が期待される。

略号一覧

A	transitive agent	他動詞構文の動作主
A	agentive	動作主格（自動詞構文において）
ABS(Abs)	absolutive	絶対格
ACC(Acc)	accusative	対格
ANTI(anti)	antipassive	逆受身
Aux	auxiliary	助動詞
CAUS(Caus)	causative	使役
Dat	dative	与格
Dec	declarative	断定
ERG(Erg)	ergative	能格
1SG, 2SG, 3SG	first, second, third person singular	一人称, 二人称, 三人称
Fem	feminine	女性
FUT	future	未来
Masc	masculine	男性
NOM(Nom)	nominative	主格
IND	indicative	直説法
Loc	locative	所格
OBL	oblique	斜格
P	trantive patient	他動詞構文の被動者
P	patientive	被動者格（自動詞構文において）
pass	passive	受身
PAST(Past)	past	過去
P/P	past/present	過去/現在
PRES	present	現在
S	intrantive subject	自動詞構文の主語
S_a	intrantive subject (agent)	自動詞構文の主語（動作主）
S_p	intransitive subject (patient)	自動詞構文の主語（被動者）
Tense	tense	時制
Vint	intransitive verb	自動詞
Vtr	transitive verb	他動詞

参考文献

高광주(2001)『국어의 능격성 연구』(国語の能格性の研究)ソウル:月印.
高永根(1986)「능격성과 국어의 통사구조」(能格性と国語の統辞構造)『ハングル』192, pp.43-76, ハングル学会.
高永根・南基心(1985)『標準国語文法論』ソウル:塔出版社.
高正儀(1990)「使動法」ソウル大学校大学院 国語研究会(編)『国語研究 어디까지 왔나』(国語の研究はどこまで来たか), pp.500-510, ソウル:東亜出版社.
権在一(1993)「한국어 피동법의 역사적 변화」(韓国語被動法の歴史的変化)『言語学』15, pp.25-41.
権在一(2001)「한국어 격틀 구조의 역사적 변화」(韓国語の格構造の歴史的変化)『語学研究』37-1, pp.135-155, ソウル大学校語学研究所.
金미령(1998)「근대국어의 사동법」(近代国語の使動詞)洪宗善(編)『근대국어 문법의 이해』(近代国語文法の理解)pp.303-328, ソウル:Pakijung.
金錫得(1979)「국어의 피・사동」(国語の被・使動)『言語』4-2, pp.181-192, 韓国言語学会.
金錫得(1980)「자리만듦성(ergativete)과 시킴월(使動文)되기 제약」(能格性と使動文になるための制約)『Mal』5, pp.35-52, 延世大学校韓国語学堂.
金성주(2003)『한국어의 사동』(韓国語の使動)ソウル:韓国文化社.
金형배(1997)「국어 파생사동사의 역사적인 변화」(国語の派生使動詞の歴史的な変化)『ハングル』236, pp.103-135, ハングル学会.
金형배(1999)「16세기 말기 국어의 사동사 파생과 사동사의 변화──≪소학언해≫를 중심으로──」(16世紀末期の国語の使動詞の派生と使動詞の変化──『小学言解』を中心として──)『ハングル』243, pp.109-140, ハングル学会.
柳性基(1998)『한국어 사동사 연구』(韓国語の使動詞の研究)Hongmunkak.
朴炳采(1989)『국어발달사』(国語発達史)ソウル:世英社.
裵禧任(1988)『国語被動研究』(民族文化研究叢書36)高麗大学校民族文化研究所.
徐正洙(1996)『国語文法』ソウル:漢陽大学校出版院.
孫昊玫(1978)「긴 形과 짧은 形」(長い形と短い形)『語学研究』14-2, pp.141-151, ソウル大学校語学研究所.

宋복승 (1995)『국어의 논항구조 연구』(国語の項構造の研究) ソウル：Pogosa.
宋錫重 (1992)『한국어 문법의 새조명──통사구조와 의미해석──』(韓国語文法の新しい照明──統語構造と意味解釈──) ソウル：知識産業社.
沈在箕 (1982)『国語語彙論』ソウル：集文堂.
禹형식 (1996)『国語他動構文研究』ソウル：Pakijung.
有明姫 (1982)「타동접미형과 '-게 하-'형의 의미비교── 15 세기 국어연구를 중심으로──」(他動詞接辞と '-key ha-' 形の意味比較── 15 世紀国語を中心に──),『우리말 研究』(わがことば研究), 延世大学大学院.
李相億 (1972)「동사의 특성에 대한 이해」(動詞の特性に対する理解)『語学研究』8-2. pp.44-59, ソウル大学校語学研究所.
李善英 (1992)『国語研究── 15 世紀国語複合動詞研究──』110 号，国語研究会，ソウル大学校国語研究室.
李翊燮・任洪彬 (1983)『国語文法論』ソウル：学研社.
任洪彬 (1987)『국어의 재귀사 연구』(国語の再帰詞の研究) ソウル：新丘文化社.
崔동주 (1989)「国語 '能格性' 논의의 問題点」(国語の '能格性' に対する論議の問題点)『周時経学報』3, ソウル：塔出版社.
崔鉉培 (1937 [1994])『우리말본』(我が言葉の語法) ソウル：正音文化社.
許　雄 (1975 [1995])『우리 옛말본── 15 세기 국어 형태론──』(中世国語の語法── 15 世紀の国語形態論──) ソウル：泉文化社.

青木伶子 (1977)「使役──自動詞・他動詞との関わりにおいて──」『成蹊国文』10, 成蹊大学日本文学科研究室.［須賀一好・早津恵美子(編)(1995)『動詞の自他』pp.108-121, 東京：ひつじ書房. に再録］
天野みどり (1987)「状態変化主体の他動詞文」『国語学』151, pp.1-14.［須賀一好・早津恵美子(編)(1995)『動詞の自他』pp.151-165, 東京：ひつじ書房. に再録］
天野みどり (2002)『文の理解と意味の創造』東京：笠間書院.
阿部泰明 (2000)「解題 1：敬語の文法と意味の世界をめぐって」原田信一(著)・福井直樹(編)『シンタクスと意味：原田信一言語学論文選集』pp.786-794, 東京：大修館書店.
池上嘉彦 (1981)『「する」と「なる」の言語学』大修館書店.

井上和子 (1976)『変形文法と日本語(下)』東京:大修館書店.

内井惣七 (2004)『推理と論理——シャーロック・ホームズとルイス・キャロル——』京都:ミネルヴァ書房.

ウンゲラー, F.・シュミット, H. –J.(著), 池上嘉彦他(訳) (1998)『認知言語学入門』東京:大修館書店.

大堀壽夫 (2002)『認知言語学』東京:東京大学出版会.

岡本順治 (1997)「第5章:イベント構造から見た使役表現——使役の意味の広がり——」筑波大学現代言語学研究会(編)『ヴォイスに関する比較言語学的研究』pp.163-208, 東京:三修社.

小川暁夫 (2002)「書評論文:定延利之著『認知言語論』」『日本語文法』2-1, pp.230-238, 日本語文法学会.

奥津敬一郎 (1967)「自動詞化・他動詞化および両極化転形——自・他動詞の対応——」『国語学』70, pp.46-65.［須賀一好・早津恵美子(編)(1995)『動詞の自他』pp.57-81, 東京:ひつじ書房. に再録］

生越直樹 (1982)「日本語漢語動詞における能動と受動——朝鮮語 hata 動詞との対照——」『日本語教育』48, pp.53-65, 日本語教育学会.

生越直樹 (2001)「現代韓国語の하다動詞における하다形と되다形」『「하다」と「する」の言語学——筑波大学東西言語文化の類型論特別プロジェクト研究成果報告書』pp.1-26, 平成12年度別冊, 筑波大学東西言語文化の類型論特別プロジェクト研究組織.

小野尚之 (2005)『生成語彙意味論』東京:くろしお出版.

影山太郎 (1993)『文法と語形成』東京:ひつじ書房.

影山太郎 (1994)「能格動詞と非対格動詞」『英米文学』39, pp.405-421, 関西学院大学.

影山太郎 (1996)『動詞意味論——言語と認知の接点——』(柴谷方良・西光義弘・影山太郎(編)日英語対照シリーズ5), 東京:くろしお出版.

影山太郎 (1999)『形態論と意味』(西光義弘(編)日英語対照による英語学演習シリーズ2), 東京:くろしお出版.

影山太郎 (2000)「自他交替の意味的メカニズム」丸田忠雄・須賀一好(編)『日英語の自他の交替』pp.33-70, 東京:ひつじ書房.

影山太郎(編) (2001)『動詞の意味と構文』東京:大修館書店.

影山太郎 (2002)「動作主名詞における語彙と統語の境界」『国語学』53-1.

参考文献

pp.44-55.
片桐恭弘 (1997)「社会的エージェントとメタ・コミュニケーション」『ATR 第10回研究発表会資料集』.
河上誓作 (編著) (1996)『認知言語学の基礎』東京:研究社出版.
河上誓作 (2000)「第4部:ことばと認知の仕組み」原口庄輔・中島平三・中村捷・河上誓作 (著)『ことばの仕組みを探る——生成文法と認知文法——』(英語学モノグラフシリーズ 1) 東京:研究社出版.
岸本秀樹 (2000)「非対格性再考」丸田忠雄・須賀一好 (編)『日英語の自他の交替』pp.71-110, 東京:ひつじ書房.
岸本秀樹 (2005)『統語構造と文法関係』柴谷方良・西光義弘・影山太郎 (編) 日英語対照シリーズ 8, 東京:くろしお出版.
金水敏 (2006)『日本語存在表現の歴史』東京:ひつじ書房.
久野暲 (1973)『日本文法研究』東京:大修館書店.
クリモフ, G. A. (著), 石田修一 (訳) (1999)『新しい言語類型論:活格構造言語とは何か』東京:三省堂.
黒田成幸 (1990)「使役の助動詞の自立性について」『国広哲弥教授還暦退官記念論文集:文法と意味の間』pp.93-104, 東京:くろしお出版.
佐久間鼎 (1936[1983])『現代日本語の表現と語法』東京:くろしお出版.
定延利之 (1991)「SASE と間接性」仁田義雄 (編)『日本語のヴォイスと他動性』pp.123-147, 東京:くろしお出版.
定延利之 (1998)『言語表現に現れるスキャニングの研究』博士論文, 京都大学文学部.
定延利之 (2000)『認知言語論』東京:大修館書店.
佐藤琢三 (2005)『自動詞文と他動詞文の意味論』東京:笠間書院.
柴谷方良 (1978)『日本語の分析——生成文法の方法——』東京:大修館書店.
柴谷方良 (1979)「対格言語に於ける能格性について」『林栄一教授還暦記念論文集:英語と日本語と』pp.287-307, 東京:くろしお出版.
柴谷方良 (1985)「主語プロトタイプ論」『日本語学』4-10, pp.4-16.
柴谷方良 (1986)「能格性をめぐる諸問題」(特集 シンポジウム「能格性をめぐって」)『言語研究』90, pp.75-96.
柴谷方良 (1989)『英語学の関連分野:言語類型論』(英語学体系 6), pp.1-179, 東京:大修館書店.

柴谷方良(1993)「認知統語論と語用論」『英語青年』139-5, pp.213-215.
柴谷方良(1997)「言語の機能と構造と類型」『言語研究』112, pp.1-32.
柴谷方良(2000)「ヴォイス」仁田義雄他(著)『文の骨格』pp.117-186, 東京：岩波書店.
島田昌彦(1979)『国語における自動詞と他動詞』東京：明治書院.
高見健一(1995)『機能的構文論による日英語比較——受身文, 後置文の分析——』(柴谷方良・西光義弘：影山太郎(編)日英語対照シリーズ4)東京：くろしお出版.
高見健一・久野暲(2002)『日英語の自動詞構文』東京：研究社出版.
鄭聖汝(1997)「韓日語比較；使役他動詞構文——パラメーターと統語的具現化について——」『日本言語学会第11回大会予稿集』pp.240-245, 日本言語学会.
鄭聖汝(1999)『他動性とヴォイス(態)——意味的他動性と統語的自他の韓日語比較研究——』博士論文, 神戸大学.
鄭聖汝(2000a)「韓国語における動詞の自他——結合価変化のない構文はなぜ可能なのか——」『神戸言語学論叢』2, pp.37-66, 神戸大学文学部言語学研究室.
鄭聖汝(2000b)「「させる」の選択とパラメータ」『日本学報』44, pp.149-164, 韓国日本学会.
鄭聖汝(2001)「자동사의 수동화와 태범주——한일어 비교의 관점에서——」(自動詞の受動化と態範疇——韓日語比較の観点から——)『言語科学研究』19, pp.263-290, 言語科学会.
鄭聖汝(2004a)「意味を基盤とした韓日使役構文の分析——非規範的使役構文を手がかりとして——」『大阪大学大学院文学研究科紀要』44, pp.91-139, 大阪大学.
鄭聖汝(2004b)「韓国語の自動詞とヴォイス——自発と受身の連続性——」影山太郎・岸本秀樹(編)『日本語の分析と言語類型：柴谷方良教授還暦記念論文集』pp.319-335, 東京：くろしお出版.
鄭聖汝(2005a)「分裂自動詞性の本性について——言語類型論の観点からみた非対格仮説とその問題点——」『大阪大学大学院文学研究科紀要』45, pp.19-58, 大阪大学.
鄭聖汝(2005b)「규범적 사동구문과 비규범적 사동구문」(規範的使動構文と非規範的使動構文)『語学研究』41-1, pp.49-78, ソウル大学校言語教育院.

参考文献

鄭聖汝 (2005c)「状態述語のふるまいから見た分裂自動詞性——動格言語の分裂主語システムと韓国語の自動詞システムの証拠から——」*KLS* 25: *Proceedings of the twenty-ninth annual meeting*, pp.33-43. 関西言語学会.

塚本秀樹 (1997)「語彙的な語構成と統語的な語構成：日本語と朝鮮語の対照研究」国立国語研究所(編)『日本語と外国語との対照研究Ⅳ：日本語と朝鮮語(下)』pp.191-212, 東京：くろしお出版.

辻幸夫(編) (2002)『認知言語学への招待』東京：大修館書店.

角田太作 (1991)『世界の言語と日本語』東京：くろしお出版.

坪井栄治郎 (2004)「他動性と構文Ⅱ：態と他動性」中村芳久(編)『認知文法論Ⅱ』pp.205-246, 東京：大修館書店.

寺村秀夫 (1982)『日本語のシンタクスと意味Ⅰ』東京：くろしお出版.

西尾寅彦 (1947)「動詞の派生について——自他対立の形による——」『国語学』17, pp.105-117.［須賀一好・早津恵美子(編) (1995)『動詞の自他』pp.41-56, 東京：ひつじ書房. に再録］

西山佑司 (2003)『日本語名詞句の意味論と語用論——指示的名詞句と非指示的名詞句——』東京：ひつじ書房.

野本和幸 (1988)『現代の論理的意味論：フレーゲからクリプキまで』東京：岩波書店.

早津恵美子 (1989)「有対他動詞と無対他動詞の違いについて」『言語研究』95, pp.231-256.

原口庄輔・中村捷(編) (1992)『チョムスキー理論辞典』東京：研究社出版.

原田信一 (1973)「構文と意味——日本語の主題をめぐって——」『月刊言語』2月号, pp.82-90, 東京：大修館書店.［原田信一(著)・福井直樹(編) (2000)『シンタクスと意味：原田信一言語学論文選集』pp.470-481, 東京：大修館書店. に再録］

藤井義久・鄭聖汝 (1998)「アラビア語と韓国語における強意形から使役に発展する派生形の研究」(音と意味のイコン性) 関西言語学会ワークショップ.

フレーゲ, G.(著), 藤村龍雄(訳) (1988)『フレーゲ哲学論集』東京：岩波書店.

益岡隆志 (1979)「日本語の経験的間接関与構文と英語の have 構文について」『日本語と英語と・林栄一教授還暦記念論文集』pp.345-358, 東京：くろしお出版.

松下大三郎 (1930[1977])『標準日本口語法』東京：中文館書院.

松本克己 (1986)「能格性に関する若干の普遍性」(特集 シンポジウム「能格性をめぐって」)『言語研究』90, pp.169-190.

松本曜 (1998)「日本語の語彙的複合動詞における動詞の組み合わせ」『言語研究』114, pp.37-83.

松本曜 (編) (2004)『認知意味論』(シリーズ認知言語学入門 3) 東京：大修館書店.

眞野美穂 (2004)「所有関係と非規範的構文について」影山太郎・岸本秀樹 (編)『日本語の分析と言語類型：柴谷方良教授還暦記念論文集』pp.109-125, 東京：くろしお出版.

丸田忠雄 (1998)『使役動詞のアナトミー――語彙的使役動詞の語彙概念構造――』東京：松栢社.

丸田忠雄 (2000)「動詞の語彙意味鋳型と語彙の拡張」丸田忠雄・須賀一好 (編)『日英語の自他の交替』pp.209-240, 東京：ひつじ書房.

三上章 (1953[1972])『現代語法序説――シンタクスの試み――』東京：くろしお出版.

三原健一 (2002)「動詞類型とアスペクト限定」『日本語文法』2-1, pp.132-152.

宮岡伯人 (1986)「エスキモー語の能格性」(特集 シンポジウム「能格性をめぐって」)『言語研究』90, pp.97-118.

宮川繁 (1989)「使役形と語彙部門」『日本語学の新展開』pp.187-211, 東京：くろしお出版.

宮島達夫 (1985)「「ドアをあけたが，あかなかった」――動詞の意味における＜結果性＞――」『計量言語学』14-8, pp.335-353.

宮地裕 (1964)「使役(現代語)せる・させる」『国文学』9-13, pp.62-65.

本居春庭 (1828)『詞の通路(上)』島田昌彦解説, 東京：勉誠社文庫 25.

森田良行 (1988)『日本語の類義表現』東京：創拓社.

森田良行 (2002)『日本語文法の発想』東京：ひつじ書房.

森本浩一 (2004)『デイヴィドソン――「言語」なんて存在するのだろうか――』(シリーズ・哲学のエッセンス) 東京：NHK 出版.

ヤコブセン, ウェスリー. M. (1989)「他動性とプロトタイプ論」久野暲・柴谷方良 (編)『日本語学の新展開』pp.213-248, 東京：くろしお出版.

山中圭一・原口庄輔・今西典子 (編) (2005)『意味論：英語学文献解題第 7 巻』東京：研究社出版.

参考文献

山梨正明 (2005)「生成意味論」山中圭一・原口庄輔・今西典子 (編)『意味論:英語学文献解題第 7 巻』pp.124-131, 東京:研究社出版.

尹盛熙 (2005)「韓国語の形式動詞 hata (する) に関する考察」KLS 25: *Proceedings of the twenty-ninth annual meeting*, pp.12-20, 関西言語学会.

米山三明 (2005)「語彙意味論の展望」山中圭一・原口庄輔・今西典子 (編)『意味論:英語学文献解題第 7 巻』pp.143-148, 東京:研究社.

鷲尾龍一 (1997)「第 1 部:他動性とヴォイスの体系」鷲尾龍一・三原健一 (共著)『ヴォイスとアスペクト』(中右実 (編) 日英語比較選書 7) pp.1-160, 東京:研究社出版.

鷲尾龍一 (2001a)「使動法論議再考」筑波大学現代言語学研究会 (編)『事象と言語構造』pp.1-66, 東京:三修社.

鷲尾龍一 (2001b)「하다・되다を日本語から見る」『「하다」と「する」の言語学——筑波大学東西言語文化の類型論特別プロジェクト研究成果報告書』平成 12 年度別冊, 筑波大学東西言語文化の類型論特別プロジェクト研究組織. pp.27-52.

鷲尾龍一 (2002)「上代日本語における助動詞選択の問題——西欧諸語との比較から見えてくるもの——」『日本語文法』2-1 号, pp.109-131.

渡辺英二 (1995)『春庭の語学研究——近世日本文法研究史——』研究叢書 161. 東京:和泉書院.

Anderson, S.R. (1976) On the notion of subject in ergative languages. C. Li (ed.) *Subject and Topic*. pp.1-23. New York: Academic Press.

Baker, Mark C. (1988) *Incorporation: A Theory of Grammatical Function Changing*. Chicago: The University of Chicago Press.

Boas, Franz and Ella Deloria (1939) *Dakota Grammar* (Memoirs of the National Academy of Sciences, vol.23.)

Burzio, Luigi (1986) *Italian Syntax: A Government-Binding Approach*. Dordrecht: Reidel.

Chomsky, Noam (1981) *Lectures on Government and Binding : The Pisa Lectures*. (Studies Generative Grammar 9) Dordrecht: Foris.

Chomsky, Noam (1986) *Knowledge of Language: Its Nature, Origin, and Use*. New York: Praeger.

Comrie, Bernard (1976a) The syntax of causative constructions: cross-language similarities and divergences. M. Shibatani (ed.) *The Grammar of Causative Constructions* (Syntax and Semantics 6), pp.261-312. New York: Academic Press.

Comrie, Bernard (1976b) Review of Klimov 1973. *Lingua* 39. pp.252-260.

Comrie, Bernard (1978) Ergativity. W. P. Lehmann (ed.) *Syntactic Typology*. pp.329-394. Austin: University of Texas Press.

Comrie, Bernard (1985) Causative verb formation and other verb-deriving morphology. T. Shopen (ed.) *Language Typology and Syntactic Description: Grammatical Categories and the Lexicon* III. pp.309-348. Cambridge: Cambridge University Press.

Comrie, Bernard (1981 [1989]) *Language Universals and Linguistic Typology*. [松本克己他(訳)『言語普遍性と言語類型論』, 東京：ひつじ書房]

Croft, William (1991) *Syntactic Categories and Grammatical Relations: The Cognitive Organization of Information.* Chicago: The University of Chicago Press.

Croft, William (2001) *Radical Construction Grammar: Syntactic Theory in Typological Perspective.* Oxford: Oxford University Press.

Crystal, David (1980) *A First Dictionary of Linguistics and Phonetics.* London: Andre Deutsch and Great Britain: Cambridge University Press.

DeLancey, Scott (1981) An interpretation of split ergativity and related patterns. *Language* 57. pp.626-657.

DeLancey, Scott (1985) On active typology and the nature of agentivity. Frans Plank (ed.) *Relational Typology.* pp.47-60. Berlin: Mouton.

Dixon, R. M. W. (1979) Ergativity. *Language* 55. pp.59-138.

Dixon, R. M. W. (1994) Ergativity. *CSL* 69. Cambridge: Cambridge University Press.

Dixon, R. M. W. (2000) A typology of causative: form, syntax and meaning. R. M. W. Dixon and Alexandra Y. Aikhenvald (eds.) *Changing Valency: Case Studies in Transitivity.* pp.30-83. Cambridge: Cambridge University Press.

Dixon, R. M. W. and Alexandra Y. Aikhenvald (eds.) (2000) *Changing Valency: Case Studies in Transitivity.* Cambridge: Cambridge University Press.

Fillmore, Charles J. (1968) The case for case. E. Bach and R. T. Harms (eds.)

Universals in Linguistic Theory, pp.1-88. New York: Holt, Rinehart and Winston. [チャールズ J. フィルモア（著），田中春美・船城道雄（訳）(1975)『格文法の原理——言語の意味と構造——』東京：三省堂．に収録]

Fillmore, Charles J. (1982) Frame semantics. The linguistic society of Korea (ed.) *Linguistics in The Morning Calm.* pp.111-137. Seoul: Hanshin.

Fodor, Jerry A. (1970) Three reasons for not deriving 'killing' from 'cause to die'. *Linguistic Inquiry* 1, pp.429-438.

Goldberg, Adele E. (1995) *Constructions: A Construction Grammar Approach to Argument Structure.* Chicago: University of Chicago Press. [河上誓作・早瀬尚子・谷口一美・堀田優子（訳）(2001)『構文文法論——英語構文への認知的アプローチ——』東京：研究社出版]

Haiman, John (1983) Iconic and economic motivation. *Language* 59, pp.781-819.

Haiman, John (1985) *Natural Syntax: Iconicity and Erosion.* (Cambridge Studies in Linguistics 44). Cambridge: Cambridge University Press.

Halliday, M. A. K. (1967) Notes on transitivity and theme in English, part 1. *Journal of Linguistics* 3, pp.37-81.

Harris, Alice C. (1982) Georgian and the unaccusativity hypothesis, *Language* 58-2, pp.290-306.

Haspelmath, Martin (1993) More on the typology of inchoative/causative verb alternations. B. Comrie and M. Polinsky (eds.) *Causatives and Transitivity*, pp.87-120. Amsterdam: John Benjamins.

Haspelmath, Martin (2003) The geometry of grammatical meaning: semantic maps and cross-linguistics comparison. Michael Tomasello (ed.) *The New Psychology of Language: Cognitive and Functional Approaches to Language Structure* vol.2, pp.211-242. Mahwah, N. J.: Lawrence Erlbaum Associates.

Hopper, Paul J. and Sandra A. Thompson (1980) Transitivity in grammar and discourse. *Language* 56, pp.251-299.

Jackendoff, Ray S. (1997) *The Architecture of The Language Faculty.* (Linguistics inquiry monographs 28). Cambridge, Mass.: MIT Press.

Jackendoff, Ray S. (2002) *Foundation of Language: Brain, Meaning, Grammar, Evolution.* Oxford: Oxford University Press.

Keenan, E. L. (1976) Towards a universal definition of subject. C. Li (ed.)

Subject and Topic, pp.303-333. New York: Academic Press.

Kemmer, Suzanne (1993) *The Middle Voice*. (Typological Studies in Language 23). Amsterdam：John Benjamins.

Kim, Kyung-Hwan (1995) *The Syntax and Semantics of Causative Constructions in Korean.* Seoul：Thaehaksa.

Kim, Yoong-Joo (1990) *The Syntax and Semantics of Korean Case: The Interaction between Lexical and Syntactic Levels of Representation*, Doctoral dissertation. Harvard University.

Kiryu, Kazuyuki (2001) Types of verbs and functions of the causative suffix -*k* in Newar. *Kobe Papers in Linguistics* 3, pp.1-9. Department of linguistics faculty of letters Kobe University.

Kishimoto, Hideki (1996) Split intransitivity in Japanese and the unaccusative hypothesis. *Language* 72, pp.248-286.

Kishimoto, Hideki (2004) Non-canonical case marking of transitive predicates in Japanese. 影山太郎・岸本秀樹（編）『日本語の分析と言語類型：柴谷方良教授還暦記念論文集』pp.57-74, 東京：くろしお出版．

Kuroda, Shige-Yuki (1988) Whether we agree or not: a comparative syntax of English and Japanese. William Poser(ed.) *Papers from the Second International Workshop on Japanese Syntax*, pp.103-143. Stanford: CSLI.

Kuroda, Shige-Yuki (1993) Lexical and productive causatives in Japan: an examination of the theory of paradigmatic structure. *Journal of Japanese Linguistics* 15, pp.1-81. Nanzan University.

Labov, William (1973) The boundaries of words and their meanings. Charles J. Bailey and Roger W. Shuy(eds.) *New Ways of Analyzing Variation in English*, pp.340-373. Washington: Georgetown University Press.

Lakoff, George (1970) *Irregularity in Syntax*. New York: Holt, Reinhart and Winston.

Lakoff, George (1971) Presupposition and relative well-formedness. Danny D. Steinberg and Leon Jakobovits (eds.) *Semantics: An Interdisciplinary Reader in Philosophy, Linguistics and Psychology*, pp.329-340. Cambridge: Cambridge. University Press.

Lakoff, George (1987) *Women, Fire, and Dangerous Things: What Categories*

Reveal about Mind. Chicago: University of Chicago Press.［池上嘉彦・河上誓作他（訳）（1993）『認知意味論――言語から見た人間の心――』東京：紀伊国屋書店］

Langacker, Ronald W.（1987）*Foundations of Cognitive Grammar vol.1: Theoretical Prerequisites*. Stanford. California: Stanford University Press.

Langacker, Ronald W.（1991）*Foundations of Cognitive Grammar vol.2: Descriptive Application*. Stanford. California: Stanford University Press.

Langacker, Ronald W.（1993）Reference-point constructions. *Cognitive Linguistics* 4, pp.1-38.

Langacker, Ronald W.（2000）A dynamic usage-based model. M. Barlow and S. Kemmer（eds.）*Usage-Based Models of Language*, pp.1-63. Stanford: CLSI Publications.［坪井栄治郎（訳）（2000）「動的使用依拠モデル」坂原茂（編）『認知言語学の発展』pp.61-143, 東京：ひつじ書房．］

Lee, Kee-Dong（1975）Lexical causatives in Korean, *Language Research* 11-1, pp.17-24. Language research institute Seoul National University.

Levin, Beth and Malka Rappaport Hovav（1995）*Unaccusativity: At the Syntax-Lexical Semantics Interface*. Cambridge, Mass.: MIT Press.

Lyons, John（1968）*An Introduction to Theoretical Linguistics*. Cambridge: Cambridge University Press.［国広哲彌（監訳）（1973）『理論言語学』東京：大修館書店．］

Matsumoto, Yo（1996）Subjective motion and the English Japanese verbs. *Cognitive Linguistics* 7, pp.138-226.

McCawley, James D.（1968［1973a］）Lexical insertion in a transformational grammarwithout deep structure. *Papers from the Fourth Regionalm Meeting of the Chicago Linguistic Society* 4. pp.71-80.［*Grammar and Meaning: Papers on Syntactic and Semantic Topics*, pp.155-166. Tokyo: Taishukan Publishing Company.］

McCawley, James D.（1972）Kac and Shibatani on the grammar of killing. J. Kimball（ed.）*Syntax and Semantics* 1, pp.139-149. New York: Academic Press.

McCawley, James D.（1973b）Where do noun phrases come from? *In Grammar and Meaning: Papers on Syntactic and Semantic Topics*, pp.133-154. Tokyo:

Taishukan Publishing Company.

McLendon, Shally (1978) Ergativity, case and transitivity in Eastern Pomo. *International Journal of American Linguistics* 44, pp.1-9.

Merlan, Francesca (1985) Split intransitivity: functional oppositions in intransitive inflection. J. Nichols and A. Woodbury (eds.) *Grammar Inside and Outside the Clause.* pp.324-362. Cambridge: Cambridge University Press.

Mithun, Marianne (1991) Active/Agentive case marking and its motivations. *Language* 67-3. pp.510-546.

Miyagawa, Shigeru (1989) *Structure and Case Marking in Japanese.* (Syntax and Semantics 22) New York: Academic Press.

Pardeshi, Prashant (2002) 'Responsible' Japanese vs.'intentional' Indic: a cognitive contrast of non-intentional events. [『世界の日本語教育』12, pp.123-144. 日本国際交流基金.]

Pardeshi, Prashant (2004) Dative subject construction: a semantico-syntactic kaleidoscope. 影山太郎・岸本秀樹(編)『日本語の分析と言語類型：柴谷方良教授還暦記念論文集』pp.527-541, 東京：くろしお出版.

Park, Jeong-Woo (1994) *Morphologycal Causatives in Korean : Problems in Grammatical Polysemy and Constructional Relations.* Ph.D., University of California, Berkeley.

Perlmutter, David (1978) Impersonal passive and the unaccusative hypothesis. *BLS* 4, pp.157-189.

Perlmutter, David and Paul Postal (1984) The 1-advancement exclusiveness law. D. Perlmutter and C. Rosen (eds.) *Study in Relational Grammar* 2, pp.81-125. Chicago : University of Chicago Press.

Pullum, Geoffrey (1988) Citation etiquette beyond thunderdome. *Natural Language and Linguistic Theory* 6, pp.579-588.

Pustejovsky, James (1995) *The Generative Lexicon.* Cambridge, Mass.: MIT Press.

Rocen, Carol G. (1984) The interface between semantic roles and initial gramma- tical relations. D. Perlmutter and C. Rosen (eds.) *Studies in Relational Grammar* 2, pp.38-77. Chicago: University of Chicago Press.

Sapir, E. (1917) Review of Uhlenbeck, C. C., Her passieve karakter van het verbum transitivum of van her verbum actionis in talen van Noord-Amerika (The passive character of the active verb in languages of North America).

International Journal of American Linguistics 1, pp.82-90.

Shibatani, Masayoshi (1972) Three reasons for not deriving 'killing' from 'cause to die' in Japanese. J. Kimball(ed.) *Syntax and Semantics* 1, pp. 125-137. New York: Academic Press.

Shibatani, Masayoshi (1973a) *A Linguistic Study of Causative Constructions*. Ph.D., University of California, Berkeley.

Shibatani, Masayoshi (1973b) Semantics of Japanese Causativization. *Foundation of Language* 9, pp.327-373.

Shibatani, Masayoshi (1973c) Lexical versus periphrastic causatives in Korean, *Journal of Linguistics* 9, pp.281-297.

Shibatani, Masayoshi (1975) On the nature synonymy in causative expressions. *Language Research* 11-2, pp.267-274. Language research institute Seoul National University.

Shibatani, Masayoshi (1976a) Causativization. M. Shibatani(ed.) *Japanese Generative Grammar*(Syntax and Semantics 5). pp.239-294. New York：Academic Press.

Shibatani, Masayoshi (1976b) The grammar of causative constructions: a conspectus. M. Shibatani(ed.) *The Grammar of Causative Constructions* (Syntax and Semantics 6), pp.1-40. New York: Academic Press.

Shibatani, Masayoshi (1985) Passive and related constructions. *Language* 61, pp.821-848.

Shibatani, Masayoshi(ed.)(1988) *Passive and Voice*. Amsterdam:John Benjamins.

Shibatani, Masayoshi (1998) Voice parameters. L. Kulikov and H. Vater (eds.) *Typology of Verbal Categories*, pp.117-138. Tuebingen: Max Niemeyer. [*Kobe papers in linguistics* 1, pp.93-111, 神戸大学文学部言語学研究室．に再録．]

Shibatani, Masayoshi (1999) Dative subject constructions twenty-two years later. *Studies in the Linguistic Sciences* 29-2, pp.45-76.(Papers from the form lecture series of the 1999 linguistics institute). Department of linguistics, University of Illinois, Urbana-Champaign.

Shibatani, Masayoshi (2000) Issues in transitivity and voice: a Japanese perspective.『五十周年記念論文集』pp.523-586. 神戸大学文学部．

Shibatani, Masayoshi (2001) Non-canonical constructions in Japanese. A.

Aikhenvald, R. M. W. Dixon, and M. Onishi (eds.) *Non-Canonical Marking of Subjects and Objects*, pp.307-354. Amsterdam: John Benjamins.

Shibatani, Masayoshi (2002a) Introduction: some basic issues in the grammar of causation, M. Shibatani (ed.) *The Grammar of Causation and Interpersonal Manipulation*. (Typological Studies in Language 48), pp.1-22. Amsterdam : John Benjamins.

Shibatani, Masayoshi (2002b) 神戸大学言語学講義用のハンドアウト.

Shibatani, Masayoshi (2004) Iconicity or functional transparency? Handout. Institute for linguistic sciences Kobe Shoin Women's University. (於松蔭大学講演)

Shibatani, Masayoshi (2006) On the conceptual framework for voice phenomena. *Linguistics* 44-2. pp.217-269.

Shibatani, Masayoshi and Sung-Yeo Chung (2002) Japanese and Korean causatives revisited. N. M. Akatsuka and S. Strauss (eds.) *Japanese/Korean Linguitics* 10, pp.32-49. CSLI Publications and SLA: Stanford. [『神戸言語学論叢』3 (2001), pp.112-135, 神戸大学文学部言語学研究室. に完全版収録]

Shibatani, Masayoshi and Prashant, Pardeshi (2002) The causative continuum. M. Shibatani (ed.) *The Grammar of Causation and Interpersonal Manipulation*. (Typological Studies in Language 48), pp.85-126. Amsterdam : John Benjamins.

Silverstein, M. (1976) Hierarchy of features and ergativity. R.M.W. Dixon (ed.) *Grammatical Categories in Australian Languages*, pp.112-171. Canberra: AIAS, and New Jersey: Humanities Press.

Soga, Matsuo (1970) Similarities between Japanese and English verb derivations. *Lingua* 25, pp.268-397.

Song, Jae-Jung (1996) *Causatives and Causation: A Universal-Typological Perspective*. London and New York: Longman.

Song, Seok-Choong (1988) *Explorations in Korean Syntax and Semantics*, Institute of East Asian Studies KRM 14, University of California, Berkeley.

Talmy, Leonard (1985) Force dynamics in language and and though. William H. Eilfort, Paul D. Kroeber, and Karen L. Peterson (eds.) *Papers from*

参考文献

the Parasession on Causatives and Agentivity, Twenty-first Regional Meeting, pp.293-337. Chicago: Chicago Linguistic Society.

Talmy, Leonard (2000) The windowing of attention in language. *Toward a Cognitive Semantics 1: Concept Structuring System.* Cambridge, Mass.: MIT Press.

Taylor, John R. (1989 [1995]) *Linguistic Categorization: Prototypes in Linguistic Theory.* London: Oxford University Press.［辻幸夫（訳）(1996)『認知言語学のための14章』東京：紀伊国屋書店．］

Tenny, Carol L. (1994) *Aspectual Roles and the Syntax-Semantics Interface.* (Studies in Linguistics and Philosophy 52). Dordrecht: Kluwer Academic.

Tsujimura, Natuko (1990) Ergativity of nouns and case assignment. *Linguistic Inquiry* 21-2, pp.277-287.

Tsujimura, Natuko (1991) On the semantic properties of unaccusativity. *Journal of Japanese Linguistics* 13, pp.91-116.

Tsunoda, Tasaku (1988) Antipassive in Warrungu and other Australian languages. M. Shibatani (ed.) *Passive and Voice*, pp.595-649. Amsterdam: John Benjamins.

Van Valin, Robert D. (1990) Semantic parameters of split intransitivity. *Language* 66, pp.264-279.

Weinreich, Uriel (1963) On the semantic structure of language. Joseph H. Greenberg (ed.) *Universals of Language: Report of a Conference Held at Dobbs Ferry. New York, April 13-15, 1961.* pp.114-171. Cambridge, Mass.: MIT Press.

Yang, In-Seok (1972) *Korean Syntax: Case Markers, Delimiters, Complementation, and Relativization.* Seoul: Paek Hap Sa.

Yang, In-Seok (1974) Two causative forms in Korean. *Language Research* 10-1, pp.83-117. Language research institute Seoul National University.

Yeon, Jae-Hoon (1991) Interaction of the causative, passive and neutral-verb constructions in Korean.『言語学』13-4, pp.95-111, 韓国言語学会．

Yeon, Jae-Hoon (1993) Causatives and the encoding of the causee. *SOAS Working Papers in Linguistics and Phonetics* 3, pp.407-426.

Yeon, Jae-Hoon (1996) *Grammatical Relation Changing Constructions in Korean:*

a Functional-Typological Study. Ph.D., SOAS University of London.

Yeon, Jae-Hoon (1999) On Korean dative-subject constructions, *SOAS Working Papers in Linguistics and Phonetics* 9, pp.153-170.

Zaenen, Anne (1993) Unaccusativity in Dutch: integrating syntax and lexical semantics. J. Pustejovsky (ed.) *Semantics and Lexicon*, pp.129-161. Dordrecht: Kluwer Academic Publishers.

Zipf, George Kingsley (1935[1965]) *The Psycho-Biology of Language*: *An Introduction to Dynamic Philology*. Cambridge, Mass.: MIT Press.

＜辞典資料＞

安田吉実・孫落範(編著)『民衆에센스辞典』民衆書林.

大阪外国語大学朝鮮語研究室(編)『朝鮮語大辞典』角川書店.

신기철. 신용철(編著)『새 우리말 큰사전』삼성이데아.

『国語学大辞典』小学館.

索 引

A
active-inactive 54
active-neutral 54
active-stative 54

B
Burzio の一般化 57

C
CAUSE 103, 122
Chomsky の格フィルター 57

E
EVENT 151

F
F-モデル 16, 218

G
G. フレーゲ 228
GB 理論 57, 228

H
Haspelmath の一般化 71

I
-i,-hi,-li,-ki (-wu,-kwu,-chwu) 11, 45
ICM 213

K
-key hata 104, 267

N
N-V-ing 型複合語 38
N-V 複合語 39
NP-split 25

P
Perlmutter の非対格仮説 53

S
S → NP + VP 1
S → V NPn 1
S_a クラス 74
Shibatani の使役研究 123
split-S システム 29
S_p クラス 74

V
V-V 型複合動詞 39
VP 内主語仮説 4

W
Way 構文 58, 64

Z
Zipf の最小労力の原理 130

索　引

あ
アーギュメント　217
あいまい性　123
アイルランド語　60
アスペクト　71
アナログ式　221
アバール語（Avar）　23
暗黙の了解　247

い
異意説　122
意味的対格型システム　43, 44
意志性　60
意志動詞　109
異常事態　144
一項動詞　271
一時的状態　80
一致現象　37
移動動作主　212
移動方向動詞　13
移動様態動詞　13
意図性　65, 153
イベントの分節　174
意味現象　9
意味情報　10, 133
意味選択　4
意味地図　85
意味的参加者　246
意味の重要度　121
意味的他動性　141
意味的他動性のスケール　147
意味的動格型システム　51, 52

意味的透明性　130
意味的能格型システム　44
意味的被使役者　254
意味表示　14, 180
意味役割　4, 42
意味役割付与一様性仮説　5, 56
因果関係　220

う
受身的状況　8
受身　8
受身の成否　196
受身文　31
埋め込み構造　128

え
影響性　78
英語　23
エスキモー語　22
エネルギー　144
エネルギー伝達　162
遠隔操作　166, 231
遠距離監督　125, 126
遠心動詞　134

お
オノズカラシカル　62
オランダ語（Dutch）　54, 55, 60
折り紙モデル　142

か
外延　228

293

索 引

下位カテゴリー 221
外項 54
介在 250
介在構文 118
介在者 242
介在的状況 117
解釈 10
解釈パラメータ 79
解釈モデル 256, 259
外的要因 79
概念化 3, 10, 272
概念カテゴリー 197
概念空間 10, 230
概念上の距離 128
科学的・専門的知識 197
格交替 115
拡張 6
拡張の一般化 61
獲得 273
格標示 12, 22
格標示パターン 20
格フィルター 56
格フレーム 1
格文法 1, 122
隠れ項 263
過剰一般化 61
形の短縮 130
活性・不活性 47
カテ語(Käte) 26
カテゴリー 3
カテゴリー化 3
カテゴリーの拡張 3, 15, 185

カビ生えモデル 141
関係文法 5, 53
関係役割語 15
完結文 253
韓国語 12
韓国語型 243
漢語動詞 13
慣習化された目的 133, 213
間接 125
間接関与 194
間接使役 14, 123, 173
間接性 157
間接性の定義 201
間接的 156
間接目的語 108
完全形式 128
完全構文 134
監督 125, 126
監督随伴 173
管理・監督モデル 255
完了アスペクト 65

き

機械的計算主義 4
聞き手 272
記号論理学 228
基底構造 5, 54, 122
機能 229
機能主義 14, 128
機能主義認知言語学 3
機能的透明性の原理 131
機能的類型論 1, 136

機能領域 238
機能レベル 228, 232
規範的使役構文 110
基本レベルカテゴリー 2
逆受身 31
逆方向の推論 222
客観的状況 10, 236
ギャップの生起 22
求心動詞 134
強意使役 161
鏡像的関係 238
強制使役 120
強制的 234
共通の意味基盤 45
共有知識 6, 223
共有知識のリスト 6
許容使役 121
均質 33, 47
近世韓国語 267

く

グアラニ語 75
空間的存在文 271
空所 217
クオリア構造 2
くりこみ理論 10, 252
グルジア語(Goergian) 74

け

経験者 81
経験的基盤 48
経験的証拠 54

経験的知識 8
敬語表現の統語構造 272
経済的動機づけ 129
形式化 54
形式主義 217
形式的計算主義 270
形式的類型論 99, 135
形式と意味の対応関係 252
形態カテゴリー 93
形態的使役 104
形態的能格性 22, 23
形態派生の方向性 57
形態論 42
形態論軽視 35
経路 65
結果構文 58
結果重視対動き重視 101
結合価 13, 110
結合価増加 9, 117
結合価を増加させない動詞 150
原因主 175
言語化 16, 118
言語間の相違 3, 13, 45, 239
言語共同体 271
言語形式 3, 252
言語習得の研究 273
言語上の距離 129
言語普遍性の仮説 13
言語変化 216
言語変化の動機づけ 271
言語理論 270
言語類型 20, 272

現実世界　256
現代韓国語　267
厳密下位範疇化　4
限量的存在文　271

こ

語彙意味論者　2
語彙概念構造（LCS）　4, 101
語彙カテゴリー　43
語彙機能文法（LFG）　4
語彙的欠如　185
語彙的使役　9, 104
語彙的使役の消滅　268
語彙的対格型システム　42
語彙的能格性　42
語彙論者　123
項　5
行為　273
行為起源の動詞　62
降格　32
交替指示　146
項構造　4
恒常的状態　80
構文　2
構文文法　2
構文論研究　2
合目的性　196
コーカサス言語　24, 28
コード化　27
語形成　33
個人名　228
個体　15, 217

個体的空間　231, 240
個体的指示　229
個体的操作　231, 238
古代日本語　74
個体名詞句　232
個体モデル　9, 228
異なる論理・異なる見方　6
語の創造的使用　2
好ましさ　204
個別性　45
語用論　1, 228
語用論的推論　153
混合型言語　11
コンテキスト　225
コントローラー　22
コントロール性　74
コントロールの程度　73
困難な状況　145
コンパクト性スケール　129

さ

再帰代名詞　123
再帰代名詞の解釈規則　175
最終文法関係　54
最初文法関係　5
再編成された集合体モデル　227
サセのカテゴリー化　193
参加者　110
参加者の数　118
参加者のタイプ　223
参照点　230

し

恣意性 135
使役 48, 99
使役意味 14, 99
使役形式 14, 99, 104, 260
使役形態素 138
使役形態素の機能 138
使役交替 12
使役構文 1, 99
使役構文の定義 14
使役事態 100
使役者 66
使役状況 72, 228
使役状況の短縮 264
使役他動詞 100
使役の成否 196
使役余剰 141
使役連鎖 1
使役連続性 14, 123
時間的・空間的オーバーラップ 240
指示物 16
事象構造 124, 173
事象への関与の仕方の原理 200
自制的 195
姿勢変化動詞 106
事態解釈モデル 161
事態生起の由来 79
自他交替 13
自他両用動詞 41, 68
自動詞 12, 13
自動詞構文 34
始発者 165

自発性 194
自分の領域外 148
自分の領域内 90, 148
自分の領域内に納まる行為 143, 147
下二段活用の動助辞「す」190
社会・家族関係役割語 213
社会通念 159
社会的エージェント 249
社会的エキスパート 249
社会的空間 10, 230
社会的使役者 242
社会的指示 9, 229
社会的操作 230
社会的道具 121, 249
社会的約束 244
社会的役割 15, 269
社会モデル 9, 228
斜格 32
斜格目的語 108
集合体モデル 3
周辺的 198
主役 151
受益構文 121
主格 20, 31, 109
主格構文 236, 239
主観的 8
主語 27, 34
主語一致の仮説 39
主語同定 27, 35
主体役割 245
述語関数 217
主役顕著度の階層 175

― 索 引 ―

循環論的 221
上位カテゴリー 221
昇格 32
小主語 35
状態述語 79
状況操作 128
状態動詞 29, 42
状態変化動詞 13
状態変化の他動詞 149
使用頻度 226
情報の欠如感 9, 173, 253
省略可能性 272
助動詞選択 74
所有文 271
省略 250
自律的統語論 4
ジルバル語（Dyirbal） 24
心理動詞文 167

す

主体的移動 8
随伴 229
随伴使役 14, 66, 126, 173
数学的論理学モデル 270
数学的論理学 217
スキーマ 2, 219
少ない労力 131
図地反転 4
「する」文 262

せ

生起困難さ 206

生起容易さ 206
制御の度合いの階層 109
生産性 6
生産性の度合い 13
生産的使役 11, 104
生産的使役形 12, 106
生産物 196
精神的被害 272
生成意味論 122
生成意味論者 122
生成文法 1
生成文法学者 41
生得説 273
性の一致 24
制約 61
生理現象 13
世界の限定 227
接辞 -i 使役 104
絶対格 20
絶対的権威 268
潜在能力 60
潜在能力の認可 200, 208
選択制限 4
前提条件 221
全能使役 128

そ

相互作用の力 131
相等性 238
属格 115
属格構文 119
属格被使役者 253

属性 6, 80
即席社会的エージェント 250
属性の付与 7
属性のリスト 6
阻止 188
阻止された項 11
尊敬語化 34
存在動詞 271
存在物 197, 205
存在物の種類 194
存在論的 241

た

第一格 31
対格 20
対格型 31
対格型一致 23
対格型格標示 21
対格言語 47
対格型統語法 24
対格構文 236
対格性 44
第三言語型 11
大主語 35
対照研究 68
第二格 31
代理行為 256
多義性 219
ダコタ語(Dakota) 54, 74
他者の領域に及ぶ行為 143
脱焦点化 8, 259
脱焦点化された動作主 177
脱焦点化された被使役者 118, 152, 177
他動詞 12
他動詞構文 34, 253
他動性 141
他動性調和の原則 39
単一事象 123
短形使動 105
短縮 9
短縮形式 128
短縮構文 134
短縮パターン 264
単文構造 123

ち

知識構造 8, 248
着点 65, 115
着点句 213
中央ポモ語(Central Pomo) 13, 75
中間構文(相当文) 273
中間段階の短縮 242
中間動詞 41
中間領域 14, 123
抽象的空間 233
中世韓国語 265
中立動詞 41
長形使動 105
直接 direct 125
直接関与 194
直接使役 14, 123, 173
直接性 157, 240
直接性・間接性のパラメータ 129
直接操作 9

索引

直接的 156
直接目的語 54

て
定義 12
抵抗 262
デジタル式 221
手続き 220
デフォルト 81
デフォルト格 85
デフォルト知識 225
典型的 7
典型例 6
伝統文法 1

と
ドイツ語 60
等位構文 22
同意説 122
動格型システム 40, 47
動格言語 12
動格性 12, 30, 44
動機づけ 3
道具格 109
統語現象 9
統語構造 2, 16, 54
統語構造の短縮 218, 261
統語表示 180
統語的関係 12
統語的能格性 22, 23
統語法 23
統語論 42
動作主 5, 27

動作主格 13, 73
動作主格優先 81
動作主主語 189, 191
動作主性の程度 73
動作主性見方 79
動作主被使役者 121
動作主目的語 212
動作動詞 13
動詞(述語)中心 1
動詞基盤の文法 1
動的使用依拠モデル 271
同伴行為 125, 173
動力伝達モデル 249
動力の媒体 250
閉じられたシステム 5
度数表現 252
トルコ語(Turkish) 54, 55

な
内項 54
内在的コントロール 82
内在的潜在能力 196
内在的属性 83
内在的要因 83
内的要因 195
なすりつけ 210

に
二項対立 96
二項動詞 271
二者択一的 5
二重対格制約 115
日本語 12

日本語型 243
人間の言語的卓立性 271
人称代名詞 25
認知意味論 1
認知言語学 1, 128
認知言語学者 2
認知領域 221

ね
ねじれ現象 239
ネワール語 14

の
能格 19, 20, 41
能格型 31
能格型格標示 20
能格型統語法 24
能格言語 11
「能格構文」 37
能格構文 34
「能格性」 12, 37
能格性 12, 44
能格型一致 23
能動動詞 8
能動文 28, 31
のりうつり 210

は
場所名詞句 230
バスク語 21
派生形動詞 89
派生主語 32

派生 54
バツビ語（Batsbi） 28, 73, 74
発話行為動詞 158
パラダイムシフト 1
パラメータ 13, 49
ハンガリー語 109
反事実的推論 100
反証可能性 273
範疇選択 4

ひ
非意志的人間 93
非因果律 162
非階層性 112
東ポモ語（Eastern Pomo） 28, 74
非規範的使役構文 9, 110
非強制的 234
非使役形 106, 156
被使役事態 100
被使役者の制御力 121
被使役者の文法的コード化の非階層性 218
被使役者 9, 66
非対格 47
非対格仮説 5
非対格性 50
非対格動詞 53
非対称性 22
必須項 32, 118
否定命令 81
非典型的 198
非典型例 6

― 索　引 ―

被動者 5, 20, 27, 32, 49
被動者格 13, 73
被動者格優先 83
被動者主語 189, 191
被動者性見方 80
非人称受身 12, 48
非能格 47
非能格動詞 53
非プロトタイプ的主語 35
非飽和名詞 228
百科事典的知識が書き込まれた名詞句 2
標準理論 1
表示レベル 228, 232
表層構造 54
開かれたシステム 5
ビリヤードボールモデル 1

ふ

付加詞 32, 118, 260
付加詞構文 119
付加詞被使役者 248
不均質 44
副詞句の修飾のスコープ 123
複文構造 123
普通の状況 9, 133, 147
普通名詞 272
物理的空間 10, 230
物理的操作 230
物理的道具 250
物理的被害 272
不透明性 271
普遍性 6

普遍性の研究 6
普遍的一配列仮説 5
普遍的傾向 14, 99
普遍文法 19
不飽和 217
フレーム 2, 219
フレーム意味論 1
プロトタイプ 3
プロトタイプ主語論 35
プロトタイプ的 27
プロトタイプ理論 2
文化依存的コンテクスト 7
分析的使役 104
分析哲学 228
文の産出モデル 10
文法カテゴリー 27
文法関係の階層 108
文法的カテゴリー化 15
文法的コード化 10, 99
文法的被使役者 254
文法的重要度 121
文法範疇 27
文脈 7
文脈の補充 7, 208
分裂能格性 22, 25
分裂自動詞性 12
分裂主語システム 27
分裂文のフォーカス 22

へ

ペルシア語 32
変化事象 194
変化の推進力 271

変形論者 123

ほ
妨害 144
方向句 65
放任使役 211
方法論的循環 135
飽和名詞 228
母語話者 252
補助 125, 126
補助随伴 173

ま
マラーティー語 72

み
身近な概念 130
ミズカラシカスル 62
ミスマッチ 14, 110

む
無意志動詞 109
無生物 5
無生物主語 93
無生物被使役者 236
無対他動詞 186
無標 20, 57
無標格 20

め
名詞 6
名詞句 1
名詞句階層 11

名詞句の意味機能 2, 270
名詞句の意味情報 211
名詞句の機能 10
名詞句分裂 11
名詞句編入 33
名詞基盤の文法 1
命題モデル 3
迷惑受身 59
メタファー 2
メトニミー 247

も
目的語 34
文字通りの意味 229
モジュール性 273
モデルの取り出し 227

や
役割名 247

ゆ
有界性 65
有生性 60
有生物 4
有生物主語 93
有対他動詞 186
有標 20, 57

よ
養育モデル 255
用語法 12
与格 109, 115
与格交替 69

索 引

与格構文　119, 256
与格主語構文　272
与格被使役者　121

ら
ラコタ語(Lakota)　13, 76
ラサ・チベット語(Lhasa Tibetan)　74
ラテン語　21

り
理想化された参加者　225
理想認知モデル　213
リトアニア語　60
理論言語学　1
理論言語学者　12
理論的前提　55
臨時的　250
臨時的な参加者　225
臨時モデル　224

る
類型論　20
類型論者　12
類像的　128
類像的動機づけ　129

れ
歴史的変化　218, 265
連続性　6

ろ
論理哲学　2

わ
話者　13
ワルガマイ語(Warrgamay)　25
ワルング語(Warrungu)　31

著者紹介

鄭　聖汝（チョン ソンヨ）

[略歴]

1957年韓国晋州生まれ。1999年神戸大学大学院文化学研究科博士課程卒業。学術博士。日本学術振興会外国人特別研究院を経て，現在，大阪大学大学院文学研究科講師。

[著書]

『他動性とヴォイス（態）―意味的他動性と統語的自他の韓日語比較研究―』(1999，神戸大学博士論文)

[論文]

「韓国語の自動詞とヴォイス―自発と受身の連続性―」(2004，影山太郎・岸本秀樹（編）『日本語の分析と言語類型：柴谷方良教授還暦記念論文集』くろしお出版)，「규범적 사동구문과 비규범적 사동구문」(2005，『語学研究』41-1，ソウル大学校言語教育院)など。

シリーズ言語対照〈外から見る日本語〉 第9巻	韓日使役構文の機能的類型論研究
	動詞基盤の文法から名詞基盤の文法へ

発　行	2006年10月30日　第1刷発行
著　者	鄭　聖汝
装　丁	庄子結香（カレラ）
組　版	市川麻里子
印刷所	モリモト印刷株式会社
発行所	株式会社　くろしお出版

〒112-0002　東京都文京区小石川 3-16-5
tel 03-5684-3389　fax 03-5684-4762
http://www.9640.jp
E-mail: kyv04312@nifty.com

© CHUNG Sung-Yeo 2006, Printed in Japan

ISBN4-87424-362-2 C3080

●乱丁・落丁はおとりかえいたします。本書の無断転載・複製を禁じます。

■ 日英語対照研究シリーズ ■

シリーズエディター：柴谷方良・影山太郎・西光義弘

1. 三原健一
   時制解釈と統語現象
   A5判 258ページ　3990円(本体 3800円)　ISBN4-87424-070-4 C3081

2. 泉子・K・メイナード
   会話分析
   A5判 288ページ　4410円(本体 4200円)　ISBN4-87424-071-2 C3081

3. 窪薗晴夫
   語形成と音韻構造
   A5判 296ページ　4725円(本体 4500円)　ISBN4-87424-099-2 C3081

4. 高見健一
   機能的構文論による日英語比較：受身文，後置文の分析
   A5判 288ページ　4410円(本体 4200円)　ISBN4-87424-107-7 C3081

5. 影山太郎
   動詞意味論：言語と認知の接点
   A5判 320ページ　4515円(本体 4300円)　ISBN4-87424-130-1 C3081

6. 田守育啓・ローレンス スコウラップ
   オノマトペ：形態と意味
   A5判 240ページ　3990円(本体 3800円)　ISBN4-87424-170-0 C3081

7. 西垣内泰介
   論理構造と文法理論：日英語の WH 現象
   A5判 224ページ　3675円(本体 3500円)　ISBN4-87424-171-9 C3081

8. 岸本秀樹
   統語構造と文法関係
   A5判 338ページ　4410円(本体 4200円)　ISBN4-87424-316-9 C3081

8. 小野尚之
   生成語彙意味論
   A5判 250ページ　3990円(本体 3800円)　ISBN4-87424-324-X C3081

■ 日英語対照による英語学演習シリーズ ■

シリーズエディター：西光義弘

① 窪薗晴夫
　音声学・音韻論
　A5判180ページ　2100円(本体2000円)　ISBN4-87424-156-5 C3081

② 影山太郎
　形態論と意味
　A5判232ページ　2100円(本体2000円)　ISBN4-87424-174-3 C3081

③ 三原健一
　生成文法と比較統語論
　A5判178ページ　2100円(本体2000円)　ISBN4-87424-167-0 C3081

④ 高見健一
　機能的統語論
　A5判172ページ　2100円(本体2000円)　ISBN4-87424-151-4 C3081

⑤ 杉本孝司
　意味論1：形式意味論
　A5判228ページ　2100円(本体2000円)　ISBN4-87424-155-7 C3081

⑧ 杉本孝司
　意味論2：認知意味論
　A5判208ページ　2100円(本体2000円)　ISBN4-87424-161-1 C3081